科技创新与资本市场研究丛书

科创板与注册制

一场伟大的变革

基于国际视野的比较研究

国泰君安证券股份有限公司 编著

上海财经大学出版社

图书在版编目(CIP)数据

科创板与注册制:一场伟大的变革:基于国际视野的比较研究/国泰君安证券股份有限公司编著.—上海:上海财经大学出版社,2019.7

(科技创新与资本市场研究丛书)

ISBN 978-7-5642-3322-8/F·3322

Ⅰ.①科… Ⅱ.①国… Ⅲ.①证券市场-对比研究-世界
Ⅳ.①F831.51

中国版本图书馆CIP数据核字(2019)第141224号

□ 责任编辑　石兴凤
□ 封面设计　橘子花开
□ 责任校对　卓　妍

科创板与注册制:一场伟大的变革

——基于国际视野的比较研究

国泰君安证券股份有限公司　编著

上海财经大学出版社出版发行
(上海市中山北一路369号　邮编200083)
网　　址:http://www.sufep.com
电子邮箱:webmaster@sufep.com
全国新华书店经销
上海叶大印务发展有限公司印刷装订
2019年7月第1版　2020年3月第2次印刷

710mm×1000mm　1/16　17.5印张(插页:2)　276千字
印数:4 001—5 000　　定价:68.00元

序言:让资本市场与优秀企业相互成就

国泰君安董事长杨德红、总裁王松

(摘自《上海证券报》采访文章,略有删减)

注册制的核心就是让市场起决定性作用,相信市场能做出最好的选择。而市场做出的最好选择就是找出最优秀的企业,资本市场与优秀企业相互成就,中国资本市场将迎来健康良性发展的新格局。

宏观政策:设立科创板并试点注册制,优化中国资本市场基础功能建设

二十多年前建立交易所,意味着中国有了资本市场;这一次试点注册制,意味着中国资本市场走上了长期健康的发展之路。

股市充满不确定性,而有关资本市场的发展却蓝图清晰。

2018 年中央经济工作会议提出,资本市场在金融运行中具有牵一发而动全身的作用,要通过深化改革,打造一个"规范、透明、开放、有活力、有韧性"的资本市场。

2019 年的政府工作报告也提出,要改革完善资本市场基础制度,促进多层次资本市场健康稳定发展;改革完善金融支持机制,设立科创板并试点注册制。

从中央经济工作会议及政府工作报告内容看,我国资本市场在整个金融体系中的战略定位被显著提升到了一个新的高度,有利于促进资本市场、证券行业更全面、更深入地发挥各自应有的功能。

政策出台源于实体经济转型的内在需要。目前,我国经济已由高速增长阶段转向高质量发展阶段,中国经济面临着从低端制造迈向高端制造、从传统产业向新兴产业转型的压力。

然而,以银行贷款为主体的间接融资体系相对偏好重资产的传统产业,不适应创新转型产业技术创新快、不确定性较高、轻资产等特性，这也在一定程度上造成我国新兴经济和中小企业融资难、融资贵问题。

海外发展可为鉴。美国从重工业向新经济成功转型的背后，是强大的资本市场。20 世纪 90 年代，美国股权融资快速发展。随着股权融资规模占比从35％上升到 63％，全社会直接融资的比重也从 53％提高到 77％，服务业增加值占 GDP 的比重则从 70％提升至 79％。

美国的发展历程表明，对风险有较好定价能力和吸收能力的资本市场及投资银行，更有能力同时满足新经济企业融资需求和投资者投资需求。

中国资本市场未来也将成为推动中国经济转向高质量发展的新引擎。其中，设立科创板、试点注册制是运用市场化机制推动国家创新转型的关键，是中国资本市场迈向新战略定位的决定性制度安排，是推动、优化、完善资本市场基础性功能建设的重要契机。

科创板将打造中国资本市场融资新高地。科创板通过一系列上市制度创新，为发展前景良好的中国科创型企业提供了融资平台，将有力地促进新经济和新技术的创新型企业的发展。

试点注册制为中国资本市场“补短板”。注册制的核心是让市场起决定性作用，相信市场能作出最好的选择。虽然一开始各方会不太熟悉，可能会有探索和磨合的过程，但只要给予足够的关心和包容，相信市场能作出最好的选择。市场作出的最好选择就是突出最优秀的企业，资本市场与伟大企业之间若能相互成就，这就意味着中国的资本市场将迎来一个健康良性发展的新格局。

注册制的落地还将有利于提升资本市场的长期可预期性，加速中国长期投资资本的形成，推动我国资本市场实现长期健康平稳有序发展。

行业发展：券商向现代综合金融服务商转型升级

变以求进，以进求胜。

当前，证券业离“服务中国实体经济转型升级”的外在要求和“在资本市场发挥枢纽功能”的内生动力仍有较大距离。

一组数据或能窥见中国证券业当下的困境。

截至 2018 年底，全行业 131 家证券公司总资产为 6.26 万亿元，当期实现净利润 666.2 亿元，与高盛一家外资投行的同期盈利基本相当，可见中国证券行业体量偏小的问题较为突出。

券商自身的业务能力也不够过硬。当前证券公司总体专业服务水平不高，创新能力不足，销售交易功能不强，研究实力平平。

由于“体量”和“能力”两方面的不足，作为金融服务主要提供者的证券公司很难有效发挥自身功能，也无法满足企业、社会发展中的投资融资、资产定价等需求。券业翘首企盼制度变革。

推出科创板、试点注册制将使得券商投行业务乃至整个行业的业务模式出现重大变化。

在注册制的市场化发行机制下，产业研究定价、销售交易功能将成为开展投行业务的必备能力；同时，投行业务的拉动效应、投行业务资本化趋势将愈发明显。

上市条件更具包容性将给投行带来增量业务；要求保荐机构参与战略配售将给投资板块带来业务机会；与发行人单独签署持续督导协议有助于增加客户黏性和业务二次开发等。

生于斯，反哺之，必盛于斯。

科创板对中国资本市场而言不仅仅是一个新设板块。科创板是中国资本市场改革的试验田。科创板的试点将被总结为可复制、可推广的经验，以增量改革带动存量市场，完善多层次资本市场体系。

随着资本市场整体改革的推进，未来证券公司将从传统中介金融服务商向集产业研究定价、销售交易、投融资等于一体的现代综合金融服务商转型升级。券商之间的角力已经开始，未来将会在哪些领域竞技？机构业务、财富管理、买方业务以及金融科技将成为未来券商创新发展的角力台。

随着养老金等机构资金持续入市及外资的不断涌入，A 股投资者加速机构化。

国泰君安将不断加强内部专业能力的资源整合和输出，为机构投资者提供包括风险管理、量化策略交易、跨境资产配置等在内的多种综合金融服务解决方案。国泰君安会牢牢把握 A 股投资者机构化的发展契机，做大做强自身实力。

"得经纪业务者得天下"是券商曾经的共识,但在交易佣金逐渐趋向于零的大背景下,经纪业务只有转型财富管理才可能涅槃重生。向财富管理转型成功与否的关键,在于能否站在客户的角度,以客户为中心,通过资产配置、产品组合等方式,帮助客户实现资产的增值和保值。

大买方业务有望成为券商盈利的重要增长极。一方面,证券公司要把握科创板带来的行业资本化趋势,积极把握新经济企业成长培育全链条、全周期中的重要投资机遇,不断改善大类资产的配置布局。另一方面,也要加快构建完善买方与卖方业务的内在联动机制,形成买方与卖方业务相互促进的良性循环发展。

金融科技是推动行业创新的动力源。在科技的推动下,所有行业的发展都在经历数字化、智能化变革,证券行业也不例外。未来,券商要利用金融科技建立领先的数据整合和治理能力,打造具备人工智能的金融科技平台,为各业务板块的核心竞争力持续赋能。

"内外"竞争:外资在三大领域优势突出

随着中国金融业对外开放的力度进一步加大,外资投行竞相加快在中国市场的布局。

2018年4月底,中国证监会对外正式发布了《外商投资证券公司管理办法》(下称《办法》)。《办法》刚一落地,瑞银、野村、摩根大通等国际顶尖投行纷纷宣布设立外资控股的证券公司以抢滩内地市场。

国际投行"兵临城下",内地券商应如何迎战,行业竞争格局将如何演变?

未来国内证券行业的竞争压力将进一步加剧。与国际一流投行相比,我国证券公司在全球业务布局以及产品和服务的深度、广度上还存在较大的差距,尤其体现在高端富裕居民和企业机构的跨境投资和资产配置服务,以及为机构客户提供全球投融资、资产配置服务等三方面。

相比于内地券商在财富管理上刚起步,外资投行在此领域已深耕厚植多年。

高净值人群有两大显著特点:一是注重全球资产配置,风险隔离,股权重构;二是注重财富传承和产业接班升级。外资投行财富管理凭借其全球业务布局和客户服务经验，在提供全球资产配置方案、多元化投资工具、家族传承等定制化财富管理服务等方面更具优势。

外资投行在面向企业客户的跨境投融资并购上优势显著。

尽管中资券商在港承销规模和份额近年来快速提升，但是在服务代表新经济发展趋势的重点企业上，外资投行在品牌实力、多产品服务及全球分销能力等方面仍处于领先地位，比如小米赴港上市的主承销商是摩根士丹利等几家外资投行。

机构投资者服务方面，外资投行同样胜出。

以衍生品为例，国内衍生品市场发展较晚、种类较少、规模较小。境外市场衍生品业务规模庞大，外资投行业务模式成熟，在定价能力、风控能力等方面均具备明显优势。外资投行通过嵌入衍生品，并从风险管理、套期保值等多角度出发所设计的金融产品更能满足机构投资者的需求。

当然，外资机构进驻中国市场时也并非无往不利。

外资机构的本土化也是机遇与挑战并存，外资对国内客户的了解熟悉、渠道布局等也需要时间。

国内证券公司要充分利用宝贵的时间窗口，潜心致力于巩固和发挥本土领先优势，锻造核心竞争力，实实在在地为客户提供专业、精心、全面的高水平综合金融服务。"善战者，先为不可胜，以待敌之可胜。"这样，国内证券公司就很有可能在未来的竞争中胜出。

公司新战略：本土全面领先、具有国际竞争力的综合金融服务商

把中国资本市场的蓝图变为现实，是一场新的长征。

为此，国泰君安制定了新三年战略规划，培养核心业务能力，全力备战科创板，服务科技创新企业，践行"金融报国"的理念。

2019 年 3 月份，国泰君安董事会通过了《2019－2021 年战略发展规划纲要》。在新的三年战略规划中，国泰君安提出了"按更高标准、更深内涵继续打造'本土全面领先、具有国际竞争力的综合金融服务商'"的战略目标。

为实现新三年战略规划，公司将围绕"以客户为中心，打造卓越核心能力"的策略主线，全面发挥零售客户服务和企业机构客户服务两大战略体系的集群效能，实现财富管理、买方生态、国际化三大战略引擎对公司业务的强力拉动，推进投行、大资管、交易和信用四类业务转型升级，强化合规风险管理、科技、研究、人力资源、资产负债管理五大战略支柱，全方位地打造卓越的集团核心能力。

设立科创板让国泰君安的投行业务百尺竿头更进一步。

在上交所首批受理的 9 家企业中，由国泰君安证券保荐的晶晨半导体公司拿到了珍贵的 001 号受理通知书。截至 5 月 15 日，国泰君安已保荐 7 家拟上市企业进入行业第一梯队。

投资类业务也在全线铺开。

目前，国泰君安创投子公司、另类投资子公司、交易投资等投资类业务单元正在积极推动上海科创母基金、公司母基金等平台的投资项目落地，并通过上述优质重点产业项目投资，为科创板企业提供从 VC、PE 等前期投资到募资、上市、财务顾问等一条龙综合金融服务。

零售机构及分支机构等前台业务厉兵秣马，持续开发合格投资者资源。

2019 年 3 月初，国泰君安率先实现科创板线上预约功能，并在业内开通首批科创板个人账户及机构账户。截至 5 月 15 日，国泰君安已为近 14 万名合格投资者开通科创板权限。

作为“上海服务”的证券业品牌代表，国泰君安证券还将发挥“头雁效应”，加大力度支持和服务上海科创中心建设。

公司会持续推进买方生态建设，统筹深耕科创相关重点产业，加快推动优质资产布局，并与卖方业务高效联动、有序对接，形成互相辅助、互相促进的良好生态。公司还将前瞻性地布局科创板，全力推进上海本地科创企业金融服务一体化工作。

前　言

2018 年 11 月 5 日，国家主席习近平在出席首届中国国际进口博览会开幕式并发表主旨演讲中宣布，在上海证券交易所设立科创板并试点注册制。2019 年 6 月 13 日，科创板正式开板，短短几个月时间，科创板的筹备工作无论从速度还是实质内容的出台都超出了预期。站在这个特殊的历史时点，我们对设立科创板的意义、定位也有了更深刻的体会和认识。

设立科创板并试点注册制尽管是"增量"改革，但不可否认的是，这场增量改革是基于国家战略的基础上所提出的，其带来的影响必将是深远的，而且也将实质性地推动中国资本市场的整体变革。我们可以从两个方面来理解：

(一)设立科创板并试点注册制是落实国家创新驱动发展战略的重要抓手

目前已发布的相关监管规则明确科创板要坚持"三个面向"(面向世界科技前沿、面向经济主战场、面向国家重大需求)，主要服务于符合国家战略、突破关键核心技术、市场认可度高的科技创新企业，重点支持新一代信息技术、高端装备、新材料、新能源、节能环保以及生物医药等高新技术产业和战略性新兴产业，推动互联网、大数据、云计算、人工智能和制造业深度融合。上述对科创板的定位实际上与十八大以来党中央高度重视实施创新驱动发展战略一脉相承。随着科创板建设的不断推进，"创新是引领发展的第一动力"将更明确地成为举国上下的共识。

(二)设立科创板并试点注册制将推动资本市场供给侧结构性改革的深化实施

2018 年 12 月的中央经济工作会议上，习总书记指出"资本市场在金融运行中具有牵一发而动全身的作用”，并提到要通过深化改革，打造一个规范、透明、开放、有活力、有韧性的资本市场。2019 年 2 月，习总书记在主持主题为“完善金融服务，防范金融风险”中央政治局第十三次集体学习时指出，金融要为实体经济服务，满足经济社会发展和人民群众的需要；我国金融业的市场结构、经营理念、创新能力、服务水平还不适应经济高质量发展的要求；要正确把握金融本质，深化金融供给侧结构性改革，增强金融服务实体经济能力；建设一个规范、透明、开放、有活力、有韧性的资本市场，完善资本市场基础性制度。连续召开的中央级别会议，对中国资本市场在国民经济体系和金融体系中的战略定位给予了新的、高瞻远瞩的论断。科创板和注册制的成功实施显然要为资本市场的新战略定位做出最充分的注释。

因此，我们绝对不能简单地理解科创板和注册制仅仅是一场增量改革，而一定要站在国家战略、资本市场新定位的角度来理解科创板和注册制的伟大意义。科创板试点注册制作为“资本市场制度体系改革的发力点、突破口”，其成功实施必将进一步引发存量资本市场的变革，在寻找改革最大公约数的基础上实现突破性创新，并将推动市场在资源配置中发挥决定性作用，为中国迈向高质量发展注入澎湃动力。

目　录

第二篇　科创板和注册制的国际比较和研究

第三篇　已获上海证券交易所受理的科创板申报企业综合分析

第一篇

科创板和注册制介绍

第一章　科创板的特点和定位

一、科创板监管制度体系的特点

截至目前，证监会、上海证券交易所、中国证券登记结算有限责任公司等相关监管部门以“急用先行”的姿态快速出台了近20个监管规则，另外还有多个监管规则正在起草制订过程中。通观目前出台的监管制度体系的内容，体现出如下明显的几个特点：

（一）真正贯彻了注册制和市场化的精髓

注册制并不是说监管部门不审，而是监管部门对发行人是否符合发行条件、上市条件、信息披露要求等进行形式审核，但对发行人的内在价值不做实质性判断。这项实质性判断工作会留给市场来进行，而市场各方进行决策的依据就是发行人对外披露的真实、准确、完整的各项信息。从目前已经颁布的各项规则来看，坚持以信息披露为中心、坚持市场化原则贯彻始终，从证监会到交易所都释放出了对市场充分尊重的最大诚意。

（二）最大限度地体现了差异化包容的精神

目前已经发布的科创板各项监管规则对科创板发行条件、上市条件做出了明确的规定。准确的理解而言，科创板的发行条件、上市条件与传统主板、创业板相比，不应该用放低门槛标准来比喻；而是说科创板在坚持“三个面向”、主要服务于符合国家战略、突破关键核心技术、市场认可度高的科技创新企业定位基础上，在盈利状况、股权结构等方面做出了更为妥善的差异化安排，增强了对创新企业的包容性和适应性。例如，修订发布《上市审核规则》，新增试点红筹企业上市的市值和财务指标，与《试点创新企业境内发行股票或存托凭证并上市监管工作实施办法》规定的市值和财务相关条件相比，降低了红筹企业上市门槛，体现了监管部门对红筹企业更大的包容度。

（三）压实压严主体责任信号明确

设立科创板并试行注册制作为中国资本市场一次伟大的变革，监管部门尽管有加快推动实施的原始动力，却始终坚持“行稳致远”，明确既要坚持市场化取向，充分发挥市场机制的作用，积极进行制度创新，又要坚持从资本市场实际出发，平稳起步，有序推进。在这样的大背景下，科创板对压实压严主体责任发出了明确的信号。例如，科创板相关规则强化了发行人对信息披露的诚信义务和法律责任，明确了信息披露“刨根问底”式的监管理念；要求申报时保荐人同步交存工作底稿、审核中根据需要启动现场检查等措施，意在推动落实保荐人、证券服务机构尽职调查、审慎核查的职责，更好地发挥中介机构“看门人”的作用；同时，加大保荐机构对发行人的持续督导职责，明确退市的各项标准等。

二、科创板的定位

理解科创板的意义，必须先从科创板的定位说起。我们可以先看一下《关于在上海证券交易所设立科创板并试点注册制的实施意见》（中国证券监督管理委员会公告，〔2019〕2号）中所阐述的：

“准确把握科创板的定位。在上海证券交易所新设科创板，坚持面向世界科技前沿、面向经济主战场、面向国家重大需求，主要服务于符合国家战略、突破关键核心技术、市场认可度高的科技创新企业，重点支持新一代信息技术、高端装备、新材料、新能源、节能环保以及生物医药等高新技术产业和战略性新兴产业，推动互联网、大数据、云计算、人工智能和制造业深度融合，引领中高端消费，推动质量变革、效率变革、动力变革。具体行业范围由上海证券交易所发布并适时更新。”

上面这段话的信息含量太多，限于篇幅，只作简要分析。

(一)"三个面向"

科创板要坚持"三个面向",即"面向世界科技前沿、面向经济主战场、面向国家重大需求"。这句话最早是习近平总书记在 2016 年 5 月 30 日全国科技创新大会、两院院士大会、中国科协第九次全国代表大会上提出的:

"实现'两个一百年'奋斗目标,实现中华民族伟大复兴的中国梦,必须坚持走中国特色自主创新道路,面向世界科技前沿、面向经济主战场、面向国家重大需求,加快各领域科技创新,掌握全球科技竞争先机。"

按照权威媒体解读,习近平总书记提科技创新"三个面向",为我国科技创新指明了主攻方向。我国的科技创新,既要"顶天",面向世界科技前沿,致力于未来发展;又要"立地",面向国家战略需求,赢得战略主动;同时还要"惠民",面向经济发展主战场,为人民创造更多财富。

所以,科创板坚持"三个面向",未来科创板企业就必须拥有符合上述要求的"硬科技",这才符合国家科技创新的总体战略要求。

(二)国家战略

党的十九大报告明确提出"坚定实施科教兴国战略、人才强国战略、创新驱动发展战略、乡村振兴战略、区域协调发展战略、可持续发展战略、军民融合发展战略",这是明确提出的国家"七大战略"。中国未来要转变发展方式、优化经济结构、转换增长动力、实现高质量发展,就必须依靠科技创新。"七大战略"的实施,科技创新贯穿其中,具有基础性战略支撑地位。

这"七大战略"中,与科创板最密切相关的就是"创新驱动发展战略"。2012 年 11 月,党的十八大明确提出:"科技创新是提高社会生产力和综合国力的战略支撑,必须摆在国家发展全局的核心位置。"强调要坚持走中国特色自主创新道路、实施创新驱动发展战略。

党的十八大以来,以习近平同志为核心的党中央高度重视实施创新驱动发展战略,于 2015 年 3 月制定颁发了《关于深化体制机制改革加快实施创新驱动发展战略的若干意见》。2016 年 5 月,中共中央、国务院印发了《国家创新驱动发展战略纲要》。习近平总书记指出:"实施创新驱动发展战略,是加快转变经济发展方式、提高我国综合国力和国际竞争力的必然要求和战略举措。"

2017 年党的十九大报告中,习近平总书记提及"创新"一词超过 50 次,并强调“创新是引领发展的第一动力”，也明确要坚定包括创新驱动发展战略在内的各种既定方针。十九大还专门举办了以“实施创新驱动发展战略”为主题的集体采访活动。

按照中央意见，创新驱动发展战略是以科技创新为核心的全面创新推动经济持续健康发展的战略。其具体内涵是指，创新成为引领发展的第一动力，科技创新与制度创新、管理创新、商业模式创新、业态创新和文化创新相结合，推动发展方式向依靠持续的知识积累、技术进步和劳动力素质提升的方向转变，促进经济向形态更高级、分工更精细、结构更合理的阶段演进。

科创板“重点支持新一代信息技术、高端装备、新材料、新能源、节能环保以及生物医药等高新技术产业和战略性新兴产业”，显然是服务国家战略的明确体现。

（三）行业

在创新驱动发展战略的总体指导下，中国政府于 2015 年 5 月正式发布《中国制造 2025》。《中国制造 2025》瞄准了如下十大领域：新一代信息技术产业、高档数控机床和机器人、航空航天装备、海洋工程装备及高技术船舶、先进轨道交通装备、节能与新能源汽车、电力装备、农业机械装备、新材料、生物医药及高性能医疗器械等。

美国 2016 年发布了 Emerging Science and Technology Trends：2016－2045——A Synthesis of Leading Forecasts Report（April 2016）——《2016－2045 年新兴科技趋势——领先预测综合报告（2016 年 4 月）》，明确提到了 20 项最值得关注的科技发展趋势，包括物联网、机器人与自动化系统、智能手机与云端计算、智能城市、量子计算、混合现实、数据分析、人类增强、网络安全、社交网络、先进材料、先进数码设备、太空科技、新型武器、合成生物科技、增材制造、食物与淡水科技、能源、医学、对抗全球气候变化。

对比分析可以发现，《中国制造 2025》与《2016－2045 年新兴科技趋势——领先预测综合报告（2016 年 4 月）》在制造业的层面基本上是吻合的。中国和美国的竞争激烈程度可见一斑。

因此，科创板“重点支持新一代信息技术、高端装备、新材料、新能源、节能环保以及生物医药等高新技术产业和战略性新兴产业”，显然是服务国家战略的明确体现。

（四）科创板关于定位的相关监管要求

1.《上海证券交易所科创板股票发行上市审核规则》【上证发〔2019〕18号】原征求意见稿第三条“发行人申请股票首次发行上市，应当符合科创板定位，科技创新能力突出，主要依靠核心技术开展生产经营，具有稳定的商业模式，市场认可度高，社会形象良好，具有较强的成长性”，后面定稿发布则做了如下修订（加粗部分）：“发行人申请股票首次发行上市，应当符合科创板定位，**面向世界科技前沿、面向经济主战场、面向国家重大需求。优先支持符合国家战略，拥有关键核心技术**，科技创新能力突出，主要依靠核心技术开展生产经营，具有稳定的商业模式，市场认可度高，社会形象良好，具有较强成长性的企业”。在前述分析的基础上，理解修订稿为什么要增加这些规定就很容易了。

2.《上海证券交易所科创板企业上市推荐指引》【上证发〔2019〕30号】规定：

第二条　保荐机构应当基于科创板定位，推荐企业在科创板发行上市。保荐机构在把握科创板定位时，应当遵循下列原则：

（一）坚持面向世界科技前沿、面向经济主战场、面向国家重大需求；

（二）尊重科技创新规律和企业发展规律；

（三）处理好科技创新企业当前现实和科创板建设目标的关系；

（四）处理好优先推荐科创板重点支持的企业与兼顾科创板包容的企业之间的关系。

第三条　保荐机构应当按照《实施意见》《注册管理办法》《审核规则》明确的科创板定位要求，优先推荐下列企业：

（一）符合国家战略、突破关键核心技术、市场认可度高的科技创新企业；

（二）属于新一代信息技术、高端装备、新材料、新能源、节能环保以及生物医药等高新技术产业和战略性新兴产业的科技创新企业；

（三）互联网、大数据、云计算、人工智能和制造业深度融合的科技创新企业。

保荐机构在优先推荐前款规定企业的同时，可以按照本指引的要求，推荐其他具有较强科技创新能力的企业。

第四条　保荐机构应当准确把握科创板定位，切实履行勤勉尽责要求，做好推荐企业是否符合科创板定位的核查论证工作，就企业是否符合相关行业范围、依靠核心技术开展生产经营、具有较强成长性等事项进行专业判断，审慎作出推荐决定，并就企业符合科创板定位出具专项意见。

第五条　保荐机构应当准确把握科技创新企业的运行特点，充分评估企业科技创新能力，重点关注以下事项：

（一）是否掌握具有自主知识产权的核心技术，核心技术是否权属清晰、是否国内或国际领先、是否成熟或者存在快速迭代的风险；

（二）是否拥有高效的研发体系，是否具备持续创新能力，是否具备突破关键核心技术的基础和潜力，包括但不限于研发管理情况、研发人员数量、研发团队构成及核心研发人员背景情况、研发投入情况、研发设备情况、技术储备情况；

（三）是否拥有市场认可的研发成果，包括但不限于与主营业务相关的发明专利、软件著作权及新药批件情况，独立或牵头承担重大科研项目情况，主持或参与制定国家标准、行业标准情况，获得国家科学技术奖项及行业权威奖项情况；

（四）是否具有相对竞争优势，包括但不限于所处行业市场空间和技术壁垒情况，行业地位及主要竞争对手情况，技术优势及可持续性情况，核心经营团队和技术团队竞争力情况；

（五）是否具备技术成果有效转化为经营成果的条件，是否形成有利于企业持续经营的商业模式，是否依靠核心技术形成较强成长性，包括但不限于技术应用情况、市场拓展情况、主要客户构成情况、营业收入规模及增长情况、产品或服务盈利情况；

（六）是否服务于经济高质量发展，是否服务于创新驱动发展战略、可持续发展战略、军民融合发展战略等国家战略，是否服务于供给侧结构性改革。

保荐机构应当在《关于发行人符合科创板定位要求的专项意见》中披露相关核查过程、依据和结论。

第六条　保荐机构应当准确把握科技创新的发展趋势，重点推荐下列领域的科技创新企业：

（一）新一代信息技术领域，主要包括半导体和集成电路、电子信息、下一代信息网络、人工智能、大数据、云计算、新兴软件、互联网、物联网和智能硬件等；

（二）高端装备领域，主要包括智能制造、航空航天、先进轨道交通、海洋工程装备及相关技术服务等；

（三）新材料领域，主要包括先进钢铁材料、先进有色金属材料、先进石化化工新材料、先进无机非金属材料、高性能复合材料、前沿新材料及相关技术服务等；

（四）新能源领域，主要包括先进核电、大型风电、高效光电光热、高效储能及相关技术服务等；

（五）节能环保领域，主要包括高效节能产品及设备、先进环保技术装备、先进环保产品、资源循环利用、新能源汽车整车、新能源汽车关键零部件、动力电池及相关技术服务等；

（六）生物医药领域，主要包括生物制品、高端化学药、高端医疗设备与器械及相关技术服务等；

（七）符合科创板定位的其他领域。

第七条　保荐机构不得推荐国家产业政策明确抑制行业的企业，不得推荐危害国家安全、公共安全、生态安全、生产安全、公众健康安全的企业。

3.《上海证券交易所科创板股票发行上市审核问答》【上证发〔2019〕29 号】规定：

《上市审核规则》规定发行人应当符合科创板定位。对此应如何把握？

答：《上市审核规则》规定，本所对发行上市进行审核。审核事项包括三个方面：一是发行人是否符合发行条件；二是发行人是否符合上市条件；三是发行人的信息披露是否符合要求。在对上述事项进行审核判断时，将关注发行人是否符合科创板定位。发行人应当对其是否符合科创板定位进行审慎评估，保荐机构应当就发行人是否符合科创板定位进行专业判断。

（一）发行人自我评估的考虑因素

发行人进行自我评估时应当尊重科技创新规律、资本市场规律和企业发展规律，并结合自身和行业科技创新的实际情况，准确理解、把握科创板定位，重点考虑以下因素：

(1)所处行业及其技术发展趋势与国家战略的匹配程度；

(2)企业拥有的核心技术在境内与境外发展水平中所处的位置；

(3)核心竞争力及其科技创新水平的具体表征，如获得的专业资质和重要奖项、核心技术人员的科研能力、科研资金的投入情况、取得的研发进展及其成果等；

(4)保持技术不断创新的机制、技术储备及技术创新的具体安排；

(5)依靠核心技术开展生产经营的实际情况等。

(二)对保荐机构的相关要求

保荐机构应当根据《上海证券交易所科创板企业上市推荐指引》的相关要求，围绕科创板定位，对发行人自我评估涉及的相关事项进行核查，并结合尽职调查取得的充分证据、资料等，对其是否符合科创板定位作出专业判断，出具专项意见，说明理由和依据、具体的核查内容和核查过程等，并在上市保荐书中简要说明核查结论及依据。

(三)本所审核中予以关注

审核问询中，本所发行上市审核机构将关注发行人的评估是否客观，保荐人的判断是否合理；根据需要，可以向科技创新咨询委员会提出咨询，将其作出的咨询意见作为审核参考。

三、科创板与注册制的发展

2018年11月5日，国家主席习近平在出席首届中国国际进口博览会开幕式并发表主旨演讲中宣布，“在上海证券交易所设立科创板并试点注册制”。实践中，很多人混淆了科创板和注册制的概念。严格意义上而言，科创板指的是多层次资本市场的一个有机组成部分，而注册制指的是发行审核制度。

(一)多层次资本市场

2018年12月中央经济工作会议、2019年2月中央政治局第十三次集体学习都提到要建设一个“规范、透明、开放、有活力、有韧性的资本市场”。《关于在上海证券交易所设立科创板并试点注册制的实施意见》(中国证券监督管理委员会公告，〔2019〕2号)也提到，“着眼于加快形成融资功能完备、基础制度扎实、市场监管有效、投资者合法权益得到有效保护的多层次资本市场体系，从设立上交所科创板入手，稳步试点注册制”。

目前我国多层次资本市场的总体格局如图 1－1 所示：

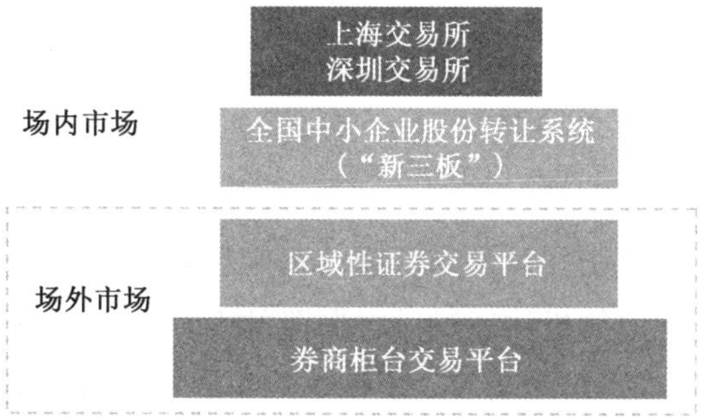

图 1－1 我国多层次资本市场的总体格局

（二）注册制的由来

2013 年 11 月，十八届三中全会审议通过的《中共中央关于全面深化改革若干重大问题的决定》中明确提出，“紧紧围绕使市场在资源配置中起决定性作用深化经济体制改革，坚持和完善基本经济制度”，“建设统一开放、竞争有序的市场体系，是使市场在资源配置中起决定性作用的基础”，“完善金融市场体系”，“健全多层次资本市场体系，推进股票发行注册制改革”。

2015 年 12 月 9 日，国务院召开常务会议，通过提请全国人大常委会授权国务院在实施股票发行注册制改革中调整适用《中华人民共和国证券法》有关规定的决定草案。草案明确，在决定施行之日起两年内，全国人大常委会授权国务院，对拟在沪深交易所上市交易的股票的公开发行，调整适用证券法关于股票公开发行核准的有关规定，实施注册制度，具体事项包括注册机关、审核要求、信息披露要求、中介机构职责以及相应的事中事后监管措施和处罚执法等，由国务院作出安排，报全国人大常委会备案。2015 年 12 月 27 日，第十二届全国人民代表大会常务委员会第十八次会议审议通过《关于授权国务院在实施股票发行注册制改革中调整适用有关规定的决定（草案）》的议案，明确授权国务院可以根据股票发行注册制改革的要求，调整适用现行《证券法》关于股票核准制的规定，对注册制改革的具体制度作出专门安排。该决定的实施期限为两年，自 2016 年 3 月 1 日起施行。

2018年2月23日，受国务院委托，证监会主席向全国人大常委会作说明，考虑到目前在多层次市场体系建设、交易成熟度等方面，还存在不少与实施注册制改革不完全适应的问题，需要进一步探索完善，建议股票发行注册制授权决定期限延长两年，至2020年2月29日。24日，人大常委会正式公布了同意延期的决定。

（三）发行审核制度

股票发行上市审核制度是股票市场的基础型制度之一，在股票市场制度中居于核心地位。证券监管机构通过设立专业的发行上市审核部门，设定成体系的审核标准，建立规范的审核程序，批准符合标准又达到信息披露要求的申请公司进行发行或上市，如图1—2所示。

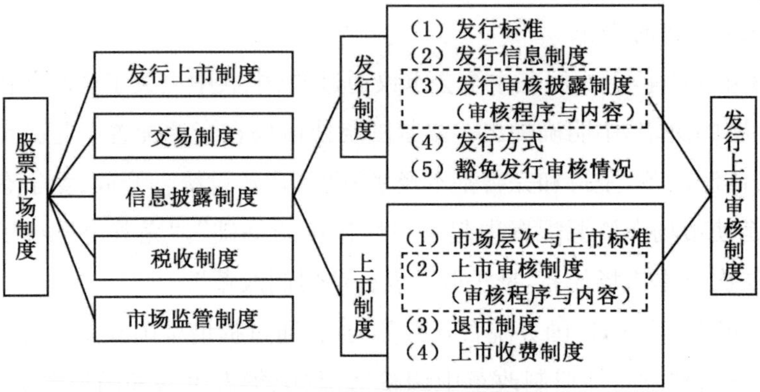

图1—2　发行审核上市制度

发行上市审核制度主要包括三方面内容：发行上市审核体制、发行审核制度以及上市审核制度。前者主要指发行审核权与上市审核权在不同机构之间的安排，与市场监管体制密切相关，是审核制度的核心；后两者主要是指审核原则、审核程序以及审核内容等。

（四）核准制与注册制的差异

新股的发行监管制度主要有三种：审批制、核准制和注册制，每一种发行制度都对应于一定的市场发展状况。其中，审批制是完全计划发行的模式，核准制是从审批制向注册制过渡的中间形式，注册制则是目前成熟资本市场普遍采用的发行体制。

核准制是指企业在发行股票时，不仅要充分公开企业的真实状况，而且还必须符合有关法律法规和证券主管机关规定的必备条件，证券主管机关有权否决不符合规定条件的股票发行申请。证券主管机关除了进行注册制所要求的形式审查外，还对发行人的法人治理结构、营业性质、资本结构、发展前景、盈利能力、管理人员素质、公司竞争力、发行数量、发行价格等条件进行实质审查，并据此作出发行人是否符合发行条件的价值判断和是否核准申请的决定。

目前，我国的发行审核制度是核准制，其主要特点如下：

(1)核准制的实质主要在于以强制性信息披露为核心，在明确监管和披露标准、规则的前提下，使市场参与各方“各司其职，各尽其能，各负其责，各担风险”。

(2)在选择和推荐企业方面，由保荐机构培育、选择和推荐企业，增加保荐机构及保荐代表人的责任。

(3)在企业发行股票的规模上，在满足《证券法》和《证券交易所股票上市规则》的前提下，由企业根据自身持续发展及资本运营的需要进行选择。

(4)在发行审核上，遵循合规性和合理性审核相结合的原则，发挥发行审核委员会的独立审核功能。

(5)在股票发行定价上，注重发挥市场约束机制，经过机构投资者的询价后，由企业与保荐人协商，使发行定价真正反映公司股票的内在价值和投资风险。

注册制主要是指发行人申请发行股票时，必须依法将公开的各种资料完全、准确地向证券监管机构申报并申请注册。证券监管机构的职责是对申报文件的全面性、准确性、真实性和及时性作形式审查，而将发行公司股票的良莠及对股票投资价值的判断留给市场来决定。这种制度市场化程度较高，像商品市场一样，只要将产品信息真实、全面地公开，至于产品能否卖出去，以什么价格卖出去，完全由市场需求来决定。这种发行审核制度对发行方、券商、投资者的要求都比较高。

应该说，核准制与注册制各有利弊。核准制加强了监管部门的监管，体现了行政权力对股票发行的参与，是“国家之手”干预股票发行的具体体现，这种制度在市场经济发育不太完善的情况下较注册制更有利于对广大投资者利益的保护。注册制则提高了新股发行的市场化，充分体现了市场经济条件下"无形之手"自我调节的本质特性，其不仅对发行人所处的市场经济的完善程度提出了很高的要求，而且要求发行人有较强的行业自律能力。表1—1列示了注册制与核准制之间的主要区别：

表1—1 注册制与核准制的区别

项　目	注册制	核准制
特征	申请发行股票时，发行人必须依法将应披露的各种资料完全、准确地向证券监管机构申报	申请发行股票时，发行人不仅要充分公开企业的真实情况，而且必须符合有关法律和证券监管机构规定的必备条件
审查内容	对申报文件的全面性、准确性、真实性和及时性进行形式审查，不对上市公司质量进行实质判断。只要符合证券监管机构制定的发行标准，即可批准发行上市	除进行形式审查外，还对发行的财务状况、发展前景、发行数量和发行价格等条件进行实质审查，并据此做出发行人是否符合发行条件的价值判断和是否核准申请的决定
基础	信息公开原则，依赖对信息披露情况的事后监管	实质性管理原则，强调"监管机关审核为本"
审核方式	形式审核为主	实质审核为主
审核效率	较高	相对较低
公正透明程度	相对较高，审核机构难以进行人为干预	相对较低，审核机构具有很大的自由裁量权

通常而言，注册制下的监管体系具有以下一些普遍特征：

(1)发行上市的审核主体仍然是监管部门(证监会/交易所)，但审核内容及方式与审批制有重大差异，即注册制下的监管机构仅对申报材料的合规性进行形式审核，一般不进行实质性判断；

(2)信息披露是整个发审制度的核心，强调信息披露的真实、准确、完整与及时；

(3)在信息披露基础上，由市场而非监管部门对企业能否上市做出决定，企业发行上市能否成功取决于市场投资者是否认可发行人的业务模式与发展前景；

(4)发行审核过程透明度高，审核效率高；

(5)监管部门的工作重点由事前的实质审核转向事中及事后监管,由“选好人”转向“抓坏人”,加强对违规违法行为的执法处罚。

下面以表格的形式来说明目前中国内地股票发行监管体系与中国香港及美国注册制监管体系的差别(见表1—2):

表1—2　　中国内地股票发行监管体系与中国香港及美国注册制监管体系的区别

项　目	核准制	注册制	
国家/地区	中国内地	中国香港	美国
发行额度	无	无	无
发行上市标准	有	有	有
主要推荐人	中介机构	中介机构	中介机构
对发行上市做实质判断的主体	中介机构、证监会	中介机构、联交所	中介机构
发行上市监管性质	中介机构和证监会分担实质性审核职责	中介机构及联交所实质性审核、证监会形式审核	中介机构实质性审核、证监会发行审核、交易所上市审核
发行上市审核主体	证监会	联交所	SEC+交易所

(五)科创板在注册制方面的探索

总之,设立科创板并试点注册制最根本的出发点是在中国资本市场新战略定位的基础上推动市场在资源配置中发挥决定性作用。应该说,此次科创板相关监管规则的制定,很清晰地体现了上述精神。

《科创板首次公开发行股票注册管理办法(试行)》【证监会令(第153号)】第四条规定:首次公开发行股票并在科创板上市,应当符合发行条件、上市条件以及相关信息披露要求,依法经上海证券交易所发行上市审核并报经中国证券监督管理委员会履行发行注册程序。

《科创板首次公开发行股票注册管理办法(试行)》【证监会令(第153号)】第二十三条原征求意见稿规定:“中国证监会认为存在需要进一步说明或者落实事项的,可以提出反馈意见”。正式稿则改为“发行注册主要关注交易所发行上市审核内容有无遗漏,审核程序是否符合规定,以及发行人在发行条件和信息披露要求的重大方面是否符合相关规定。中国证监会认为存在需要进一步说明或者落实事项的，可以要求交易所进一步问询”。将具体审核职责还是回归到交易所层面。

《科创板首次公开发行股票注册管理办法（试行）》【证监会令（第 153 号）】第二十四条原征求意见稿规定，“中国证监会依照法定条件，在 20 个工作日内对发行人的注册申请作出同意注册或者不予注册的决定”。正式稿则改为“中国证监会在 20 个工作日内对发行人的注册申请作出同意注册或者不予注册的决定”。此条修改删除了“依照法定条件”6 个字，貌似无足轻重，实则是体现了证监会做出巨大的简政放权的努力。

《科创板首次公开发行股票注册管理办法（试行）》【证监会令（第 153 号）】第二十五条原征求意见稿规定，“中国证监会同意注册的决定自作出之日起 6 个月内有效，发行人应当在注册决定有效期内发行股票，发行时点由发行人自主选择”。正式稿则改为“中国证监会同意注册的决定自作出之日起 1 年内有效，发行人应当在注册决定有效期内发行股票，发行时点由发行人自主选择”。此条修改给予发行人更充分的发行时点的自由裁量权，更好地体现了市场化原则。

第二章　科创板发行上市条件

《科创板首次公开发行股票注册管理办法（试行）》【证监会令（第 153 号）】第四条规定：首次公开发行股票并在科创板上市，应当符合发行条件、上市条件以及相关信息披露要求，依法经上海证券交易所发行上市审核并报经中国证券监督管理委员会履行发行注册程序。因此，对于想上科创板的公司，最需要关注的就是如下五个方面：

- 发行条件
- 上市条件
- 相关信息披露要求
- 发行上市审核
- 发行注册程序

一、发行条件

总体而言，科创板股票公开发行条件的设定充分体现以信息披露为中心的注册制改革理念，精简优化现行发行条件，同时突出重大性原则并强调风险防控。《科创板首次公开发行股票注册管理办法（试行）》取消了现行发行条件中关于盈利业绩、不存在未弥补亏损、无形资产占比限制等方面的要求。实际发行条件主要有 4 个方面：主体资格、财务规范、业务完整、规范运作。

《关于在上海证券交易所设立科创板并试点注册制的实施意见》[中国证券监督管理委员会公告，〔2019〕2 号]规定：

"(七)合理制定股票发行条件。精简优化现行公开发行股票条件。申请公开发行股票的公司，除符合科创板定位外，还应当符合下列基本发行条件：一是具备健全且运行良好的组织机构，具有完整的业务体系和直接面向市场独立经营的能力，不存在对持续经营有重大不利影响的情形；二是会计基础工作规范，内部控制制度健全且有效执行，最近三年财务会计报告被出具标准无保留意见审计报告；三是发行人及其控股股东、实际控制人最近三年不存在贪污、贿赂、侵占财产、挪用财产或者破坏社会主义市场经济秩序的刑事犯罪，不存在严重损害社会公共利益的重大违法行为；四是证监会规定的其他条件。逐步将现行发行条件中可以由投资者判断的事项转化为更加严格，更加全面、深入、精准的信息披露要求制度体系。"

《科创板首次公开发行股票注册管理办法(试行)》【证监会令(第153号)】规定的发行条件如下：

【主体资格】第十条　发行人是依法设立且持续经营3年以上的股份有限公司，具备健全且运行良好的组织机构，相关机构和人员能够依法履行职责。

有限责任公司按原账面净资产值折股整体变更为股份有限公司的，持续经营时间可以从有限责任公司成立之日起计算。

【财务规范】第十一条　发行人会计基础工作规范，财务报表的编制和披露符合企业会计准则和相关信息披露规则的规定，在所有重大方面公允地反映了发行人的财务状况、经营成果和现金流量，并由注册会计师出具标准无保留意见的审计报告。

发行人内部控制制度健全且被有效执行，能够合理保证公司运行效率、合法合规和财务报告的可靠性，并由注册会计师出具无保留结论的内部控制鉴证报告。

【业务完整】第十二条　发行人业务完整，具有直接面向市场独立持续经营的能力：

(一)资产完整，业务及人员、财务、机构独立，与控股股东、实际控制人及其控制的其他企业间不存在对发行人构成重大不利影响的同业竞争，不存在严重影响独立性或者显失公平的关联交易。

(二)发行人主营业务、控制权、管理团队和核心技术人员稳定，最近2年内主营业务和董事、高级管理人员及核心技术人员均没有发生重大不利变化；控股股东和受控股股东、实际控制人支配的股东所持发行人的股份权属清晰，最近2年实际控制人没有发生变更，不存在导致控制权可能变更的重大权属纠纷。

（三）发行人不存在主要资产、核心技术、商标等的重大权属纠纷，重大偿债风险，重大担保、诉讼、仲裁等或有事项，经营环境已经或者将要发生重大变化等对持续经营有重大不利影响的事项。

【规范运作】第十三条　发行人生产经营符合法律、行政法规的规定，符合国家产业政策。

最近3年内，发行人及其控股股东、实际控制人不存在贪污、贿赂、侵占财产、挪用财产或者破坏社会主义市场经济秩序的刑事犯罪，不存在欺诈发行、重大信息披露违法或者其他涉及国家安全、公共安全、生态安全、生产安全、公众健康安全等领域的重大违法行为。

董事、监事和高级管理人员不存在最近3年内受到中国证监会行政处罚，或者因涉嫌犯罪被司法机关立案侦查或者涉嫌违法违规被中国证监会立案调查，尚未有明确结论意见等情形。

相比主板、中小板、创业板的发行条件来看，由于科创板试点注册制没有最低盈利要求，所以科创板强调的是不存在“对持续经营有重大不利影响的事项”，而主板、中小板、创业板要求“发行人资产质量良好，资产负债结构合理，盈利能力较强，现金流量正常”，关注的是“发行人不得有影响持续盈利能力的情形”。

同时，科创板在规范运作方面，相比主板、中小板、创业板增加了对发行人的“控股股东、实际控制人”的要求，按照监管的说法，控股股东和实际控制人是公司治理中的“关键少数”，这是我们需要特别关注的方面。

二、关于成长性

在《上海证券交易所科创板股票发行上市审核规则》【上证发〔2019〕18号】中有一条规定值得特别关注：

第十九条　发行人应当结合科创板定位，就是否符合相关行业范围、依靠核心技术开展生产经营、具有较强成长性等事项，进行审慎评估。

按照这条规定，上海证券交易所比较关注科创板上市企业的成长性。成长性这个指标最早是在2009年创业板设立的时候提出来的。2009年3月31日，中国证监会正式发布《首次公开发行股票并在创业板上市管理暂行办法》（中国证券监督管理委员会令第61号），2009年10月30日，首批28家创业板IPO公司股票正式在深交所创业板上市。在《首次公开发行股票并在创业板上市管理暂行办法》中，明确定位于服务于自主创新及其他成长型创业企业，成长性和创新性是最核心的两个特点。其中，在创业板IPO股票发行上市条件中明确：

第十条　发行人申请首次公开发行股票应当符合下列条件：

（二）最近两年连续盈利，最近两年净利润累计不少于1 000万元，且持续增长；或者最近一年盈利，且净利润不少于500万元，最近一年营业收入不少于5 000万元，最近两年营业收入增长率均不低于30%。

在《公开发行证券的公司信息披露内容与格式准则第29号——首次公开发行股票并在创业板上市申请文件》（证监会公告〔2009〕18号）中规定，需要在申报的《发行保荐书》中附“发行人成长性专项意见”，保荐机构需要对拟申请创业板IPO的发行人的成长性发表明确意见。

我们来看一看第一批28家创业板公司的实际成长率指标到底多少。由于第一批创业板公司是2009年10月上市，所以我们分别统计了2007年、2008年的逐年营业收入增长率以及连续两年的营业收入平均增长率。

（一）2007年的营业收入增长率

2007年，28家创业板IPO公司营业收入增长率为66.56%，其中，“神州泰岳”“南风股份”“汉威电子”“上海佳豪”“红日药业”5家企业营业收入增长率超过100%；仅有“安科生物”“鼎汉技术”“硅宝科技”3家企业营业收入增长率低于20%；其中，“安科生物”营业收入增长率为－1.48%。对比之下，中小企业板营业收入增长率平均为30.14%（见图2—1）。

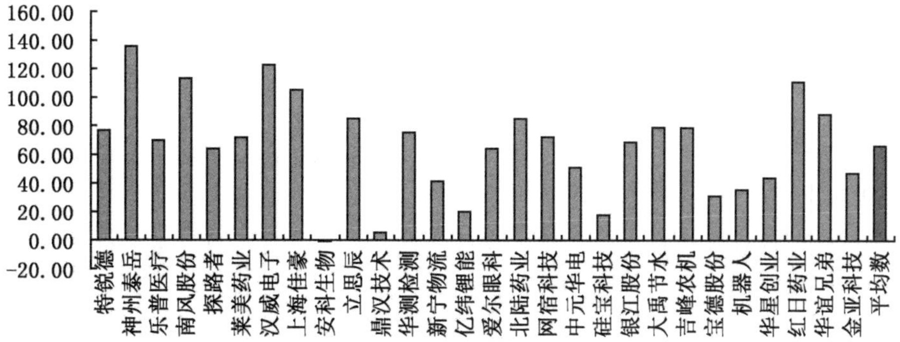

图 2—1　2007 年的营业收入增长率

(二)2008 年的营业收入增长率

2008 年,28 家创业板 IPO 公司营业收入增长率为 46.65%;"特锐德""网宿科技""吉峰农机"3 家企业 2008 年的营业收入增长率超过 100%;"北陆药业""中元华电""金亚科技"3 家企业营业收入增长率低于 20%;其中,"北陆药业"2008 年的营业收入增长率为—23.64%。对比之下,中小企业板 2008 年营业收入增长率平均为 21.41%(见图 2—2)。

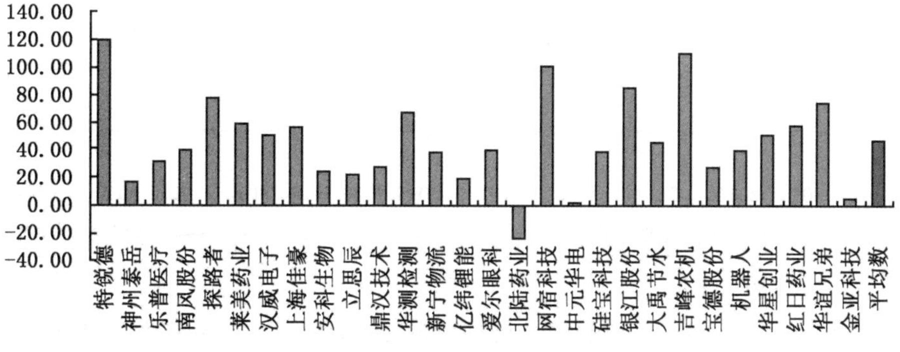

图 2—2　2008 年的营业收入增长率

(三)2007～2008 年营业收入平均增长率

28 家创业板 IPO 公司 2007 年、2008 年连续两年营业收入平均增长率为 56.29%;14 家企业 2007 年、2008 年连续两年营业收入平均增长率超过 60%。相比之下,中小企业板 2007 年、2008 年连续两年营业收入平均增长率为

25.70%。

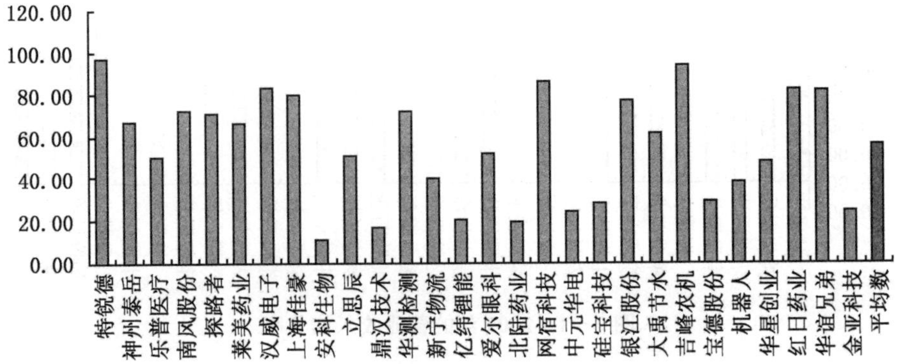

图 2—3　连续两年营业收入平均增长率

图 2—4 列示了全部上市公司[分沪深主板(非金融)、中小板(非金融)、创业板]近十年来的营业收入增长率指标数据。

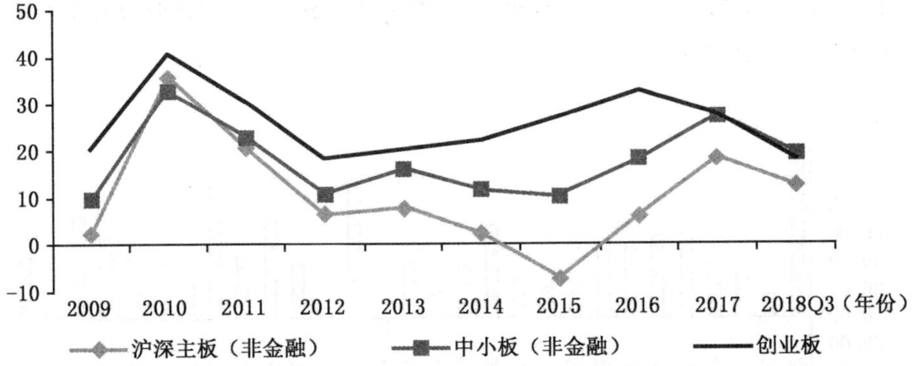

数据来源:Wind。

图 2—4　沪深主板(非金融)、中小板(非金融)、创业板近十年来的营业收入增长率

从图 2—4 我们可以看到沪深主板(非金融)、中小板(非金融)、创业板近十年来营业收入增长率围绕着 20%上下波动,当然这里也要排除每年新上市股票的因素。

图 2—5 列示了第一批创业板 28 家公司 2009 年至 2017 年的营业收入年均增长率(每年增长率的简单算术平均)。

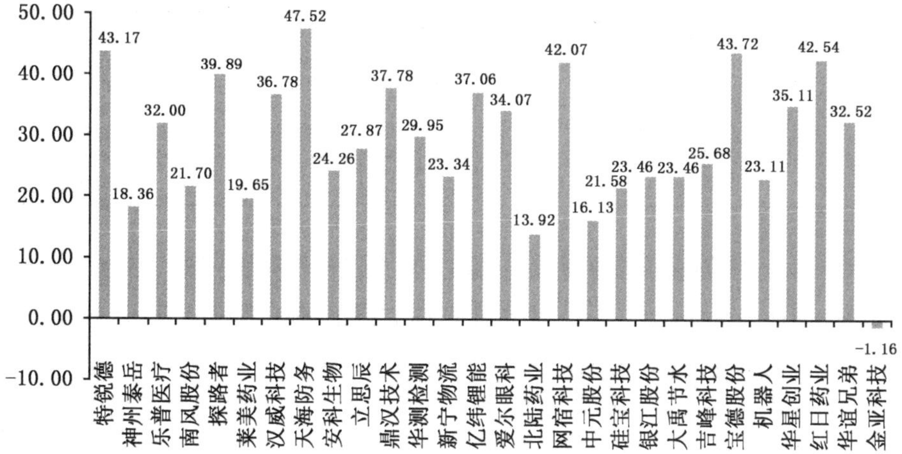

图 2—5　第一批创业板 28 家公司 2009 年至 2017 年的营业收入年均增长率

第一批创业板 28 家公司 2009 年至 2017 年的营业收入年均增长率平均数是 29.15%，这个数字和前面列示的整个创业板公司的增长率数字基本是吻合的。但是，28 家公司里面分化非常明显，最高的是天海防务，年均营业收入增长率为 47.52%，但是金亚科技年均营业收入增长率为－1.16%（很不幸的是，这两家营业收入增长率处于两个极端的公司目前都出事了）。

那么，截至 2019 年 3 月 22 日公布的首批科创板受理的 9 家公司的成长性如何呢？我们统计了这 9 家公司报告期营业收入增长率，如表 2—1 所示：

表 2—1　　9 家公司报告期营业收入增长率

发行人全称	2018 年	2017 年	两年算术平均
武汉科前生物股份有限公司	16.19%	62.10%	39.15%
安翰科技（武汉）股份有限公司	87.31%	49.68%	68.49%
和舰芯片制造（苏州）股份有限公司	9.95%	78.94%	44.44%
宁波容百新能源科技股份有限公司	61.88%	112.24%	87.06%
广东利元亨智能装备股份有限公司	69.24%	75.83%	72.54%
江苏北人机器人系统股份有限公司	64.50%	37.25%	50.87%
江苏天奈科技股份有限公司	6.38%	130.15%	68.26%

续表

发行人全称	2018年	2017年	两年算术平均
烟台睿创微纳技术股份有限公司	146.66%	158.46%	152.56%
晶晨半导体(上海)股份有限公司	40.14%	47.06%	43.60%
平　均	55.80%	83.52%	69.66%

总体而言，科创板首批受理的9家公司的成长性指标还是不错的，至少要优于首批创业板的公司。当然，成长性指标究竟能说明多少问题，仁者见仁，智者见智，留待市场投资者去分析考察。

三、上市条件

（一）上市条件概述

《关于在上海证券交易所设立科创板并试点注册制的实施意见》(中国证券监督管理委员会公告，〔2019〕2号）规定：

"（四）制定更具包容性的科创板上市条件。更加注重企业科技创新能力，允许符合科创板定位、尚未盈利或存在累计未弥补亏损的企业在科创板上市。综合考虑预计市值、收入、净利润、研发投入、现金流等因素，设置多元包容的上市条件。具体由上交所制定并公布。"

《上海证券交易所科创板股票上市规则》【上证发〔2019〕22号】对上市条件具体规定如下：

2.1.1　发行人申请在本所科创板上市，应当符合下列条件：

（一）符合中国证监会规定的发行条件；

（二）发行后股本总额不低于人民币3 000万元；

（三）公开发行的股份达到公司股份总数的25%以上；公司股本总额超过4亿元的，公开发行股份的比例为10%以上；

（四）市值及财务指标符合本规则规定的标准；

（五）本所规定的其他上市条件。

本所可以根据市场情况，经中国证监会批准，对上市条件和具体标准进行调整。

2.1.2　发行人申请在本所科创板上市，市值及财务指标应当至少符合下列标准中的一项：

（一）预计市值不低于人民币10亿元，最近两年净利润均为正且累计净利润不低于人民币5 000万元，或者预计市值不低于人民币10亿元，最近一年净利润为正且营业收入不低于人民币1亿元；

（二）预计市值不低于人民币15亿元，最近一年营业收入不低于人民币2亿元，且最近三年累计研发投入占最近三年累计营业收入的比例不低于15%；

（三）预计市值不低于人民币20亿元，最近一年营业收入不低于人民币3亿元，且最近三年经营活动产生的现金流量净额累计不低于人民币1亿元；

（四）预计市值不低于人民币30亿元，且最近一年营业收入不低于人民币3亿元；

（五）预计市值不低于人民币40亿元，主要业务或产品需经国家有关部门批准，市场空间大，目前已取得阶段性成果。医药行业企业需至少有一项核心产品获准开展二期临床试验，其他符合科创板定位的企业需具备明显的技术优势并满足相应的条件。

本条所称净利润以扣除非经常性损益前后的孰低者为准，所称净利润、营业收入、经营活动产生的现金流量净额均指经审计的数值。

2.1.3　符合《国务院办公厅转发证监会关于开展创新企业境内发行股票或存托凭证试点若干意见的通知》（国办发〔2018〕21号）相关规定的红筹企业，可以申请发行股票或存托凭证并在科创板上市。

营业收入快速增长，拥有自主研发、国际领先技术，同行业竞争中处于相对优势地位的尚未在境外上市红筹企业，申请在科创板上市的，市值及财务指标应当至少符合下列标准之一：

（一）预计市值不低于人民币100亿元；

（二）预计市值不低于人民币50亿元，且最近一年营业收入不低于人民币5亿元。

2.1.4　发行人具有表决权差异安排的，市值及财务指标应当至少符合下列标准中的一项：

（一）预计市值不低于人民币 100 亿元；

（二）预计市值不低于人民币 50 亿元，且最近一年营业收入不低于人民币 5 亿元。

发行人特别表决权股份的持有人资格、公司章程关于表决权差异安排的具体规定，应当符合本规则第四章第五节的规定。

上述规定基本按照《关于在上海证券交易所设立科创板并试点注册制的实施意见》，涵盖了预计市值、收入、净利润、现金流、研发投入等指标。

（二）上市条件分析

1.《上海证券交易所科创板股票上市规则》【上证发〔2019〕22 号】2.1.1 列示了基本上市条件。

2.《上海证券交易所科创板股票上市规则》【上证发〔2019〕22 号】2.1.2 条则根据拟上市科创板企业的经营稳定性设置了不同的 5 套上市市值标准。经营情况越稳定，有明确的收入、正的净利润，则选择第一套标准；企业处于发展前期，经营情况不稳定，有收入没利润，甚至还没有收入的，则依次选择后续的标准。

3. 什么叫预计市值？预计市值是指股票公开发行后按照总股本乘以发行价格计算出来的发行人股票名义总价值。因此，如果按照发行询价的结果，导致预计市值达不到发行人拟适用的 5 套上市市值标准之一的话，则需要中止发行。这是拟上市科创板企业在设计发行方案时必须考虑的一个风险点。

《公开发行证券的公司信息披露内容与格式准则第 42 号——首次公开发行股票并在科创板上市申请文件》【证监会公告〔2019〕第 7 号】明确申请中包括“3-1-5 关于发行人预计市值的分析报告（如适用）”。《上海证券交易所科创板上市保荐书内容与格式指引》【上证发〔2019〕24 号】规定：“发行人发行完成后，保荐人应当结合发行情况更新上市保荐书，就市值及财务指标等是否符合选定的上市标准发表明确结论意见。”

《上海证券交易所科创板股票发行与承销实施办法》【上证发〔2019〕21 号】规定，除《证券发行与承销管理办法》规定的中止发行情形外，发行人预计发行后总市值不满足其在招股说明书中明确选择的市值与财务指标上市标准的，应当中止发行。前款所指预计发行后总市值是指初步询价结束后，按照确定的发行价格（或者发行价格区间下限）乘以发行后总股本（不含采用超额配售选择权发行的股票数量)计算的总市值。

《公开发行证券的公司信息披露内容与格式准则第41号——科创板公司招股说明书》【证监会公告〔2019〕第6号】第四节“风险因素”部分要求披露:“(六)发行失败风险,包括发行认购不足,或未能达到预计市值上市条件的风险等。”

《上海证券交易所科创板股票交易风险揭示书必备条款》【上证发〔2019〕27号】规定,开展科创板股票经纪业务的证券公司应当制定《科创板股票交易风险揭示书》(以下简称《风险揭示书》),向参与科创板股票交易的投资者充分揭示风险。《风险揭示书》应当至少包括:“初步询价结束后,科创板发行人预计发行后总市值不满足其在招股说明书中明确选择的市值与财务指标上市标准的,将按规定中止发行。”

4. 关于研发投入。《上海证券交易所科创板股票上市规则》【上证发〔2019〕22号】只是在第二套市值标准中规定:(二)预计市值不低于人民币15亿元,最近一年营业收入不低于人民币2亿元,且最近三年累计研发投入占最近三年累计营业收入的比例不低于15%。

截至2019年3月22日公布的首批科创板受理的9家公司,分别采用的是第一套和第四套标准,这两套标准都不涉及研发投入数据,但9家公司都公布了自己的研发投入占比情况,如表2—2所示:

表2—2　　9家公司三年平均研发投入占比情况

发行人全称	上市标准	三年平均研发投入占比
武汉科前生物股份有限公司	第一套	6.81%
安翰科技(武汉)股份有限公司	第一套	27.45%
和舰芯片制造(苏州)股份有限公司	第四套	9.72%
宁波容百新能源科技股份有限公司	第四套	3.88%
广东利元亨智能装备股份有限公司	第一套	11.51%
江苏北人机器人系统股份有限公司	第一套	4.06%
江苏天奈科技股份有限公司	第一套	5.12%
烟台睿创微纳技术股份有限公司	第一套	21.30%
晶晨半导体(上海)股份有限公司	第四套	16.67%

5. 关于红筹企业。《科创板首次公开发行股票注册管理办法(试行)》【证监会令(第153号)】第八十条规定：

符合《国务院办公厅转发证监会关于开展创新企业境内发行股票或存托凭证试点若干意见的通知》(国办发〔2018〕21号，以下简称《若干意见》)等规定的红筹企业，申请首次公开发行股票并在科创板上市，还应当符合本办法相关规定。

前款规定的红筹企业在科创板发行上市，适用《若干意见》"营业收入快速增长，拥有自主研发、国际领先技术，同行业竞争中处于相对优势地位"的具体标准，由交易所制定具体规则，并报中国证监会批准。

《国务院办公厅转发证监会关于开展创新企业境内发行股票或存托凭证试点若干意见的通知》中规定的红筹企业行业范围包括：试点企业应当是符合国家战略、掌握核心技术、市场认可度高，属于互联网、大数据、云计算、人工智能、软件和集成电路、高端装备制造、生物医药等高新技术产业和战略性新兴产业，且达到相当规模的创新企业。

具体市值标准包括：已在境外上市的大型红筹企业，市值不低于2 000亿元人民币；尚未在境外上市的创新企业(包括红筹企业和境内注册企业)，最近一年营业收入不低于30亿元人民币且估值不低于200亿元人民币，或者营业收入快速增长，拥有自主研发、国际领先技术，同行业竞争中处于相对优势地位。

试点红筹企业申请公开发行股票在科创板上市，还应当符合上交所规定的5套市值指标等上市条件。试点红筹企业申请发行CDR在科创板上市，未强制要求符合上交所规定的上市条件，但适用上交所审核、证监会注册，并向上交所申请上市的审核注册程序。

第三章　信息披露要求

注册制的核心就是“以信息披露为中心”，所以理解什么是信息披露，披露什么，如何披露，对于理解注册制给资本市场带来的革命性影响至关重要。

一、信息披露的由来和基本原则

（一）信息披露的由来

一般而言，内部股东或职业经理人是信息的垄断提供者（monopoly supplier），在没有任何外界干预的情况下，公司就会限制所提供信息的范围，而且其信息是以垄断价格出售的。在垄断情况下，信息将得不到充分的供给，因此，强制性披露能增加投资者可能获得的信息数量，并且相对每一个投资者都通过签订个人契约并花费垄断价格获取信息而言，管制信息披露是符合成本效益原则的。

此外，由于信息是一种典型的公共产品（public goods），它可以在使用者之间自由传递，同时也就具备了公共物品的特性——外溢性（externality）。一方面，作为信息提供方的公司很难向每一个使用者收取信息生产成本，这样，在无法明确收费的情况下，公司会缺乏提供信息的动力，使用者可能获得的信息就会提供不足。另一方面，由于信息是一种公共产品，这就意味着包括投资者在内的所有各方都可以免费地获取相关的信息，其中就包括公司的竞争者。如果公司的竞争者获得了公司的机密信息，又可能会对公司的竞争优势形成不利影响，这将促使许多公司不会无保留地将公司的全部信息予以披露，或者至少披露的信息并没有涉及公司核心竞争力的内容。而这些信息对于投资者评价公司业绩及未来发展前景又是至关重要的。

综上，仅仅凭借市场的力量可能无法导致内部股东或职业经理人披露充分的信息来为投资者决策服务，而增进信息提供与充分性的一个有效途径就是管制的干预，通过管制，强制公司对外披露使用者需要的信息，将信息不对称的程度减少到一个可以接受的范围，资本市场才能树立起来自投资者的信心。

总结而言，公众公司因为对外筹资而导致的委托代理，引发了信息不对称问题，进而必然带来管制的要求。而管制的最核心要求就是信息披露。

以下是关于美国公司信息披露的历史沿革，供参考：

在1900年以前，英国的公司法以及其他欧洲国家的商法都要求企业报送经过审计的财务报表，甚至对报表的内容也做了一些明确的规定。相比之下，美国工商企业所提供的财务数据则几乎完全由企业管理人员自行处理，管理人员可以按照自己偏好的方式整理数据，而且报送财务报告也没有定期化，甚至有的企业连股东们都无法得到财务报告。这种财务数据披露不受任何管制的状况是由于当时美国工商企业的“保密”倾向所造成的，政府也并没有加以任何干预。不过，应该注意的是，那些主要依赖外来资本的公司和在证券交易所上市的公司，还是会经常公布其详细的会计报表，比如当时的企业仍会主动向银行或者债权人这两类企业资金的主要来源方披露信息，因为银行或债权人非常关注企业对债权的偿还保证程度。

随着经济的不断发展，企业的规模也不断扩大，对资本的需求也日益增加。股份有限公司作为一种大规模筹集资本的企业组织形式开始大量涌现并公开发行其证券，成为所谓的公众公司（public company）。它和私人公司（private company）之间开始表现出明显的区别。在财务会计方面的体现就是私人公司不必遵守大量的信息披露要求，而公众公司则必须对外提供公司的相关信息。这种披露要求的起源基于一个假设，即投资者、机构资本提供者和债权人一样都想要知道有关他们所有权的财务信息。

然而，伴随着公司规模的扩张以及相应的技术和管理过程的复杂化，职业经理人员的作用得到前所未有的增强。公司的规模日益扩大，公司的股权则日益分散，公司实质上由代表股东行使权力的职业经理人员加以控制。经理人员几乎完全控制了公司的财务活动和向投资者提供的会计信息。公司的董事很少认识到自己对社会、顾客和劳工所负的责任。他们通过隐瞒财务信息、乱用会计方法等手段，故意欺骗股东(Chartfield，1972)。

这种状况引起了许多人的担忧，包括美国投资银行协会、纽约证券交易所、会计界在内的几个组织开始为促进财务信息的公开披露展开了多方面的活动。美国投资银行协会提出了用于招股书和其他涉及产业证券的财务报表最低限度的公开标准；而纽约证券交易所则长期以来就反对企业的保密思想，并要求所有股票上市的股份有限公司均应提出财务报告的副本备案，且每一个股票上市公司均被要求至少在年度股东大会之前 15 天向股东公布并报送反映公司财务状况的报告书。当时的会计界[如当时的美国会计师协会(AIA)]也通过与纽约证券交易所的合作从而在一定程度上促进财务信息的公开披露。

1929～1933 年的经济大危机使得美国经济产生了剧烈的震荡，时任美国总统罗斯福开始实施新政(New Deal)，导致了完全放任的自由资本主义的结束，开辟了市场经济与政府管制相结合的所谓"混合经济"。这场新政当时被认为对会计职业的要求产生了一个根本性的改变，因为新政改革者们认为那种放任自由(laissez-faire)的经济政策已经过时，而且当时危机的责任也被归咎于证券市场中企业财务报表严重失实、会计信息披露不充分或具有误导性。这就导致分别于 1933 年和 1934 年通过的《证券法》和《证券交易法》都强调加强对会计信息的管制，要求上市公司都必须提供统一的会计信息。例如，1933 年通过的《证券法》要求公司在登记注册时，必须提交经过独立审计的资产负债表(a balance sheet)和损益表(a profit-and-loss statement)，并且该法案给予了当时的联邦贸易委员会(FTC)一种权威(authority)：

"(委员会有权威)规定必须遵守的方法，包括会计账目(accounts)的编制、对资产和负债的评估(appraisal)和估价(valuation)、确定折旧和折耗、区分经常收益(recurring income)和非常收益(nonrecurring income)、区分投资收益和经营收益以及编制损益表的方法。"

而 1934 年通过的《证券交易法》则成立了一个证券交易的日常管理机构——证券交易委员会(SEC)，并由 SEC 负责制定统一的会计规则或准则来对公开交易股票的公司的财务报表过程加以管制(regulate)，由此使得美国会计信息披露迈入了一个受管制的时代。

这些证券法规也被称作“披露”法规，但是新政改革者们所倡导的披露类型并没有关注传统的会计数据，因为当时的执政者并不认为投资者可以从财务报表中获得多大好处，而且任何法规的颁布都不能阻止投资者在判断一个公司前景时发生差错。不过，法规可以强迫公司通过披露告诉投资者他们的资金得到了如何运用，并可以阻止为投资者编制“恶意的误导信息（malicious misinformation）”的行为，此外，法规还可以禁止类似内部人交易等行为。这些举措都可以促进资本市场的公正。

当时的会计人员更认为投资者被不足够的财务报表披露所误导，在这种思想的引导下，当然也是为了阻止政府介入对会计职业的管制并实行统一会计。会计职业界更倡导充分披露（full disclosure），而不是统一化。SEC为了重新树立投资者对经济系统和证券市场的信心，接受了会计职业界的观点以及一致性原则和谨慎性原则等概念，这使得SEC成立前后的财务报表关系并没有多大改变，但至少政府和社会公众的参与促使上市公司的信息披露受到一定程度的干预和管制。

1937年，SEC发布了第1号“会计文告集”（ASR No.1）。但随后，SEC对于是否要自行制定统一会计规则问题进行了激烈的讨论。五位专职委员意见不一，最后的表决以3∶2的票数否决了自行制定的意见。1938年4月25日，SEC发表ASR No.4“财务报表的管理政策”（Administrative Policy of Financial Statement），将制定会计准则的权限转授予当时的美国会计师协会（AIA），从此，开始了由会计职业界制定会计准则的时期。

美国的准则制定机构历经了会计程序委员会（CAP，1938～1959年）、会计原则委员会（APB，1959～1973年）和财务会计准则委员会（FASB，1973年至今）三任，这三任准则制定机构尽管权威性不同，但均分别发布了各自对会计实务规范的文告。这些规范性的文告被称为“公认会计原则（GAAP）”，对会计信息披露产生了极大的约束，企业再也不能随心所欲地按照自己的意愿和目的来披露信息了。

然而，进入20世纪80年代以来，美国金融业迅猛发展，金融创新日新月异，金融资本成了美国甚至全世界的经济驱动力，各种金融创新给资本市场带来了巨大的活力，同时也给资本市场带来了前所未有的风险。特别是当网络经济在美国兴起和大行其道，美国经济内含了巨大的风险，传统工商业在市场衰退的压力下，更加依赖资本市场的投机来寻求利润来源和资本来源，资本更体现了它特有的魅力和吸引力。

为了更有效地筹集资本，更好地维护公司与投资者之间的良好关系，并向投资者阐述和解释其投资潜力，美国公司开始有意识地主动披露一些有关公司的信息，而且这些信息比传统财务报表的范围要更大，包括大量的不同要素，如经营数据、业绩指标、数据分析、前瞻性信息以及有关公司、公司管理部门和股东的信息。公司企图通过披露这些信息来赢得投资者的信任和稀缺的资本。这种趋势就是公司的自愿信息披露（voluntary information disclosure）。这些自愿披露的信息通过多种渠道传递，如新闻公告（press release）、要事簿（fact books）、网站（web sites）等，当然，这要借助于现代技术和通信网络的发展。通过这些渠道，投资者就可以获得相比原来更多的有关公司的信息。

（二）信息披露的基本原则

关于信息披露的基本原则，相关法律法规是这样规定的：

《证券法》规定：

第二十条　发行人向国务院证券监督管理机构或者国务院授权的部门报送的证券发行申请文件，必须真实、准确、完整。

为证券发行出具有关文件的证券服务机构和人员，必须严格履行法定职责，保证其所出具文件的真实性、准确性和完整性。

第六十三条　发行人、上市公司依法披露的信息，必须真实、准确、完整，不得有虚假记载、误导性陈述或者重大遗漏。

证监会 2002 年 1 月发布的《上市公司治理准则》【证监发〔2002〕1 号】，并于 2018 年 9 月 30 日发布修订后的《上市公司治理准则》（中国证券监督管理委员会公告〔2018〕29 号）规定：

第八十八条　上市公司应当建立并执行信息披露事务管理制度。上市公司及其他信息披露义务人应当严格依照法律法规、自律规则和公司章程的规定，真实、准确、完整、及时、公平地披露信息，不得有虚假记载、误导性陈述、重大遗漏或者其他不正当披露。信息披露事项涉及国家秘密、商业机密的，依照相关规定办理。

第八十九条　董事、监事、高级管理人员应当保证上市公司披露信息的真实、准确、完整、及时、公平。

上海证券交易所 2018 年 4 月最新修订的《上海证券交易所股票上市规则》规定：

2.1　上市公司和相关信息披露义务人应当根据法律、行政法规、部门规章、其他规范性文件、本规则以及本所其他规定，及时、公平地披露信息，并保证所披露信息的真实、准确、完整。

2.2　上市公司董事、监事、高级管理人员应当保证公司及时、公平地披露信息，以及信息披露内容的真实、准确、完整，没有虚假记载、误导性陈述或者重大遗漏。不能保证公告内容真实、准确、完整的，应当在公告中作出相应声明并说明理由。

总体而言，考虑到不同行业、不同业务模式、不同融资方式的企业之间的巨大差异性，目前的监管规定无法作出千篇一律的规定，只能规定一些通用标准和底线要求，只是在形式上满足了投资者对于发行人未来发展机遇、投资价值、未来经营情况与本息兑付能力的分析信息需求。但一些基本的信息披露原则还是有必要再强调一遍：

(1)真实性原则。真实是指上市公司及相关信息披露义务人披露的信息应当以客观事实或者具有事实基础的判断和意见为依据，如实反映客观情况，不得有虚假记载和不实陈述。

(2)准确性原则。准确是指上市公司及相关信息披露义务人披露的信息应当使用明确、贴切的语言和简明扼要、通俗易懂的文字，不得含有任何宣传、广告、恭维或者夸大等性质的词句，不得有误导性陈述。公司披露预测性信息及其他涉及公司未来经营和财务状况等信息时，应当合理、谨慎、客观。

(3)完整性原则。完整是指上市公司及相关信息披露义务人披露的信息应当内容完整、文件齐备，格式符合规定要求，不得有重大遗漏。

(4)及时性原则。及时是指上市公司及相关信息披露义务人应当在规定的期限内披露所有对公司股票及其衍生品种交易价格可能产生较大影响的信息。

(5)公平性原则。公平是指上市公司及相关信息披露义务人应当同时向所有投资者公开披露重大信息，确保所有投资者可以平等地获取同一信息，不得私下提前向特定对象单独披露、透露或者泄露。

满足以上信息披露原则的披露内容只能说达到了通用标准和底线要求（这也是注册制的核心理念），但具体这家公司是否满足投资标准还要投资者根据自己的分析逻辑来深度挖掘有助于判断公司投资价值的更深层次信息。

二、科创板关于信息披露的总体要求

《关于在上海证券交易所设立科创板并试点注册制的实施意见》（中国证券监督管理委员会公告，〔2019〕2 号）规定：

"（十三）强化信息披露监管。切实树立以信息披露为中心的监管理念，全面建立严格的信息披露体系并严格执行。明确发行人是信息披露第一责任人，充分披露投资者做出价值判断和投资决策所必需的信息，确保信息披露真实、准确、完整、及时、公平。明确发行人的控股股东、实际控制人不得要求或协助发行人隐瞒重要信息。

科创板上市公司要根据自身特点，强化对业绩波动、行业风险、公司治理等相关事项的针对性信息披露。明确要求发行人披露科研水平、科研人员、科研资金投入等相关信息，督促引导发行人将募集资金重点投向科技创新领域。"

《科创板首次公开发行股票注册管理办法（试行）》【证监会令（第 153 号）】关于信息披露的主要规定包括：

"第五条 发行人作为信息披露第一责任人，应当诚实守信，依法充分披露投资者作出价值判断和投资决策所必需的信息，所披露信息必须真实、准确、完整，不得有虚假记载、误导性陈述或者重大遗漏。

发行人应当为保荐人、证券服务机构及时提供真实、准确、完整的财务会计资料和其他资料，全面配合相关机构开展尽职调查和其他相关工作。

发行人的控股股东、实际控制人应当全面配合相关机构开展尽职调查和其他相关工作，不得要求或者协助发行人隐瞒应当披露的信息。

第四章 信息披露

第三十四条 发行人申请首次公开发行股票并在科创板上市，应当按照中国证监会制定的信息披露规则，编制并披露招股说明书，保证相关信息真实、准确、完整。信息披露内容应当简明易懂，语言应当浅白平实，以便投资者阅读、理解。

中国证监会制定的信息披露规则是信息披露的最低要求。不论上述规则是否有明确规定，凡是对投资者作出价值判断和投资决策有重大影响的信息，发行人均应当予以披露。

第三十九条　发行人应当根据自身特点，有针对性地披露行业特点、业务模式、公司治理、发展战略、经营政策、会计政策，充分披露科研水平、科研人员、科研资金投入等相关信息，并充分揭示可能对公司核心竞争力、经营稳定性以及未来发展产生重大不利影响的风险因素。

发行人尚未盈利的，应当充分披露尚未盈利的成因，以及对公司现金流、业务拓展、人才吸引、团队稳定性、研发投入、战略性投入、生产经营可持续性等方面的影响。”

在前述2个科创板基本大法的基础上，《上海证券交易所科创板股票上市规则》【上证发〔2019〕22号】专门辟五章论述信息披露的相关规定，具体内容不再列示，仅列示这五章的目录。

《上海证券交易所科创板股票发行上市规则》

第五章　信息披露一般规定

第一节　信息披露基本原则

第二节　信息披露一般要求

第三节　信息披露监管方式

第四节　信息披露管理制度

第六章　定期报告

第一节　定期报告编制和披露要求

第二节　业绩预告和业绩快报

第七章　应当披露的交易

第一节　重大交易

第二节　关联交易

第八章　应当披露的行业信息和经营风险

第一节　行业信息
第二节　经营风险
第九章　应当披露的其他重大事项
第一节　异常波动和传闻澄清
第二节　股份质押
第三节　其他

三、科创板关于信息披露要求的特点

在“《上海证券交易所科创板股票上市规则（征求意见稿）》起草说明”中强调上市规则的起草思路，第一条就是“强化信息披露监管”。

“《上市规则》突出以信息披露为中心的监管理念，建立了更具针对性和有效性的信息披露规则体系。要求上市公司和相关信息披露义务人充分披露投资者决策所必需的信息，确保信息披露真实、准确、完整、及时、公平，明确控股股东和实际控制人的义务和责任。同时，针对科技创新企业特点，强化行业信息、经营风险、内部治理、业绩波动等事项的披露，并在信息披露量化指标、披露时点和披露方式等方面，做出更具弹性的制度安排。”

在后续介绍具体章节内容部分，“《上海证券交易所科创板股票上市规则（征求意见稿）》起草说明”是这样论述上市规则如何优化信息披露制度的：

（六）优化信息披露制度

信息披露制度是持续监管中的核心制度。《上市规则》第五至九章总体沿用了现行信息披露的基本规范。同时，针对科创企业特点，作了差异化和更具弹性的规定。

一是确立信息披露的基本规范。具体分为三个层次：(1)基本原则方面，第五章第一节明确了信息披露的重大性标准，逐一强调了信息披露应当遵循的真实、准确、完整、及时、公平“五大基本原则”。(2)一般要求方面，第五章第二节针对近年来上市公司信息披露模式以及投资者信息需求的变化，明确了分行业披露、分阶段披露、自愿披露、浅白语言披露等一般规定要求。(3)信息披露监管方面，第五章第三节提炼归纳了信息披露“刨根问底”式监管的理念逻辑和信息披露“直通车”的监管经验。此外，在确保公平披露的前提下，提升了上市公司董监高人员接受媒体采访的灵活度，便利科创企业开展商业活动。

二是强化行业信息披露。基本要求方面，第八章第一节明确规定上市公司应当主动披露行业信息。具体情形方面，科创企业应当结合公司所属互联网、大数据、云计算、人工智能、软件和集成电路、高端装备制造或生物医药等行业特点，通过定期报告和临时公告，披露行业发展状况及技术趋势、公司经营模式及核心竞争力、研发团队和研发投入等重要信息。特别规定方面，强调了公司进入新行业或主营业务发生变更的专项披露要求。

三是突出经营风险披露。第八章第二节专设经营风险一节，针对科创类上市公司日常经营过程中可能遭遇的重大经营风险，提出相应的披露要求，具体包括未盈利公司的风险披露要求、业绩大幅下滑公司的风险披露要求、知识产权与重大诉讼仲裁等重大风险披露要求。此外，还要求上市公司在年度报告和临时公告中披露其他可能对公司行业核心竞争力和持续经营能力产生重大不利影响的风险事项。

四是增加股权质押高风险情形的披露。近年来，上市公司控股股东股权质押风险频频爆发，对上市公司控制权、日常经营活动以及股票二级市场交易可能产生严重的负面影响。针对这一情况，《上市规则》在第九章应当披露的其他重大事项中，单设股份质押一节。披露内容上，要求质押比例较高的股东，全面披露质押股份的基本情况、质押金额的用途、自身财务状况、控股股东质押对控制权的影响等。此外，出现平仓风险的，要求控股股东及其一致行动人及时通知上市公司，并披露是否可能导致公司控制权变更、拟采取的措施及面临的风险。

五是优化重大交易与关联交易的披露及决策程序。针对科创板公司可能存在的轻资产特点，对接科创板上市条件，在第七章重大交易、关联交易的披露及股东大会审议标准中增加市值指标。针对科创板公司上市时可能尚未盈利的情况，规定未盈利企业重大交易豁免适用利润类指标。从严监管关联交易，适度扩展了关联人的认定范围，并对关联交易披露及审议指标予以适当调整，将现行的成交金额/净资产指标调整为成交金额/总资产或市值。同时，将披露标准从0.5%下调至0.1%，将应当提交股东大会审议通过的标准从5%下调至

1%。

应该说,“《上海证券交易所科创板股票上市规则(征求意见稿)》起草说明”对科创板关于信息披露要求的特点做了比较综合的归纳,这里补充说明几点:

(一)科创板相关信息披露制度、审核制度的安排体现了更高的透明度

满足真实、准确、完整、及时、公平的信息披露显然将增强资本市场各方的信心,对于资本市场稳健有效运作将起到积极的作用。目前来看,科创板在相关信息披露制度方面的安排总体朝着上述方向稳步推进,特别针对科创板相关企业的特点制定了很多结构性要求。

另外,科创板更高透明度实际还体现在审核制度的安排上。按照上交所“《上海证券交易所科创板股票发行上市审核规则(征求意见稿)》起草说明”的说法:

“坚持以信息披露为中心。注册制的核心是信息披露,相关各方应当各司其职、各尽其责,提高信息披露质量,让投资者在信息充分的情况下作出投资决策。发行人是信息披露第一责任人,应当保证信息披露的真实、准确、完整;中介机构承担“看门人”职责,对发行人的信息披露进行把关;交易所通过审核发行上市申请文件,督促发行人及其保荐人、证券服务机构真实、准确、完整地披露信息。交易所从充分性、一致性和可理解性的角度,对信息披露进行审核,通过一轮或者多轮的审核问询,让发行人和中介机构‘说清楚,讲明白’,努力让‘问题公司’或者公司重大问题无所遁形,防范和震慑欺诈发行。充分性、一致性和可理解性与真实性、准确性、完整性不是对立的,二者是方式和目的、手段和结果的关系。”

“全面推进审核公开。交易所要承担好发行上市审核职责,就必须坚定不移地推进监管公开。积极推进审核标准的统一化、公开化,增强审核公信力;实行全程电子化审核,优化审核机制、流程,向社会公布受理、审核进度、上市委会议等关键节点的审核进度时间表,强化审核过程和结果的确定性;实现审核问询和回复的公开,接受社会监督;明确基本的审核时限,稳定市场预期。”

从上述表述可以看到,上交所在制定规则的初始就站在了一个道德高地,用主动接受社会监督的诚意来倒逼审核机制的公平、公正,进而倒逼发行人和各中介机构高度重视信息披露的真实、准确、完整。这些举措让人容易联想起

2013年证监会开始实施IPO财务核查的初衷，其实高度一致。但是，在审核透明度的安排上，上交所这次应该说走出了更积极的一步，与注册制的核心理念更吻合。3月27日，上交所发布的“关于科创板企业受理情况的答记者问”对这一点予以了再次强调：

“以信息披露为核心的审核问询，是在科创板试行注册制改革的‘灵魂’。这样的审核过程，是一个提出问题、回答问题，相应地不断丰富完善信息披露内容的互动过程；是震慑欺诈发行、便利投资者在信息充分的情况下做出投资决策的监管过程。整个问询的关键环节均向全市场公开。投资者通过整个问询过程，对申报企业有了更透彻的了解，给出他愿意‘买’这家企业的价格，给企业定价。这就是公众监督的‘合力’所在。”

（二）“老三性”“新三性”的综合——重大性原则

在科创板相关制度征求意见稿推出的时候，市场一度掀起了所谓信息披露“老三性”（真实性、准确性和完整性）和“新三性”（充分性、一致性和可理解性）的热烈讨论（甚至可以说是争论）。上交所也反复强调“老三性”和“新三性”是一致的，不是对立的，是方式和目的、手段和结果的关系。但是，等到正式稿发布之后，关于“新三性”的提法基本就没有声音了。

如果要做点学术性讨论的话，会计理论界对什么是“披露（disclosure）”其实早就有很明确的结论。所谓披露（或者叫公司对外报告），其内容总体可以分为财务报告和非财务报告；然后根据是否符合会计准则的确认原则，分为表内确认和表外披露；根据是否符合披露准则要求，又分为法定披露和自愿披露。目前，中国会计准则的制定权在财政部，而信息披露准则的制定权在证监会。所以在实际业务执行中，难免很多实务工作人员对相关规定的把握有一定的困惑。

在会计界，其实更强调一个“充分披露（full disclosure）”的概念，那就是任何可能与投资者决策相关的重大信息都应予以披露。所以，要做好信息披露，理解什么是与投资者决策相关的重大信息更重要，或者对于具体的某家公司而言，哪些信息符合“重大性原则”更重要。

此外，这次发布的《公开发行证券的公司信息披露内容与格式准则第41号——科创板公司招股说明书》【证监会公告〔2019〕第6号】对于信息披露的要

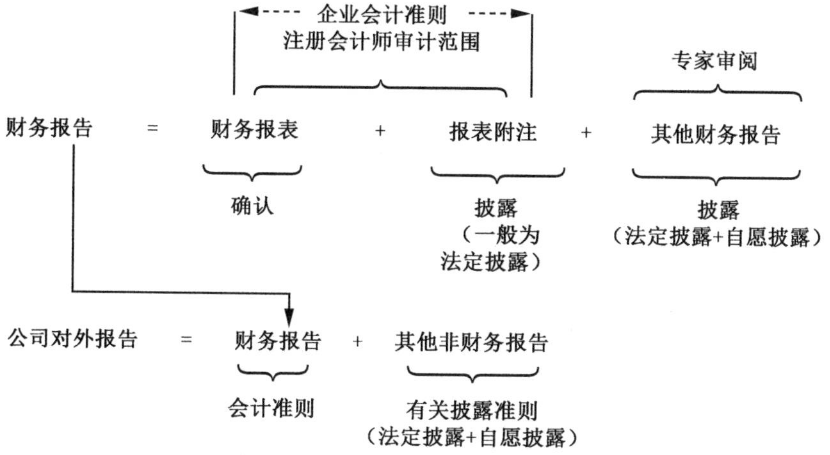

图 3—1

求，较原主板、中小板、创业板增加了如下两条规定：

第十二条　信息披露事项涉及重要性水平判断的，发行人应结合自身业务特点，披露重要性水平的确定标准和依据。

第六十八条　发行人应使用投资者可理解的语言，采用定量与定性相结合的方法，清晰披露所有重大财务会计信息，并结合自身业务特点和投资者决策需要，分析重要财务会计信息的构成、来源与变化等情况，保证财务会计信息与业务经营信息的一致性。

发行人应披露与财务会计信息相关的重大事项或重要性水平的判断标准。

不要小看这两条规定，其实这是一次重大进步，说明证监会已经高度认识到信息披露准则规定的只能是通用标准和底线要求（考虑到不同企业在行业、业务模式等的特殊性），所以，增加上述条款实际上相当于增加了一个兜底条款，意思是企业及中介机构要充分发挥其主观能动性，要把可能影响投资者决策的重大信息做一个明确的判断，然后予以充分披露。

与重大性原则相一致，《上海证券交易所科创板股票发行上市审核规则》【上证发〔2019〕18】第三十四条也明确规定：

本所在信息披露审核中，重点关注发行上市申请文件及信息披露内容是否包含对投资者作出投资决策有重大影响的信息，披露程度是否达到投资者作出投资决策所必需的水平。

（三）强调了信息披露第一责任人，并对关键少数予以特别关注

目前发布的科创板相关制度，都明确规定“发行人作为信息披露第一责任人”，这个以前都有类似的规定，只是再次强调而已。相比之下，科创板相关制度明确增加了对发行人的“控股股东、实际控制人”的要求，对公司治理中的“关键少数”予以高度关注，强调“发行人及其控股股东、实际控制人、董事、监事和高级管理人员应依法履行信息披露义务，保证信息披露的真实、准确、完整”。应该说，科创板把关键少数纳入重点监管领域，是抓住了“核心”或“七寸”。这些规定的出台也是基于最近几年一些重大风险案例的查处得到的宝贵经验总结。

2018 年 7 月 20 日，证监会官网发布了“证监会通报上半年查处信息披露违法违规案件情况”，里面介绍到：

“上半年在办信息披露违法违规案件主要表现为：一是虚构购销业务、滥用会计准则实施财务造假。部分发行人、上市公司为骗取发行核准、实现重组业绩承诺或避免退市风险警示，通过虚构业务及销售回款等方式虚增公司收入利润，或者通过提前确认收益、少计减值准备、跨期调整成本费用等方式虚增利润。二是利用违规担保、资金占用等多种手段损害上市公司利益。个别上市公司大股东、实际控制人通过家族关联企业长期占用上市公司资金，以上市公司名义向他人借款或以上市公司存款为质押向银行贷款，严重损害了上市公司及中小股东利益。三是未依法履行重大事项等信息披露义务。从已经查实的重大遗漏、误导性陈述 11 起案件看，既有未披露重大合同、关联交易、重大诉讼等重大事项，也有未按期披露定期报告，还有未经核实发布行业数据引发股价异动。四是随着污染防治攻坚战的部署推进，上市公司因环境违法信息披露不实的案件不断增加，上半年新增 4 起环保信息披露不实案件：有的未及时披露子公司主要负责人涉嫌污染环境犯罪信息；有的持续多年受到环保部门行政处罚，未在定期报告中披露。

上半年在办信息披露违法案件呈现以下特点：一是财务造假手法隐蔽复杂。有的上市公司连续多年将生产废料循环入库，虚增库存，实现少计成本、虚增利润。有的公司利用行业特点，通过出售商品再购回或退货商品不进行退货

处理等方式虚增收入和利润。二是涉案领域涉及公司债等业务。一些非上市企业、上市公司在发行公司债过程中涉嫌财务造假、未披露重大事项,有的向交易所报备发行文件中含有虚假的财务数据;有的隐瞒重大担保事项,擅自改变资金用途。三是多种违法行为交织。信息披露违法违规的背后,往往隐藏着不法关联交易、违规资金占用、恶性利益输送等严重违法的线索,有的利用信息披露实施内幕交易,操纵市场;有的长期侵占上市公司资金;有的不披露一致行动关系,回避要约收购义务。四是不少案件违法手段恶劣,情节特别严重,涉嫌刑事犯罪。有的持续多年实施财务造假且金额巨大,有的还涉嫌背信损害上市公司利益等多项违法犯罪。"

(四)尚待形成机制安排,引导并鼓励自愿披露

客观而言,信息披露存在一定的成本,当然也会带来一定的收益。2001年,美国FASB的策划委员会提出了一份关于自愿披露的报告——《改进企业报告:对增进自愿披露的洞察(Improving Business Reporting: Insights into Enhancing Voluntary Disclosures)》。在这份报告中,对信息披露的成本和效益予以了详细的分析:

信息自愿披露的主要潜在效益有:

(1)投资者从减少错误配置其资本的可能性中获益;

(2)公司(及其业主)获益于:

①更低的资本平均成本;

②增进可信性和改进与投资者的关系;

③以每笔交易间更小的价格波动进入更具流动性的市场;

④(作为其他公司财务报表的使用者)做出更好的投资决策的可能性;

⑤更小的指控信息披露不充分的诉讼风险以及提起类似诉讼时进行更好的辩护。

(3)总体经济获益于:

①更有效的资本配置;

②更低资本成本的投资效果;

③更具流动性的资本市场。

而信息自愿披露的主要潜在成本有:

(1)公司(及其业主)承担的成本有：

①由于信息披露而带来的竞争劣势；

②由于向供应商、客户和雇员披露信息而带来的讨价还价上的劣势；

③归因于信息披露的没有法律依据的诉讼法律成本。

(2)总体经济承担的成本有：

①提出、呈报、理解和分析信息披露的成本；

②归因于信息披露的没有法律依据的诉讼所造成的增长缓慢。

事实上，信息披露对于不同对象而言成本与效益有很大的差别，甚至可能有很大的利益冲突。例如，对投资者投资决策可能非常有帮助的公司核心竞争力的信息却可能会对公司的竞争地位产生不利影响。投资者可能非常想获取这些信息，但是公司出于泄露核心机密、防范竞争对手、维护公司竞争优势的考虑又不愿意披露这些信息。

通常而言，对信息披露进行管制的根本出发点是使得信息披露的效益大于信息披露的成本。因此，为了使得管制有效，必须满足以下条件：(1)对信息披露进行管制的成本和公司遵守管制的成本必须小于公司自发地提供这类信息时所花费的成本；(2)所有信息使用者愿意为此支付的总金额大于在提供信息中发生的所有成本(Watts 和 Zimmerman，1986，中译本，p. 154)。换言之，对信息披露进行管制的根本出发点是社会效益大于个人效益。

总之，我们希望公司经理人员能够将投资者决策所需信息完整、准确、及时地向市场传递，以此来促进市场效率，促进社会资源有效配置。但是，由于信息披露对于不同利益相关者的成本效益不同甚至可能会有巨大的冲突，我们更要清醒地认识到公司是否有足够的动机来为市场提供信息。

《改进企业报告：对增进自愿披露的洞察》(Improving Business Reporting: Insights into Enhancing Voluntary Disclosures)还研究了美国八个行业(汽车、食品、化学、制药、计算机系统、区域性银行、国内石油合成、纺织—服装)中的公司自愿信息披露实务，通过分析公司的年度与季度报告、类似 10K 与 10Q 表格的 SEC 报告、新闻公告、要事簿、网站以及与分析家的电话会议中所讨论的信息类型，将公司自愿披露的信息分为以下六类：

(1)经营数据(business data)(例如，管理人员用来管理企业的高层次的经营数据和业绩指标)；

(2)管理部门对经营数据的分析(management's analysis of business data)(例如，经营数据和与业绩相关的数据的变化原因，以及关键趋势的特性和过去产生的影响)；

(3)前瞻性信息(forward-looking information)(例如，包括那些产生的包括关键趋势在内的机遇与风险；包括关键成功因素在内的管理部门的计划；拿实际经营业绩和以前披露的机遇、风险与管理部门的计划相比较)；

(4)有关管理部门和股东的信息(information about management and shareholders)(例如，董事、管理部门、报酬、主要持股者以及关联方交易与关系)；

(5)公司背景(background about the company)(例如，广泛的目标与战略、企业和资产的范围与内容、产业结构对公司的影响)；

(6)未在财务报表中加以确认的有关无形资产的信息(information about intangible assets)。

FASB 策划委员会同时还指出，一些领导性的公司正在自愿披露大量详尽的看起来是有用的企业信息，而策划委员会也鼓励公司继续改进它们的企业报告并在所披露信息的类型和披露方式上加以尝试。因此，策划委员会考虑其能够提供什么样的引导以帮助管理部门辨识，将有助于现有和潜在投资者评估投资于该公司的机会的附加性披露。为此，策划委员会建立了一个基础性的提供自愿披露的框架，目的在于：(1)辨识对投资者有帮助的信息和(2)确定披露是否恰当的一个过程。

总之，无论强制性信息披露还是公司自愿信息披露，都是向市场传递信息的途径，两者相互补充。只是在不同的环境和在不同的利益动机下，信息披露的形式和内容可能会产生巨大的差异。

目前，科创板相关信息披露制度的安排在引导公司自愿信息披露方面实际上是非常有限的，仅在《上海证券交易所科创板股票上市规则》【上证发〔2019〕22 号】列了一条规定如下：

5.2.4　上市公司和相关信息披露义务人认为相关信息可能影响公司股票交易价格或者有助于投资者决策，但不属于本规则要求披露的信息，可以自愿披露。

显然，科创板相关信息披露制度在引导自愿披露方面并没有形成系统的机制性安排。我们在此建议，今后在制度的修订或者增补过程中，能够充分考虑到强制性信息披露只是通用标准或底线要求的事实，思考如何构建引导公司自愿披露与投资者决策相关的重大信息的系统性机制，并督促公司在内部公司治理、信息披露等方面做好充分的安排。

第四章 科创板上市审核与发行注册程序

一、发行上市审核与发行注册程序

《科创板首次公开发行股票注册管理办法(试行)》[证监会令(第153号)]第四条规定:首次公开发行股票并在科创板上市,应当符合发行条件、上市条件以及相关信息披露要求,依法经上海证券交易所发行上市审核并报经中国证券监督管理委员会履行发行注册程序。因此,在前面介绍完发行条件、上市条件、信息披露要求后,这一部分主要介绍科创板发行上市审核与发行注册程序。

根据《上海证券交易所科创板股票发行上市审核规则》【上证发〔2019〕18号】、《上海证券交易所科创板股票上市委员会管理办法》【上证发〔2019〕19号】、《上海证券交易所科技创新咨询委员会工作规则》【上证发〔2019〕20号】、《上海证券交易所科创板企业上市推荐指引》【上证发〔2019〕30号】等相关要求,发行上市审核与发行注册程序简要归纳如下:

(1)发行人董事会决议,发行人股东大会批准。

(2)提交注册申请文件。

(3)上交所受理(5个工作日内作出是否受理的决定)。

(4)上交所审核(自受理注册申请文件之日起3个月内形成审核意见,不含发行人补充修改文件材料、上交所现场检验、专项核查时间)。

独立的审核部门——审核发行人公开发行并上市申请;

科技创新咨询委员会——为科创板建设和发行上市审核提供专业咨询和

政策建议；

科创板股票上市委员会——对审核部门出具的审核报告和发行人的申请文件提出审议意见。

审核方式：审核问询、发行人回答问题、现场检查、专项核查。

上交所同意发行，报送中国证监会履行发行注册程序；不同意发行的，作出终止发行上市审核决定。

(5)中国证监会履行发行注册程序（20 个工作日内对发行人的注册申请作出同意注册或者不予注册的决定）。

(6)发行人在注册决定有效期内发行股票（自证监会决定作出之日起 1 年内有效，发行时点由发行人自主选择）。

(7)交易所作出终止发行上市审核决定，或者中国证监会作出不予注册决定的，自决定作出之日起 6 个月后，发行人可以再次提出公开发行股票并上市申请。

二、上交所三个委员会

此次科创板试点注册制，上交所创新性地提出了科创板三个专门委员会的构想并予以实际落地安排，包括科创板股票上市委员会（简称“上市委”）、科技创新咨询委员会（简称“咨询委员会”）和科创板股票公开发行自律委员会（简称“自律委员会”）。上市委、咨询委员会、自律委员会三个委员会奠定了上交所试点注册制的核心审核组织架构，具体如图 4—1 所示：

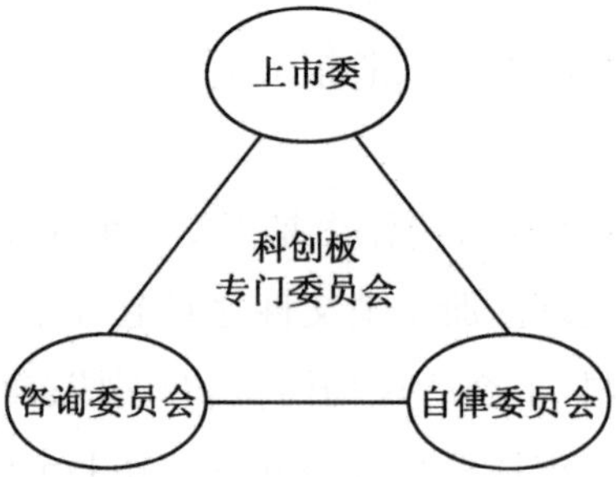

图 4—1　核心审核组织架构

(一)上市委员会

根据《上海证券交易所科创板股票上市委员会管理办法》【上证发〔2019〕19号】的规定,上市委委员主要由交易所内外的专家和相关专业人员组成,由上交所聘任,委员名额三十至四十名。上市委及其委员的具体职责如下:

第十二条 上市委履行以下职责:

(一)对本所发行上市审核机构出具的审核报告以及发行上市申请文件进行审议,就发行上市审核机构提出的初步审核意见提出审议意见;

(二)对发行人提出异议的本所不予受理、终止审核决定进行复审,提出复审意见;

(三)对本所发行上市审核机构及相关部门提交咨询的事项进行讨论,提出咨询意见;

(四)对上市委年度工作进行讨论、研究;

(五)本所规定的其他职责。

第十三条 上市委委员履行以下职责:

(一)保证足够的时间和精力参与上市委的工作,勤勉尽责;

(二)按时出席上市委会议,独立、客观、公正地发表意见;

(三)及时向本所报告影响或可能影响其公正履职的有关事项;

(四)遵守本所上市委有关规则和纪律要求,接受本所的考核和监督,签署并遵守其履职承诺;

(五)本所规定的其他职责。

2019年4月4日,上交所发布公告,首届上市委由38名委员组成,委员来自会计师事务所、律师事务所、高校、市场机构、证监会系统相关机构,以兼职为主。

仔细研究《上海证券交易所科创板股票上市委员会管理办法》,有几个值得关注的方面:

(1)上交所上市委的决策机制系采取"合议制",按少数服从多数的原则予以决策。这与目前证监会发审委的决策机制略有不同。《上海证券交易所科创板股票上市委员会管理办法》第三十一条规定,"会议召集人根据参会委员的意见及讨论情况进行总结,经合议,按少数服从多数的原则形成审议意见"。但这里的“会议召集人”是谁并没有明确规定。

(2)《上海证券交易所科创板股票上市委员会管理办法》第十九条规定，“上交所上市委每次审议会议由五名委员参加，法律、会计专家至少各1名”。这与目前证监会发审委每次会议七名委员的构成也有差异。

(3)《上海证券交易所科创板股票上市委员会管理办法》第十八条规定，“本所根据发行上市审核工作进度，安排上市委审议会议，确定会议召开时间”。但在实际的具体操作中，究竟谁或者上交所哪个职能部门能决定某个项目是否符合上市委会议的上会条件，没有明确规定。这方面留下了一定的操作空间。

(二)咨询委员会

咨询委员会是上交所专家咨询机构，负责向上交所提供专业咨询、人员培训和政策建议。按照《〈上海证券交易所科技创新咨询委员会工作规则(征求意见稿)〉起草说明》介绍的思路，“科创企业处于科技前沿，专业性较强，更新迭代和发展变化快，为在科创板相关工作中更准确地把握科创企业的行业特点，本所设立咨询委员会，提供专业咨询、政策建议，以更好地推动科创板建设，促进科创板制度设计完善”。因此，咨询委员会更多的是侧重行业方面的问题，对咨询委员会委员的资格要求则更多的也是侧重行业方面。

《上海证券交易所科技创新咨询委员会工作规则》【上证发〔2019〕20号】规定，咨询委员会委员共40至60名，由从事科技创新行业的权威专家、知名企业家、资深投资专家组成，所有委员均为兼职。此外，根据科技创新企业行业相关性，咨询委员会中设立不同的咨询组别。

《上海证券交易所科技创新咨询委员会工作规则》第九条规定了咨询委员会的职责：

第九条　咨询委员会就下列事项提供咨询意见：

(一)本所科创板的定位以及发行人是否具备科技创新属性、符合科创板定位；

(二)本所《科创板企业上市推荐指引》等相关规则的制定；

(三)发行上市申请文件中与发行人业务和技术相关的问题；

(四)国内外科技创新及产业化应用的发展动态；

(五)本所根据工作需要提请咨询的其他事项。

总体而言，咨询委员会的定位就是咨询，就是在上市审核机构或上市委员会对行业问题把握不清楚的时候提供行业咨询。

2019 年 4 月 4 日，上交所发布公告，首届咨询委员会由 48 名委员组成，委员来自高新技术产业企业、投资机构、科研院所等，委员来源分布广泛，有充分的代表性，为科创相关领域的专家。委员均为兼职，以个人专家身份履行职责。

（三）自律委员会

目前上交所关于自律委员会的具体细则还未出台，但按照《上海证券交易所设立科创板并试点注册制配套业务规则公开征求意见答记者问》的说法，“为了保障科创板股票发行与承销工作平稳有序，上交所将设立科创板股票公开发行自律委员会，以发挥行业自律作用，引导形成良好稳定预期。自律委员会由股票发行一级市场主要参与主体共同组成，通过工作会议形式履行职责，负责就科创板股票发行相关政策制定提供咨询意见，对股票发行和承销事宜提出行业倡导建议。同时，发挥保荐机构参与战略配售机制的作用，促进保荐机构审慎开展业务，形成新股发行规模和节奏安排的市场约束”。

2019 年 4 月 4 日，上交所发布公告，“自律委由 35 名委员组成，包括 34 名市场机构委员和 1 名本所委员，其中，市场机构委员由股票市场买方、卖方各 17 家市场机构组成，均为股票发行一级市场主要参与主体。成立自律委主要是为了落实《关于在上海证券交易所设立科创板并试点注册制的实施意见》提出的‘构建科创板股票市场化发行承销机制’要求，保障科创板股票发行与承销工作平稳有序，以发挥行业自律作用，引导形成良好稳定预期。经广泛征询行业意见、市场机构自主报名，综合评估行业影响力、市场声誉、专业表现等多方面因素，产生了自律委首届市场机构委员推荐名单，并经本所理事会表决通过，确定了第一届自律委正式名单。目前，第一届自律委召开了第一次工作会议，选举产生了 1 名主任委员和 4 名副主任委员，讨论通过了自律委工作规则。自律委将通过工作会议形式履行职责，为科创板股票发行相关政策制定提供咨询意见，对股票发行和承销等事宜提出行业倡导建议”。

同日，上交所发布《上海证券交易所科创板股票公开发行自律委员会工作规则》，对自律委员会的职责规定如下：

“自律委员会的职责包括：

（一）分析和评估科创板市场当前和今后一段时期的供需状况；

（二）根据评估情况，对如何有效保持市场供需平衡以及今后一段时期的股票发行审核工作提出意见和建议；

（三）对科创板发行与承销的相关政策和运行机制提供咨询意见；

（四）以适当方式回应市场关于科创板股票发行工作的问题和建议；

（五）本所业务规则规定或者本所提请办理的其他事项。”

总体而言，自律委员会的成员主要是来自各保荐机构的行业大拿或专家，负责就具体业务问题形成行业自律的专业指导意见。

三、上交所审核特点

按照《上海证券交易所科创板股票发行上市审核规则（征求意见稿）》起草说明，上交所在具体审核科创板项目的过程中，坚持以下思路：

（一）坚持以信息披露为中心

注册制的核心是信息披露，相关各方应当各司其职、各尽其责，提高信息披露质量，让投资者在信息充分的情况下作出投资决策。发行人是信息披露的第一责任人，应当保证信息披露的真实、准确、完整；中介机构承担“看门人”的职责，对发行人的信息披露进行把关；交易所通过审核发行上市申请文件，督促发行人及其保荐人、证券服务机构真实、准确、完整地披露信息。交易所从充分性、一致性和可理解性的角度，对信息披露进行审核，通过一轮或者多轮的审核问询，让发行人和中介机构“说清楚，讲明白”，努力让“问题公司”或者公司重大问题无所遁形，防范和震慑欺诈发行。充分性、一致性和可理解性与真实性、准确性、完整性不是对立的，二者是方式和目的、手段和结果的关系。

（二）积极、稳妥地进行制度创新

本次注册制试点，有两个关键词“科创板”和“试点”。一方面，要发挥科创板作为改革“试验田”的作用，针对科创企业的特点，在上市标准设定、信息披露规则制定、行业信息审核等方面，积极进行制度创新，为后续改革积累可复制、可推广的经验。发行人申请首次公开发行股票并在科创板上市的，应当符合科创板定位。另一方面，要从资本市场实际出发，立足目前还是试点，不是全面推开的改革步骤安排，按照循序渐进的原则，平稳起步，有序推进。在具体制度设计上，充分借鉴多年来股票发行制度改革的有益经验，更加注重信息披露的真实、全面，更加注重上市公司的质量，更加注重激发市场的活力，更加注重投资者权益的保护。

（三）全面推进审核公开

交易所要承担好发行上市审核职责，就必须坚定不移地推进监管公开。积极推进审核标准的统一化、公开化，增强审核公信力；实行全程电子化审核，优化审核机制、流程，向社会公布受理、审核进度、上市委会议等关键节点的审核进度时间表，强化审核过程和结果的确定性；实现审核问询和回复的公开，接受社会监督；明确基本的审核时限，稳定市场预期。

（四）压严压实中介责任

立足我国资本市场“新兴加转轨”的国情、市情，强化事前、事中、事后全过程监管，通过申报时保荐人同步交存工作底稿、审核中根据需要启动现场检查、事后监管给予“冷淡对待”等措施，推动落实保荐人、证券服务机构尽职调查、审慎核查的职责，更好地发挥中介机构“看门人”的作用。

在具体审核形式方面，上交所实现了问询式审核、电子化审核、分行业审核的创新：

1. 问询式审核

对发行上市申请文件进行审核问询，将根据需要进行一轮或多轮问询，督促发行人真实、准确、完整地披露信息，保荐人、证券服务机构切实履行信息披露的把关责任。

审核问询均通过书面形式进行，发行人及中介机构要及时、逐项回复，并通过发行上市审核业务系统提交。

对审核问询的回复是发行上市申请文件的组成部分，发行人、保荐人、证券服务机构要保证回复的真实、准确、完整。审核问询和发行人、保荐人、证券服务机构的回复，应当在回复后及时在上交所网站披露。

2. 电子化审核

建立发行上市审核业务系统，发行上市的申请、受理、问询、回复等事项通过发行上市审核业务系统进行电子化办理。

发行人、保荐人针对重大无先例事项及上交所业务规则理解与适用，在提交发行上市申请文件前对上交所的咨询，对审核问询存在疑问与上交所的沟通，原则上通过发行上市审核业务系统电子化办理。

3. 分行业审核

考虑到科创板行业特征明显，上交所将对科创板申报企业探索实施分行业审核，结合发行人的具体行业特征和行业主要风险，进行有针对性的审核。

上交所发行上市审核机构可以根据需要，就发行上市申请文件中与发行人业务和技术相关的问题，向上交所科技创新咨询委员会进行咨询，并在审核问询中予以参考。

上交所坚持审核信息公开。上交所向市场公开发行上市审核工作信息，包括审核标准和审核程序等业务规则、相关监管问答和典型案例，在审企业名单、企业基本信息及审核工作进度，审核问询及回复，上市委员会会议时间、参会委员名单、审议的发行人名单、审议结果及现场问询问题，上交所对发行人、保荐人、证券服务机构及其相关人员采取的监管措施或者纪律处分等。

此外，上交所对媒体质疑及投诉举报处理也做了相关规定。上交所受理发行上市申请后至股票上市交易前，公共媒体报道、传闻与发行人信息披露存在重大差异且可能对本次发行上市产生重大影响的，发行人应当作出解释说明，中介机构应当进行核查。上交所收到与发行人本次发行上市相关的投诉举报的，可以就投诉举报涉及的事项向发行人、中介机构问询，要求发行人作出解释说明，并要求中介机构进行核查。

四、证监会注册程序

《科创板首次公开发行股票注册管理办法（试行）》[证监会令（第 153 号）]对中国证监会的注册程序主要规定如下：

证监会收到交易所报送的审核意见、发行人注册申请文件及相关审核资料后，履行发行注册程序。

发行注册主要关注交易所发行上市审核内容有无遗漏，审核程序是否符合规定，以及发行人在发行条件和信息披露要求的重大方面是否符合相关规定。

证监会认为存在需要进一步说明或者落实事项的，可以要求交易所进一步问询。

证监会在 20 个工作日内对发行人的注册申请作出同意注册或者不予注册的决定。

第五章　发行承销与交易

一、发行与承销

（一）科创板关于发行与承销的总体制度安排

《关于在上海证券交易所设立科创板并试点注册制的实施意见》（中国证券监督管理委员会公告，〔2019〕2 号）关于发行与承销的相关总体原则规定如下：

“（十二）构建科创板股票市场化发行承销机制。科创板市场新股发行价格、规模、节奏主要通过市场化方式决定，强化市场约束。对新股发行定价不设限制，建立以机构投资者为参与主体的询价、定价、配售等机制，充分发挥机构投资者的专业能力。试行保荐人相关子公司‘跟投’制度。支持科创板上市公司引入战略投资者，科技创新企业高管、员工可以参与战略配售，发挥好超额配售选择权制度作用，促进股价稳定。加强对定价承销的事中、事后监管，建立上市后交易价格监控机制，约束非理性定价。制定合理的科创板上市公司股份锁定期和减持制度安排。”

根据《中华人民共和国证券法》《中华人民共和国公司法》《关于在上海证券交易所设立科创板并试点注册制的实施意见》《证券发行与承销管理办法》（证监会令【第 144 号】，2018 年 6 月 15 日修订发布）、《科创板首次公开发行股票注册管理办法（试行）》等相关法律、行政法规、部门规章和规范性文件，2019 年 3 月 1 日上交所制定并发布《上海证券交易所科创板股票发行与承销实施办法》，（以下简称《实施办法》）【上证发〔2019〕21 号】，《实施办法》是规范和引导科创板股票发行与承销业务的基本规则，是上交所对于科创板股票发行与承销业务的特别规定，就科创板股票发行与承销中网下询价参与者条件和报价要求、网下初始配售比例、网下网上回拨机制、战略配售、超额配售选择权等事项，作出集中的差异化安排，以更好地满足科创板股票发行上市的投融资需求。《实施办法》与现行股票发行承销制度以及其他业务规则不一致的，适用《实施办法》相关规定。

2019 年 4 月 16 日，上交所制定并发布了《上海证券交易所科创板发行与承销业务指引》，就科创板股票发行与承销中的重点机制与特别程序作出了具有针对性的安排，规定了战略投资者要求、保荐机构相关子公司跟投、新股配售经纪佣金收缴、超额配售选择权安排等实体性制度；明确了文件报备、初询报价约束、最高报价部分剔除、发行价格区间范围、梯度风险警示机制、合理分类配售、信息披露等程序性规范。

（二）科创板发行与承销制度要求的总体特点

结合“《上海证券交易所科创板股票发行与承销实施办法（征求意见稿）》起草说明”等文件的说法，目前科创板发行与承销制度要求的总体特点如下：

（1）强化市场机制作用，进一步完善股票发行定价机制，促进各方主体归位尽责。围绕注册制“推动市场在资源配置中发挥决定性作用”的根本目的，科创板取消直接定价方式，采用市场化的询价定价机制。

（2）回应科创板企业的合理诉求，针对科创板企业的市值规模、盈利情况和人员机构等特点，对战略配售机制等作出具有针对性的安排，在发行时引入战略投资者及保荐机构跟投制度。

（3）着力保障市场平稳运行。参考境外成熟市场的实践，优化超额配售选择权机制，促进科创板新股上市后股价稳定。

（4）力求形成可复制、可推广的经验。把握科创板增量改革的重要机遇，在制度设计、业务安排等方面突破创新，积累宝贵的实践经验，形成制度竞争力，促进资本市场长期稳定发展。

（三）新股发行体制改革的回顾与借鉴

我国资本市场发展历史上关于新股发行定价一直存在较大的争议，监管部门在推进各项制度改革的过程中也一直左右为难，一方面，希望推进新股发行定价的市场化，另一方面，又担心新股密集发行对二级市场资金面造成利空并导致二级市场下行。客观而言，很难存在一套完善的新股发行定价机制能够妥善解决资本市场不同利益相关方众口难调的困境。

应该说，之前最接近市场化的一次新股发行体制改革属 2013 年 11 月 30 日发布的《关于进一步推进新股发行体制改革的意见》【证监会公告〔2013〕42 号】。彼次改革的出发点是“推进新股发行各个环节的市场化，提高透明度，根据中国资本市场在新股发行领域并非很有效市场的特点，强化对信息披露的要求，进一步加大对中介机构责任的追究，对上市公司高管增加了一些有约束的安排”，总体原则是“坚持市场化、法制化取向，综合施策、标本兼治，进一步理顺发行、定价、配售等环节的运行机制，发挥市场决定性作用，加强市场监管，维护市场公平，切实保护投资者特别是中小投资者的合法权益”。围绕(1)推进新股市场化发行机制；(2)强化发行人及其控股股东等责任主体的诚信义务；(3)进一步提高新股定价的市场化程度；(4)改革新股配售方式；(5)加大监管执法力度，切实维护“三公”原则，从五个方面对新股发行相关问题进行了相对完整的规定。

但是，尽管监管的出发点用心良苦，但市场套利力量的确体现了“上有政策，下有对策”的疯狂局面。之后类似“奥赛康”“我武生物”“慈铭体检”“众信旅游”等近乎奇葩的案例不仅挑战了监管底线，甚至也挑战了公众的心理接受底线。于是乎监管不得不紧急出手，分别在 2014 年 1 月 12 日、2014 年 3 月 21 日连续发布《关于加强新股发行监管的措施》(证监会公告〔2014〕4 号)、《关于修改〈证券发行与承销管理办法〉的决定》(证监会令【第 98 号】)、《关于修改〈首次公开发行股票时公司股东公开发售股份暂行规定〉的决定》(证监会公告〔2014〕11 号)，由此也宣告史上最接近市场化的一次新股发行体制改革紧急政策大调整。至于后续市场广泛关注的 23 倍市盈率概念等也是不得已而为之的手段。

总结以前新股发行体制改革的经验教训，有以下几点值得借鉴：

(1)资本市场涉及多方利益相关方，很难有一套完善的制度能够同时满足各方面的利益需求，监管不能投鼠忌器，畏首畏尾。科创板和注册制既然是中国资本市场一次伟大的变革，那么制度制定者就要“有逢山开路、遇水搭桥的勇气与魄力”，同时“市场参与者要有更多的理性、耐心和包容”。

(2)坚持市场化的方向不能动摇。考虑到注册制本身就是以信息披露为中心，让市场在资源配置中起决定性作用，那么，新股发行体制改革就必须坚持这个市场化的大方向不能动摇。

(3)历史上新股发行定价的“三高”(新股高发行价、高发行市盈率、超高的募集资金)问题是市场最为关注的问题,这些问题的产生有多种技术和非技术的因素。坦率地讲,不仅是公开市场,非公开市场也存在这些问题,只是公开市场的透明度导致“三高”问题容易吸引眼球,容易引发舆论热点。但是,无论是高还是低,价格是不是公允,都很难在一个特定的时点来加以评价,只能留待时间来验证。监管最重要的是营造一个公开、透明的环境,营造一个公平、公正的氛围。至于价格高低、谁受益谁受损,各方都必须遵守市场化规则下得到的结果——这也是契约精神的另一种体现。

(四)科创板新股发行定价机制

全球资本市场的新股发行定价机制主要分为四类:固定价格机制(fixed price)、累计投标(book building)机制、拍卖式(auction)机制及混合式机制。美国证券市场的IPO定价机制为累计投标询价制,也是国际上最常采用的新股发行定价机制。中国香港市场首次公开发行采用的是累计投标询价制与固定价格公开认购混合的机制。

考虑到科创板对投资者的投资经验、风险承受能力要求更高,科创板取消了直接定价方式,全面采用市场化的询价定价方式。《上海证券交易所科创板股票发行与承销实施办法》明确“首次公开发行股票应当向证券公司、基金管理公司、信托公司、财务公司、保险公司、合格境外机构投资者和私募基金管理人等专业机构投资者以询价的方式确定股票发行价格”,并允许这些机构为其管理的不同配售对象填报不超过3档的拟申购价格。此外,在《上海证券交易所科创板股票发行与承销业务指引》中特别规定,“发行人和主承销商应当充分重视公募产品(尤其是为满足不符合科创板投资者适当性要求的投资者投资需求而设立的公募产品)、社保基金、养老金、企业年金基金、保险资金和合格境外机构投资者资金等配售对象的长期投资理念,合理设置其参与网下询价的具体条件,引导其按照科学、独立、客观、审慎的原则参与网下询价”。

为促进网下投资者审慎报价,强化市场监督和约束,帮助网上投资者作出投资判断,《上海证券交易所科创板股票发行与承销实施办法》沿用现行报价后剔除拟申购总量中报价最高部分的规定(剔除部分不得低于所有网下投资者拟申购总量的 10%；当拟剔除的最高申报价格部分中的最低价格与确定的发行价格（或者发行价格区间上限）相同时，对该价格的申报可不再剔除，剔除比例可低于 10%），《上海证券交易所科创板股票发行与承销业务指引》则进一步要求网下申购前，发行人和主承销商应当披露下列信息：(1)剔除最高报价部分后所有网下投资者及各类网下投资者剩余报价的中位数和加权平均数；(2)剔除最高报价部分后公募产品、社保基金、养老金剩余报价的中位数和加权平均数；(3)剔除最高报价部分后公募产品、社保基金、养老金、企业年金基金、保险资金和合格境外机构投资者资金剩余报价的中位数和加权平均数；(4)网下投资者详细报价情况，具体包括投资者名称、配售对象信息、申购价格及对应的拟申购数量、发行价格或发行价格区间确定的主要依据，以及发行价格或发行价格区间的中值所对应的网下投资者超额认购倍数。

在保障询价的客观性与合理性方面，《上海证券交易所科创板股票发行与承销业务指引》进一步规定，发行人和主承销商确定发行价格区间的，区间上限与下限的差额不得超过区间下限的 20%。初步询价结束后，发行人和主承销商确定的发行价格（或者发行价格区间中值）不在主承销商出具的投资价值研究报告所明确的估值区间范围内的，发行人和主承销商应当向本所说明理由及各类网下投资者报价与上述估值区间的差异情况。本所将上述情况通报中国证券业协会。初步询价结束后，发行人和主承销商确定的发行价格（或者发行价格区间中值）超过《上海证券交易所科创板股票发行与承销实施办法》第九条规定的中位数、加权平均数的孰低值，超出比例不高于 10%的，应当在申购前至少 5 个工作日发布投资风险特别公告；超出比例超过 10%且不高于 20%的，应当在申购前至少 10 个工作日发布 2 次以上投资风险特别公告；超出比例超过 20%的，应当在申购前至少 15 个工作日发布 3 次以上投资风险特别公告，为投资者留有研判时间、提供决策信息。

此外，《上海证券交易所科创板股票发行与承销实施办法》将网下初始发行比例调高 10%，并降低网下初始发行量向网上回拨的力度，回拨后网下发行比例将不少于 60%，有利于引导各类投资者理性参与，也对引导个人投资者通过公募基金参与科创板股票发行具有积极作用。同时，明确回拨后网下发行比例不超过 80%，保障网上投资者的最低申购比例。

（五）战略投资者配售

根据境内外实践经验，向战略投资者配售在引入市场稳定增量资金、帮助发行人成功发行等方面富有实效。而发行人高管、员工认购机制在中国香港、美国等成熟市场的首次公开发行中较为普遍，有利于向市场投资者传递正面信号。《上海证券交易所科创板股票发行与承销实施办法》降低向战略投资者配售条件要求，引入发行人高管与核心员工认购安排。规定首次公开发行股票数量在 1 亿股以上的，战略投资者获得配售的股票总量原则上不得超过本次公开发行股票数量的 30%；首次公开发行股票数量不足 1 亿股的，战略投资者获得配售的股票总量不得超过本次公开发行股票数量的 20%。战略投资者应当承诺获得本次配售的股票持有期限不少于 12 个月。同时，《上海证券交易所科创板股票发行与承销实施办法》允许发行人高管与员工通过专项资产管理计划，参与本次发行战略配售，获配数量不得超过首次公开发行股票数量的 10%，且应当承诺获得本次配售的股票持有期限不少于 12 个月。

《上海证券交易所科创板股票发行与承销业务指引》则进一步对战略投资者的基本条件、主体范围、禁止性要求做了明确的规定，具体如下：

【基本条件】参与发行人战略配售的投资者，应当具备良好的市场声誉和影响力，具有较强的资金实力，认可发行人长期投资价值，并按照最终确定的发行价格认购其承诺认购数量的发行人股票。

保荐机构相关子公司和发行人的高级管理人员、核心员工参与本次战略配售设立的专项资产管理计划，按照《实施办法》、本指引及本所其他有关规定参与发行人战略配售。

【主体范围】参与发行人战略配售的投资者主要包括：

（一）与发行人经营业务具有战略合作关系或长期合作愿景的大型企业或其下属企业；

（二）具有长期投资意愿的大型保险公司或其下属企业、国家级大型投资基金或其下属企业；

（三）以公开募集方式设立，主要投资策略包括投资战略配售股票，且以封闭方式运作的证券投资基金；

（四）参与跟投的保荐机构相关子公司；

（五）发行人的高级管理人员与核心员工参与本次战略配售设立的专项资产管理计划；

（六）符合法律法规、业务规则规定的其他战略投资者。

【禁止性要求】发行人和主承销商向战略投资者配售股票的，不得存在以下情形：

（一）发行人和主承销商向战略投资者承诺上市后股价将上涨，或者股价若未上涨则将由发行人购回股票或者给予任何形式的经济补偿；

（二）主承销商以承诺对承销费用分成、介绍参与其他发行人战略配售、返还新股配售经纪佣金等作为条件引入战略投资者；

（三）发行人上市后认购发行人战略投资者管理的证券投资基金；

（四）发行人承诺在战略投资者获配股份的限售期内，委任与该战略投资者存在关联关系的人员担任发行人的董事、监事及高级管理人员，但发行人的高级管理人员与核心员工设立专项资产管理计划参与战略配售的除外；

（五）除本指引第八条第三项规定的情形外，战略投资者使用非自有资金认购发行人股票，或者存在接受其他投资者委托或委托其他投资者参与本次战略配售的情形；

（六）其他直接或间接进行利益输送的行为。

（六）引入绿鞋机制，促进市场平稳运行

为促进科创板新股上市后股价稳定，《上海证券交易所科创板股票发行与承销实施办法》允许科创板发行人和主承销商普遍采用超额配售选择权，取消首次公开发行股票数量在4亿股以上的限制[《证券发行与承销管理办法》（证监会令【第144号】，2018年6月15日修订发布）第十五条规定，首次公开发行股票数量在4亿股以上的，发行人和主承销商可以在发行方案中采用超额配售选择权]，并明确采用超额配售选择权发行股票数量不得超过首次公开发行股票数量的15％。

《上海证券交易所科创板股票发行与承销业务指引》则进一步规定，“采用超额配售选择权的，应当在招股意向书和招股说明书中披露超额配售选择权实施方案，包括实施目标、操作策略、可能发生的情形以及预期达到的效果等；在发行公告中披露全额行使超额配售选择权拟发行股票的具体数量”。

“超额配售选择权”俗称“绿鞋机制”，另一个比较学术化的名词叫“绿鞋期权(Green Shoe Option or Over-Allotment Option)”，系由美国名为波士顿绿鞋制造公司1963年首次公开发行股票(IPO)时率先使用而得名。通常而言，绿鞋机制的应用目的主要是增进投资者参与新股发行认购的信心，因为一旦新股发行上市后股价下跌至发行价以下，主承销商就会用事先超额发售股票获得的资金，按不高于发行价的价格(默认游戏规则)从二级市场买入股票，然后分配给事先提出超额认购申请的投资者。这种买入的动作对于维护股价稳定具有一定的积极作用。

当然，如果新股发行上市后股价上涨，主承销商就会要求发行人增发15%的股票，然后分配给事先提出超额认购申请的投资者。这样发行人可以多融一笔资金，主承销商也可以多拿一部分承销佣金，皆大欢喜。2010年7月，农业银行首次公开发行A股，初始发行规模为22 235 294 000股，发行人授予A股联席主承销商不超过初始发行规模15%的超额配售选择权。发行人和联席主承销商根据发行申购情况，协商确定向网上投资者超额配售3 335 294 000股，占初始发行规模的15%，超额配售后总发行规模为25 570 588 000股。

(七)优化券商定位，推动投行业务转型升级

科创板关于发行与承销的相关规定给予券商更多的业务机会，同时也促使券商全面反思自己的核心能力与市场定位，从而推动自身实现业务的转型升级，具体体现在如下三个方面：

(1)《上海证券交易所科创板股票发行与承销实施办法》规定，“主承销商应当向网下投资者提供投资价值研究报告，并遵守中国证券业协会关于投资价值研究报告的相关规定”。《上海证券交易所科创板股票发行与承销业务指引》则进一步规定：“初步询价结束后，发行人和主承销商确定的发行价格(或者发行价格区间中值)不在主承销商出具的投资价值研究报告所明确的估值区间范围内的，发行人和主承销商应当向本所说明理由及各类网下投资者报价与上述估值区间的差异情况。本所将上述情况通报中国证券业协会。”上述规定考验的是券商研究的专业性与独立性，券商必须平衡兼顾好发行人和投资者的利益，否则市场一定会高度关注券商自己的定价与市场的定价的差异及其背后原因。

(2)科创板允许主承销商向通过战略配售、网下配售获配股票的投资者收

取不低于获配应缴款一定比例的新股配售经纪佣金(承销商因承担发行人保荐业务获配股票或者履行包销义务取得股票的除外),《上海证券交易所科创板股票发行与承销业务指引》甚至要求承销商向通过战略配售、网下配售获配股票的投资者收取的新股配售经纪佣金费率应“合理”确定(言下之意就是别乱恶性竞争压低价格)。这个对于券商而言不仅是一笔额外的收入,更重要的是通过此项规定给主承销商自主选择询价对象、培养长期优质客户留有很大的制度想象空间。

(3)市场更加关注的是本次科创板的制度设计,创新性地搞了一个突破,就是“券商跟投”制度。《上海证券交易所科创板股票发行与承销实施办法》明确规定,“科创板试行保荐机构相关子公司跟投制度。发行人的保荐机构依法设立的相关子公司或者实际控制该保荐机构的证券公司依法设立的其他相关子公司,参与本次发行战略配售”。《上海证券交易所科创板股票发行与承销业务指引》对细节则做了进一步的规定:

①保荐机构相关子公司跟投使用的资金应当为自有资金,中国证监会另有规定的除外。

②跟投比例系发行人首次公开发行股票数量的2%至5%,具体比例根据发行人首次公开发行股票的规模分档确定:

A. 发行规模不足10亿元的,跟投比例为5%,但不超过人民币4 000万元;

B. 发行规模10亿元以上不足20亿元的,跟投比例为4%,但不超过人民币6 000万元;

C. 发行规模20亿元以上不足50亿元的,跟投比例为3%,但不超过人民币1亿元;

D. 发行规模50亿元以上的,跟投比例为2%,但不超过人民币10亿元。

③参与配售的保荐机构相关子公司应当承诺获得本次配售的股票持有期限为自发行人首次公开发行并上市之日起24个月。

上述跟投规定的出台据说曾经引发了业内一定的争议,但最终还是明确下来,根本初衷估计还是监管希望通过券商跟投机制,形成券商与发行人之间的首发博弈,避免发行价格随意制定甚或虚高,从而有效避免以前的新股发行“三高”情形。实际效果如何还有待后续的市场观察。

接下来我们更关心的是以下问题：

(1)截至4月19日已经受理的科创板申报企业数据，排名最前的券商所保荐的企业融资额也不过200亿元，即便按照顶格5%的比例跟投的话，券商最多也就掏10个亿。这些资金相对目前券商的资本金来比还是不算多的。但是，由于券商跟投的资金来源明确是自有资金，券商必须考虑到自己的资本配置与资本约束，必须考虑自己的资产负债端的合理安排。

(2)券商跟投股票存在24个月的限售期，在这段时间内，如果所跟投股票的市场价格有巨幅波动的话，在现行新会计准则的规定下，势必对券商损益表的利润数据产生不小的影响。

(3)券商跟投股票有24个月的限售期，对于本身就是做资本运作的券商而言，股票放在那一动不动显然不是券商愿意看到的局面。因此，后续是否允许券商拿跟投股票开展一些其他业务还有待监管政策的进一步明确。目前，《上海证券交易所科创板股票发行与承销业务指引》只是比较含糊地规定了“参与配售的保荐机构相关子公司应当开立专用证券账户存放获配股票”，“专用证券账户只能用于在限售期届满后卖出或者按照中国证监会及本所有关规定向证券金融公司借出和收回获配股票”，后续具体操作细节可能还要看进一步的监管规定如何出台。

(4)当然还有一个比较实际的问题，目前监管规则规定券商必须通过“另类投资子公司”来参与跟投，但目前并不是每家券商都设立了另类投资子公司。

二、投资者与交易

关于科创板投资者与交易的相关问题，主要关注几个方面：(1)谁能参与科创板的交易，也就是投资者适当性的问题？(2)科创板交易制度相比传统主板、中小板、创业板有什么特殊的机制安排或者创新？(3)市场普遍关注的老股东限售及减持如何安排？

上交所在“《上海证券交易所科创板股票交易特别规定》起草说明”中其实很明确地把交易所对上述问题考虑的侧重点做了清晰的说明，原文摘录如下：

“《交易特别规定》是《上海证券交易所交易规则》的特别规定，集中规定科创板差异化交易机制安排。”

“一是防止过度投机炒作，促进市场平稳运行。科创板企业具有业务模式新、不确定性大等特点，股票价格波动可能高于一般上市公司，需要在防止过度炒作的同时维护正常的交易秩序。为此，科创板将引入投资者适当性制度、适当放宽涨跌幅限制、调整单笔申报数量、上市首日开放融资融券业务等差异化机制安排。

二是保障市场流动性，提升定价效率。二级市场出现流动性不足，会影响定价效率，并制约一级市场的融资功能。防范炒作的同时，应保障市场流动性。为此，科创板将引入盘后固定价格交易，满足投资者多样化交易需求。

三是稳步推进，分批实施。考虑到科创板交易机制的调整市场影响面较广，全市场实施的技术复杂度较高，因此拟根据市场准备情况，分批实施差异化交易机制安排，包括做市制度、证券公司证券借入业务等交易制度。”

（一）投资者与适当性管理

《关于在上海证券交易所设立科创板并试点注册制的实施意见》（中国证券监督管理委员会公告，〔2019〕2 号）规定，个人投资者投资科创板股票，证券账户及资金账户持有的资产规模应达到规定标准，且具备相关股票投资经验和相应的风险承受能力。

《上海证券交易所科创板股票交易特别规定》（上证发〔2019〕23 号）规定“科创板股票交易实行投资者适当性管理制度”，应当制定科创板股票投资者适当性管理的相关工作制度，对投资者进行适当性管理。参与科创板股票交易的投资者应当符合本所规定的适当性管理要求，个人投资者还应当通过会员组织的科创板股票投资者适当性综合评估。

《上海证券交易所科创板股票交易特别规定》规定个人投资者参与科创板股票交易，应当符合下列条件：

（1）申请权限开通前 20 个交易日证券账户及资金账户内的资产日均不低于人民币 50 万元（不包括该投资者通过融资融券融入的资金和证券）；

（2）参与证券交易 24 个月以上；

（3）本所规定的其他条件。

2019 年 3 月 19 日，上交所根据《上海证券交易所科创板股票交易特别规定》《上海证券交易所投资者适当性管理办法》等业务规则补充发布了《关于科创板投资者教育与适当性管理相关事项的通知》【上证发〔2019〕33 号】，就科创板投资者教育与适当性管理相关事项做出了进一步的明确规定。

应该说，上交所划定的 50 万元、2 年交易记录的门槛并不算高，相比新三板“日均金融资产 500 万元”“2 年以上证券、基金、期货投资经历，或者具有 2 年以上金融产品设计、投资、风险管理及相关工作经历”要低不少。

上交所 2018 年发布的《上海证券交易所统计年鉴》中披露了截至 2017 年底的投资者分布数据（如表 5—1 所示），可以看到，从持股账户数角度，50 万元以下的自然人投资者占比高达 85.39%，但持股市值却仅占全市场的 4.78%。可见，上交所划定的不低于 50 万元的线其实还是涵盖了绝大部分市场主力，对市场资金面的冲击应该在可预期范围之内。

表 5—1　　2017 年底的投资者分布数据

项　目	持股市值（亿元）	占比（%）	持股账户数（万户）	占比（%）
自然人投资者	59 445	21.17	3 934.31	99.78
其中：10 万元以下	3 449	1.23	2 179.70	55.28
10 万～50 万元	9 974	3.55	1 187.07	30.11
50 万～100 万元	6 545	2.33	285.11	7.23
100 万～300 万元	10 141	3.61	200.33	5.08
300 万～1 000 万元	9 073	3.23	62.42	1.58
1 000 万元以上	20 263	7.21	19.67	0.50
一般法人	172 801	61.53	3.85	0.10
沪股通	3 322	1.18	0.00	0.00
专业机构	45 294	16.13	4.86	0.12
其中：投资基金	9 145	3.26	0.30	0.01

对于券商而言，要真正按照监管关于投资者适当性管理的要求判断哪些客户是目标客户，尤其对于个人投资者，要对个人投资者的资产状况、投资经验、

风险承受能力和诚信状况等进行综合评估，并做好投资者教育工作，向其充分揭示科创板股票的交易风险。

（二）交易机制安排

科创板关于交易机制的安排相比传统主板、中小板、创业板还是做出了很大突破或者创新，体现在如下几点：

1. 交易方式的创新

引入盘后固定价格交易，满足投资者多样化交易需求。《上海证券交易所科创板股票交易特别规定》规定，投资者通过以下方式参与科创板股票交易：

（1）竞价交易；

（2）盘后固定价格交易；

（3）大宗交易。

盘后固定价格交易，指在收盘集合竞价结束后，上交所交易系统按照时间优先顺序对收盘定价申报进行撮合，并以当日收盘价成交的交易方式。盘后固定价格交易的具体事宜待上交所另行规定发布。

此外，《上海证券交易所科创板股票交易特别规定》规定目前科创板股票交易实行竞价交易，待条件成熟时引入做市商机制，做市商可以为科创板股票提供双边报价服务。后续科创板的交易方式创新值得进一步期待。

2. 适当放宽涨跌幅限制

科创板对股票竞价交易实行价格涨跌幅限制，在总结现有股票交易涨跌幅制度实施中的利弊得失基础上，将涨跌幅比例适当放宽至20%。而且，对于首次公开发行上市的股票，上市后的前5个交易日不设价格涨跌幅限制。这样适当放宽可以预期将极大刺激市场的成交动力，届时一定会演绎出很多精彩的单日成交收益率的传奇故事。当然此次科创板没有引入T+0机制，也许怕制度供给太猛，市场过度炒作投机，反而不利于市场的平稳运行。

3. 优化融资融券交易机制

为了提高市场定价效率，着力改善“单边市”等问题，科创板将优化融券制度。科创板股票自上市首个交易日起可作为融资融券标的，证券公司也可以按规定借入科创板股票，具体事宜另行规定。这个规定对于券商两融部门而言是一个巨大的挑战，尤其在上市后前5个交易日不设价格涨跌幅限制的情况下，对融资融券客户如何做好盘中监测避免击穿警戒值，无疑对券商系统、人员都提出了巨大的挑战。

此外，为提高市场流动性，科创板不再要求单笔申报数量为 100 股及其整倍数。对于市价订单和限价订单，规定单笔申报数量应不小于 200 股，每笔申报可以 1 股为单位递增。市价订单单笔申报最大数量为 5 万股，限价订单单笔申报最大数量为 10 万股。上交所也可以根据市场情况调整微观交易机制，包括可以对有效申报价格范围和盘中临时停牌情形作出另行规定，以防止过度投机炒作，维护正常交易秩序；可以决定实施差异化的最小价格变动单位，即依据股价高低，实施不同的申报价格最小变动单位，以降低低价股的买卖价差，提高高价股每个档位的订单深度，提升市场流动性。

（三）股份限售及减持规定

1. 制度背景

上市公司股份减持制度是资本市场重要的基础性制度，对于稳定上市公司治理、维护二级市场稳定、保护投资者特别是中小投资者合法权益具有十分重要的作用，也是二级市场证券交易中受到高度关注的重要问题。目前我国已经形成了包括《公司法》《证券法》的相关规定，证监会的规章、规范性文件和证券交易所自律规则在内的一套规制控股股东、持股 5%以上股东及董事、监事、高级管理人员减持公司股份的规则体系，确立了以锁定期安排和后续减持比例限制、信息披露要求为基础的减持制度。

为规范二级市场的股份减持行为，2016 年 1 月，中国证监会发布了《上市公司大股东、董监高减持股份的若干规定》，交易所也配套制定了《关于落实〈上市公司大股东、董监高减持股份的若干规定〉相关事项的通知》。上述规定、通知的实施，对于引导合规减持，明确市场预期，促进市场稳定健康发展，发挥了积极作用。之后，市场上也出现了一些新情况、新问题，例如，上市公司股东和相关主体利用“高送转”推高股价配合减持、大股东通过大宗交易减持后受让方立即通过二级市场大量卖出、部分股东进行“清仓式”减持、董监高通过辞职来实施减持等，市场对此较为关注。

针对实践中的突出问题，为引导有序合规减持、防控异常减持行为，基于“问题导向、突出重点、合理规制、有序引导”的原则，2017 年 5 月 27 日，证监会修订发布了《上市公司股东、董监高减持股份的若干规定》，对减持制度进行了补充、完善，并对交易所加强减持监管提出了明确要求。同日，上交所制定出台了《上海证券交易所股东及董事、监事、高级管理人员减持股份实施细则》。

2019 年 3 月 1 日，上交所发布《科创板股票上市规则》【上证发〔2019〕22 号】，在第二章“股票上市与交易”的第三节“股份解除限售”、第四节“股份减持”中，对科创板适用的股份限售解除和股份减持问题做出了专门规定。

在上交所发布的《科创板股票上市规则》【上证发〔2019〕22 号】中，明确规定：

“上市公司股份的限售与减持，适用本规则；本规则未规定的，适用《上海证券交易所上市公司股东及董事、监事、高级管理人员减持股份实施细则》(以下简称《减持细则》)、《上海证券交易所上市公司创业投资基金股东减持股份实施细则》及本所其他有关规定。

上市公司股东可以通过非公开转让、配售方式转让首发前股份，转让的方式、程序、价格、比例以及后续转让等事项，以及上市公司非公开发行股份涉及的减持由本所另行规定，报中国证监会批准后实施。”

2. 科创板股份限售与减持

根据《公司法》第 141 条，公司公开发行股份前已发行的股份，自公司股票在证券交易所上市交易之日起一年内不得转让。根据证券交易所股票上市规则，控股股东、实际控制人应当承诺自公司股票在证券交易所上市之日起 36 个月内不得转让。此外，根据《上市公司证券发行管理办法》及《非公开发行股票实施细则》，上市公司控股股东、实际控制人或其控制的关联人认购非公开发行股票的，通过认购本次发行的股份取得上市公司实际控制权的投资者，以及董事会拟引入的境内外战略投资者，认购的股份自发行结束之日起 36 个月内不得转让。其他发行对象通过竞价方式认购的非公开发行股份，自发行结束之日起 12 个月内不得转让。上市公司发行股份购买资产的，有关主体应当遵守《上市公司重大资产重组管理办法》有关锁定期的规定。

科创板关于股份限售与减持的特点，主要是根据公司上市时是否盈利做了一定的区分。2019 年 3 月 1 日发布的《科创板上市公司持续监管办法(试行)》【证监会令(第 154 号)】规定上市时企业未盈利的，控股股东、实际控制人、董事、监事、高级管理人员、核心技术人员(统称“特定股东”)的股份锁定期应适当延长,授权交易所制定具体规则;适当延长核心技术团队的股份锁定期。同时,考虑到现行减持规则的实践效果,以及更好地发挥创投机构等相关主体对资本市场支持科技创新的积极作用,从科创板先行先试的定位出发,《持续监管办法》预留了改革创新的空间,由交易所根据市场实践对特定股东及创投等相关主体减持的方式、数量及比例予以细化。

根据前述相关规定,我们对科创板相关限售和减持政策做了汇总归纳,如表5—2所示:

表5—2　　科创板相关限售和减持政策

持股主体	上市时未盈利	上市时已盈利
控股股东	上市后36个月内不得减持,并符合《减持细则》; 公司盈利前,上市后3个完整会计年度内不得减持;盈利后,可自年报披露后次日减持; 第4、5个会计年度内,每年减持不超过总股本的2%	上市后36个月内不得减持,并符合《减持细则》
董事、监事、高级管理人员	上市后12个月内和离职后6个月内不得转让股份; 公司盈利前,上市后3个完整会计年度内不得减持; 应符合《公司法》《证券法》及《减持细则》规定,如届满前离职每年减持25%	上市后12个月内和离职后6个月内不得转让股份; 应符合《公司法》《证券法》及《减持细则》规定,包括但不限于届满前离职每年减持25%
核心技术人员	上市后12个月内和离职后6个月内不得转让股份; 公司盈利前,上市之日起3个完整会计年度内不得减持,盈利后,可自年报披露后次日减持; 限售期满4年内,每年可减持首发前所持股份的25%,减持比例可以累计使用	上市后12个月内和离职后6个月内不得转让股份; 限售期满4年内,每年可减持首发前所持股份的25%,减持比例可以累计使用
创投基金	锁定期12个月; 受理日投资期限不满36个月、在36～48个月之间、超过48个月的,通过集合竞价分别能在连续90、60、30日内,减持不超过总股本的1%;通过大宗交易分别能在连续90、60、30日内,减持不超过总股本的2%	

第六章 持续监管

科创板主要服务于符合国家战略、突破关键核心技术、市场认可度高的科技创新企业。这类企业，在行业特征、治理结构、业务模式、风险状况等方面具有特殊性。考虑到上述特殊性，2019 年 3 月 1 日发布的《科创板上市公司持续监管办法（试行）》【证监会令（第 154 号）】以《证券法》《公司法》等法律法规为基础，用三十七条的篇幅，根据《关于在上海证券交易所设立科创板并试点注册制的实施意见》（中国证券监督管理委员会公告，〔2019〕2 号）确立的基本原则与总体要求，针对企业发行股票、存托凭证并在科创板上市后的持续监管，围绕公司治理、信息披露、股份减持、重大资产重组、股权激励、退市等方面，作了具有针对性的制度设计。上交所也单独制定适用于科创板的《上市规则》，并以此为核心，构建更有针对性和包容性的持续监管规则体系，为科技创新企业上市后的持续发展提供强有力的制度保障。

一、关键少数、社会责任、差异化信息披露要求

（一）对关键少数的特别关注

控股股东和实际控制人，是公司治理中的“关键少数”。科创板相关制度明确增加了对发行人的“控股股东、实际控制人”的要求，强调“发行人及其控股股东、实际控制人、董事、监事和高级管理人员应依法履行信息披露义务，保证信息披露的真实、准确、完整”，对公司治理中的“关键少数”予以特别关注。应该说，科创板把关键少数纳入重点监管领域，是抓住了“核心”或“七寸”。

《科创板上市公司持续监管办法(试行)》【证监会令(第 154 号)】根据境内上市公司的治理特点,特别强调了科创公司控股股东、实际控制人的行为规范。例如:

“科创公司控股股东、实际控制人应当诚实守信,规范行使权利,严格履行承诺,维持公司独立性,维护公司和全体股东的共同利益。”

“控股股东和实际控制人应当积极配合科创公司履行信息披露义务,不得要求或者协助科创公司隐瞒重要信息。”

《科创板股票上市规则》【上证发〔2019〕22 号】则全面规定了控股股东及实际控制人的信息披露义务、对上市公司及其他股东的诚信义务、维护上市公司独立性等相关义务,特别强调不能通过非经营性资金占用、违规担保、利益输送型对外投资等各种方式,侵占上市公司利益。

(二)对社会责任的特别强调

1. 关注上市公司社会责任的发展溯源

公司在实际生产经营过程中还必须认识到自己是国民经济的一分子,要承担更广泛意义的社会责任。特别是现在公司经营所处的外部环境越来越复杂,传统的以股东利润最大化为目标的运营方式所带来的环境污染问题、产品质量问题等越来越引起社会各方面的关注,由此带来的压力要求公司对除股东之外的更广大利益相关方负责,以实现可持续发展。上市公司作为公众公司,理所应当承担更大的社会责任,并接受投资者、监管部门和媒体的监督。近年来,监管部门不断加码对上市公司社会责任的监管要求,鼓励上市公司积极担当社会责任,打造企业持续竞争力。

2005 年修订的《公司法》第五条规定,“公司要遵守社会公德、商业道德,诚实守信,接受政府和社会公众的监督,承担社会责任”,《劳动法》《环境保护法》《消费者权益保障法》等法律法规也规定了类似企业社会责任。2005 年,国家发改委发起成立中国企业社会责任联盟,制定了国内第一部《中国企业社会责任标准》,发表了《中国企业社会责任北京宣言》。2008 年,国务院国资委发布《关于中央企业履行社会责任的指导意见》。从 2009 年至今,中国社会科学院连续四次发布《企业社会责任蓝皮书》暨中国 100 强企业社会责任发展指数。

2006 年 9 月 25 日,深圳证券交易所发布了《上市公司社会责任指引》(全球第三家发布此类指引的交易所），强调公司必须承担的法律责任和经济责任，鼓励公司承担道德责任和其他自愿责任，并借鉴 OECD 原则，强调公司不仅要对股东负责，同时也要对相关利益者负责。

2008 年 5 月 14 日，上海证券交易所发布《关于加强上市公司社会责任承担工作的通知》以及《上海证券交易所上市公司环境信息披露指引》，旨在促进上市公司强化社会责任意识和积极承担社会责任。两个交易所发布的规则从本质上都是一致的，都希望上市公司作为社会成员之一，应对职工、股东、债权人、供应商及消费者等利益相关方承担起应尽的责任。上市公司在经营活动中应当遵纪守法，遵守商业道德，维护消费者的合法权益，保障劳动者的健康和安全，并积极承担保护环境和节约资源的责任，参与社会捐献、赞助等各种社会公益事业，在转变企业运作模式、促进社会可持续发展方面发挥表率作用。交易所也鼓励上市公司，根据指引要求建立社会责任制度，定期检查和评价公司社会责任制度的执行情况和存在的问题，形成社会责任报告，并与年度报告同时披露。广义的企业社会责任报告包括雇员报告、环境报告、环境健康安全报告、慈善报告等单项报告和囊括经济、环境、社会责任的综合性报告。上海证券交易所发布的《关于加强上市公司社会责任承担工作的通知》还首次提出“每股社会贡献值”概念，规定公司可以在年度社会责任报告中披露每股社会贡献值，即在公司为股东创造的基本每股收益的基础上，增加公司年内为国家创造的税收、向员工支付的工资、向银行等债权人给付的借款利息、公司对外捐赠额等为其他利益相关者创造的价值额，并扣除公司因环境污染等造成的其他社会成本，计算形成的公司为社会创造的每股增值额，从而帮助社会公众更全面地了解公司为其股东、员工、客户、债权人、社区以及整个社会所创造的真正价值。

2009 年 8 月 5 日，上海证券交易所和中证指数有限公司联合发布了上证社会责任指数（指数代码 000048，简称“责任指数”）。2018 年 3 月 23 日，上海证券交易所发布首份社会责任报告，其中数据显示，2017 年上交所共有 475 家上市公司披露社会责任报告，同比增长 14.2%；其中自愿披露的有 150 家，自愿发布率为 31.6%。2018 年 9 月深圳证券交易所发布的报告显示，2017 年度深交所共计 391 家上市公司披露了扶贫信息，占公司总数的 18.57%，累计投入扶贫资金及物资折款总金额达 138.22 亿元，帮助贫困人口超过 33 万。其中，产业扶贫合计投入资金93.73亿元，支持项目1 754个，带动帮助294 837人脱贫。2018年是沪深A股上市公司社会责任报告应规披露第十年。十年间，自愿披露的上市公司增加了312家，增长超过200%，甚至在2018年度自愿披露社会责任报告的上市公司数量首次超过应规披露的上市公司数量，达到444家。

2018年9月，证监会修订发布的《上市公司治理准则》也明确提出"上市公司应当贯彻落实创新、协调、绿色、开放、共享的发展理念，弘扬优秀企业家精神，积极履行社会责任，形成良好的公司治理实践"，并专辟一章"第八章利益相关者、环境保护与社会责任"，提出了相关要求。

近年来，尽管监管反复强调社会责任，但是由于各种因素的影响，一些上市公司还是陆续爆发了多起性质极其恶劣的危害社会公众安全的事件，典型的如2018年长生生物科技股份有限公司疫苗造假事件。正是基于这些恶性事件的不时爆发，2018年7月27日，证监会发布《关于修改〈关于改革完善并严格实施上市公司退市制度的若干意见〉的决定》，新增涉及国家安全、公共安全、生态安全、生产安全和公众健康安全等领域的重大违法行为，应予退市的规定。2018年11月16日，在前期征求意见基础上，沪深交易所同时发布《上市公司重大违法强制退市实施办法》，明确了证券重大违法和社会公众安全重大违法两类强制退市情形，特别是对于上市公司严重危害市场秩序，严重侵害社会公众利益，造成重大社会影响的，专门作为一类退市情形进行规范。

证监会严惩长生生物信息披露违法案

中国证监会，www.csrc.gov.cn，时间：2018—10—16

长生生物科技股份有限公司（以下简称"长生生物"）问题疫苗事件发生后，证监会迅速组织力量对涉嫌信息披露违法的相关主体立案稽查，并于日前向相关案件当事人送达了《行政处罚及市场禁入事先告知书》，依法从严惩处长生生物在资本市场上的违法行为。

经查，长生生物存在以下违法事实：一是未按规定披露问题疫苗不符合标准以及停产和召回的相关信息；二是披露子公司产品有关情况的公告存在误导性陈述及重大遗漏；三是未披露被吉林药监局调查的信息；四是违规披露狂犬疫苗GMP证书失效致主业停产以及该证书重新获取的情况；五是披露的2015年至2017年年报及内部控制自我评价报告存在虚假记载。

依据《证券法》的相关规定，证监会拟决定对长生生物处以60万元罚款的顶格处罚，拟对其直接负责的主管人员高俊芳等4名当事人给予警告，并分别处以30万元的顶格处罚，同时采取终身市场禁入措施。对其他涉案当事人给予30万元以下不等罚款，同时拟对张友奎等3名当事人采取5年的证券市场禁入措施。证监会将在充分听取当事人陈述申辩意见后，依法作出正式行政处罚决定。

疫苗的安全性和有效性关乎人民群众切身利益和社会安全稳定大局。长生生物疫苗事件发生后，党中央、国务院高度重视。证监会将坚决贯彻习近平总书记和李克强总理的重要批示和指示精神，依法彻查并从严惩处长生生物案件当事人的违法行为，涉嫌犯罪的，坚决移送，严惩不贷，让违法者付出应有的代价。市场各方应以长生生物案为鉴，充分警醒，严格遵守法律法规，诚信经营、规范运作，切实保证信息披露真实、准确、完整、及时，共同为资本市场长期健康稳定发展做出努力。

2. 科创板上市规则关于社会责任的监管要求

考虑到科创类上市公司的业务技术领域复杂、社会影响面较广，《科创板股票上市规则》【上证发〔2019〕22号】明确要求其积极承担社会责任。其中，重点要求公司遵守科学伦理，履行好环境保护责任、生产及产品安全保障责任、员工权益保障责任。这些规定某种程度上来说是一个巨大的进步。下面全文引录相关规定：

第四节　社会责任

4.4.1　上市公司应当积极承担社会责任，维护社会公共利益，并披露保护环境、保障产品安全、维护员工与其他利益相关者合法权益等履行社会责任的情况。

上市公司应当在年度报告中披露履行社会责任的情况，并视情况编制和披露社会责任报告、可持续发展报告、环境责任报告等文件。出现违背社会责任重大事项时应当充分评估潜在影响并及时披露，说明原因和解决方案。

4.4.2　上市公司应当将生态环保要求融入发展战略和公司治理过程，并根据自身生产经营特点和实际情况，履行下列环境保护责任：

（一）遵守环境保护法律法规与行业标准；

（二）制订执行公司环境保护计划；

（三）高效使用能源、水资源、原材料等自然资源；

（四）合规处置污染物；

（五）建设运行有效的污染防治设施；

（六）足额缴纳环境保护相关税费；

（七）保障供应链环境安全；

（八）其他应当履行的环境保护责任事项。

4.4.3　上市公司应当根据自身生产经营模式，履行下列生产及产品安全保障责任：

（一）遵守产品安全法律法规与行业标准；

（二）建立安全可靠的生产环境和生产流程；

（三）建立产品质量安全保障机制与产品安全事故应急方案；

（四）其他应当履行的生产与产品安全责任。

4.4.4　上市公司应当根据员工构成情况，履行下列员工权益保障责任：

（一）建立员工聘用解雇、薪酬福利、社会保险、工作时间等管理制度及违规处理措施；

（二）建立防范职业性危害的工作环境与配套安全措施；

（三）开展必要的员工知识和职业技能培训；

（四）其他应当履行的员工权益保护责任。

4.4.5　上市公司应当严格遵守科学伦理规范，尊重科学精神，恪守应有的价值观念、社会责任和行为规范，发挥科学技术的正面效应。

上市公司应当避免研究、开发和使用危害自然环境、生命健康、公共安全、伦理道德的科学技术，不得从事侵犯个人基本权利或者损害社会公共利益的研发和经营活动。

上市公司在生命科学、人工智能、信息技术、生态环境、新材料等科技创新领域开发或者使用创新技术的，应当遵循审慎和稳健原则，充分评估其潜在影响及可靠性。

（三）差异化和更具弹性的信息披露要求

信息披露制度是持续监管中的核心制度。《科创板股票上市规则》第五至九章总体沿用了现行信息披露的基本规范。同时，针对科创企业的特点，作了差异化和更具弹性的规定。具体内容在前面介绍信息披露的章节中我们已经论述过，这里不再赘述。

二、更加严格的退市安排

退市制度是市场十分关心的一项制度安排。《科创板股票上市规则》第十二章"退市"充分借鉴现有退市实践和市场共识，进行了严格规范。科创板退市安排主要聚焦两类目标公司：一类是存在财务欺诈等重大违法行为的公司，另一类是丧失持续经营能力且恢复无望的主业"空心化"公司。取消了暂停上市、恢复上市环节，退市程序更加快捷、简明；触及财务类退市指标的公司，第一年实施退市风险警示，第二年仍触及即退市；衔接注册制安排，不再设置专门的重新上市环节，已退市企业如果符合科创板上市条件的，可以按照股票发行上市注册程序和要求提出申请、接受审核，但因重大违法强制退市的，不得提出新的发行上市申请，永久退出市场。

科创板退市安排将退市情形具体分为重大违法退市、交易类强制退市、财务类强制退市、规范类强制退市四种：

（一）重大违法退市

《科创板股票上市规则》第12.2.1条明确重大违法强制退市包括下列情形：

（1）上市公司存在欺诈发行、重大信息披露违法或者其他严重损害证券市场秩序的重大违法行为，且严重影响上市地位，其股票应当被终止上市的情形；

（2）上市公司存在涉及国家安全、公共安全、生态安全、生产安全和公众健康安全等领域的违法行为，情节恶劣，严重损害国家利益、社会公共利益，或者严重影响上市地位，其股票应当被终止上市的情形。

同时，《科创板股票上市规则》进一步明确：

12.2.2　上市公司涉及第12.2.1条第一项规定的重大违法行为，存在下列情形之一的，其股票应当被终止上市：

（一）上市公司首次公开发行股票申请或者披露文件存在虚假记载、误导性陈述或重大遗漏,被中国证监会依据《证券法》第一百八十九条作出行政处罚决定,或者被人民法院依据《刑法》第一百六十条作出有罪生效判决;

(二)上市公司发行股份购买资产并构成重组上市,申请或者披露文件存在虚假记载、误导性陈述或者重大遗漏,被中国证监会依据《证券法》第一百八十九条作出行政处罚决定,或者被人民法院依据《刑法》第一百六十条作出有罪生效判决;

(三)上市公司披露的年度报告存在虚假记载、误导性陈述或者重大遗漏,根据中国证监会行政处罚决定认定的事实,导致其相关财务指标已实际触及本规则规定的退市标准;

(四)本所根据上市公司违法行为的事实、性质、情节及社会影响等因素认定的其他严重损害证券市场秩序的情形。

12.2.3 上市公司涉及第12.2.1条第二项规定的重大违法行为,存在下列情形之一的,其股票应当被终止上市:

(一)上市公司或其主要子公司被依法吊销营业执照、责令关闭或者被撤销;

(二)上市公司或其主要子公司被依法吊销主营业务生产经营许可证,或者存在丧失继续生产经营法律资格的其他情形;

(三)本所根据上市公司重大违法行为损害国家利益、社会公共利益的严重程度,结合公司承担法律责任类型、对公司生产经营和上市地位的影响程度等情形,认为公司股票应当终止上市的。

(二)交易类强制退市

《科创板股票上市规则》构建了成交量、股票价格、市值、股东人数四个类型的市场指标,如果触发,即启动退市程序:

(1)通过本所交易系统连续120个交易日实现的累计股票成交量低于200万股;

(2)连续20个交易日股票收盘价均低于股票面值;

(3)连续20个交易日股票市值均低于3亿元;

(4)连续20个交易日股东数量均低于400人;

(5)交易所认定的其他情形。

（三）财务类强制退市

《科创板股票上市规则》不再采用单一的连续亏损退市指标，而是在财务指标方面设置四类主业“空心化”定性标准和扣非前后净利润为负且主营业务收入未达到一定规模、净资产为负等定量标准，准确反映丧失持续经营能力企业的经营和财务特征：

（1）主营业务大部分停滞或者规模极小；

（2）经营资产大幅减少导致无法维持日常经营；

（3）营业收入或者利润主要来源于不具备商业实质的关联交易；

（4）营业收入或者利润主要来源于与主营业务无关的贸易业务；

（5）其他明显丧失持续经营能力的情形。

《科创板股票上市规则》规定，上市公司出现下列情形之一的，交易所对其股票实施退市风险警示：

（1）最近一个会计年度经审计的扣除非经常性损益之前或者之后的净利润（含被追溯重述）为负值，且最近一个会计年度经审计的营业收入（含被追溯重述）低于1亿元（上市公司营业收入主要来源于与主营业务无关的贸易业务或者不具备商业实质的关联交易，公司明显丧失持续经营能力的，本所可以提交上市委员会认定在计算前款规定的营业收入指标时是否扣除前述收入，并通知上市公司）；

（2）最近一个会计年度经审计的净资产（含被追溯重述）为负值；

（3）研发型上市公司主要业务、产品或者所依赖的基础技术研发失败或者被禁止使用，且公司无其他业务或者产品符合《科创板股票上市规则》第2.1.2条第五项规定要求的；

（4）交易所认定的其他情形。

（四）规范类强制退市

《科创板股票上市规则》在现有未按期披露财务报告、被出具无法表示意见或否定意见审计报告等退市指标的基础上，增加信息披露或者规范运作存在重大缺陷等合规性退市指标，上市公司出现下列情形之一的，交易所对其股票实施退市风险警示：

（1）因财务会计报告存在重大会计差错或者虚假记载，被中国证监会责令改正但公司未在规定期限内改正，此后公司在股票停牌 2 个月内仍未改正；

（2）未在法定期限内披露年度报告或者半年度报告，此后公司在股票停牌 2 个月内仍未披露；

（3）因信息披露或者规范运作等方面存在重大缺陷，被本所责令改正但公司未在规定期限内改正，此后公司在股票停牌 2 个月内仍未改正；

（4）因公司股本总额或股权分布发生变化，导致连续 20 个交易日不再具备上市条件，此后公司在股票停牌 1 个月内仍未解决；

（5）最近一个会计年度的财务会计报告被会计师事务所出具无法表示意见或者否定意见的审计报告；

（6）公司可能被依法强制解散；

（7）法院依法受理公司重整、和解和破产清算申请；

（8）交易所认定的其他情形。

前款规定的第三项情形，由交易所提请上市委员会审议，并根据上市委员会的审核意见作出认定。

当然，科创板也对退市设置了必要的救济安排。保留退市整理期，对于各类退市情形，均给予投资者 30 个交易日的退出窗口期。完善听证和复核程序，充分保障上市公司的申辩权利。

三、压严压实保荐机构持续督导责任

压严压实保荐机构责任是实施注册制的重要支撑。《科创板股票上市规则》第三章“持续督导”在现有保荐机构和保荐代表人责任的基础上设置了更为严格的要求，主要特点如下：

（一）科创板关于保荐机构持续督导的要求远远超过目前其他板块的持续督导职责要求

科创板关于保荐机构持续督导的要求远远超过目前其他板块的持续督导职责要求，包括延长持续督导期间、细化和明确保荐机构对于上市公司重大异常情况的督导和信息披露责任等。具体持续督导职责如下：

（1）督促上市公司建立和执行信息披露、规范运作、承诺履行、分红回报等制度；

(2)识别并督促上市公司披露对公司持续经营能力、核心竞争力或者控制权稳定有重大不利影响的风险或者负面事项，并发表意见；

(3)关注上市公司股票交易异常波动情况，督促上市公司按照本规则规定履行核查、信息披露等义务；

(4)对上市公司存在的可能严重影响公司或者投资者合法权益的事项开展专项核查，并出具现场核查报告；

(5)定期出具并披露持续督导跟踪报告；

(6)中国证监会、本所规定或者保荐协议约定的其他职责。

保荐机构、保荐代表人应当针对上市公司的具体情况，制定履行各项持续督导职责的实施方案。

(二)科创板深度绑定保荐机构与发行人的持续督导关系

科创板要求保荐机构应当与发行人、上市公司或相关方就持续督导期间的权利义务签订持续督导协议，且上市公司原则上不得变更履行持续督导职责的保荐机构。保荐机构应当建立健全并有效执行持续督导业务管理制度。保荐机构、保荐代表人应当制作并保存持续督导工作底稿。工作底稿应当真实、准确、完整地反映保荐机构、保荐代表人履行持续督导职责所开展的主要工作，并作为出具相关意见或者报告的基础。同时，《科创板股票上市规则》明确上市公司应当按照下列要求，积极配合保荐机构履行持续督导职责：

(1)根据保荐机构和保荐代表人的要求，及时提供履行持续督导职责必需的相关信息；

(2)发生应当披露的重大事项或者出现重大风险的，及时告知保荐机构和保荐代表人；

(3)根据保荐机构和保荐代表人的督导意见，及时履行信息披露义务或者采取相应的整改措施；

(4)协助保荐机构和保荐代表人披露持续督导意见；

(5)为保荐机构和保荐代表人履行持续督导职责提供其他必要的条件和便利。

上市公司不配合保荐机构、保荐代表人持续督导工作的，保荐机构、保荐代表人应当督促公司改正，并及时报告交易所。

（三）科创板关于保荐机构持续督导职责规定的细致程度超出预期

后续各家保荐机构关于持续督导可能需要按照《投行内控指引》及《科创板上市规则》的要求不断加以明细化规定，并制定可操作的机制安排；否则持续督导职责的履行很难执行到位。

3.2.1 保荐机构、保荐代表人应当协助和督促上市公司建立相应的内部制度、决策程序及内控机制，以符合法律法规和本规则的要求，并确保上市公司及其控股股东、实际控制人、董事、监事和高级管理人员、核心技术人员知晓其在本规则下的各项义务。

3.2.2 保荐机构、保荐代表人应当持续督促上市公司充分披露投资者作出价值判断和投资决策所必需的信息，并确保信息披露真实、准确、完整、及时、公平。

保荐机构、保荐代表人应当对上市公司制作信息披露公告文件提供必要的指导和协助，确保其信息披露内容简明易懂，语言浅白平实，具有可理解性。

保荐机构、保荐代表人应当督促上市公司控股股东、实际控制人履行信息披露义务，告知并督促其不得要求或者协助上市公司隐瞒重要信息。

3.2.3 上市公司或其控股股东、实际控制人作出承诺的，保荐机构、保荐代表人应当督促其对承诺事项的具体内容、履约方式及时间、履约能力分析、履约风险及对策、不能履约时的救济措施等方面进行充分信息披露。

保荐机构、保荐代表人应当针对前款规定的承诺披露事项，持续跟进相关主体履行承诺的进展情况，督促相关主体及时、充分履行承诺。

上市公司或其控股股东、实际控制人披露、履行或者变更承诺事项，不符合法律法规、本规则以及本所其他规定的，保荐机构和保荐代表人应当及时提出督导意见，并督促相关主体进行补正。

3.2.4 保荐机构、保荐代表人应当督促上市公司积极回报投资者，建立健全并有效执行符合公司发展阶段的现金分红和股份回购制度。

3.2.5 保荐机构、保荐代表人应当持续关注上市公司运作，对上市公司及其业务有充分了解；通过日常沟通、定期回访、调阅资料、列席股东大会等方式，关注上市公司的日常经营和股票交易情况，有效识别并督促上市公司披露重大风险或者重大负面事项。保荐机构、保荐代表人应当核实上市公司重大风险披露是否真实、准确、完整。披露内容存在虚假记载、误导性陈述或者重大遗漏的，保荐机构、保荐代表人应当发表意见予以说明。

3.2.6　上市公司及相关信息披露义务人出现本章第3.2.7条、第3.2.8条和第3.2.9条规定事项的，保荐机构、保荐代表人应当督促公司严格履行信息披露义务，并于公司披露公告时，就信息披露是否真实、准确、完整及本章规定的其他内容发表意见并披露。

保荐机构、保荐代表人无法按时履行前款所述职责的，应当披露尚待核实的事项及预计发表意见的时间，并充分提示风险。

3.2.7　上市公司日常经营出现下列情形的，保荐机构、保荐代表人应当就相关事项对公司经营的影响以及是否存在其他未披露重大风险发表意见并披露：

（一）主要业务停滞或出现可能导致主要业务停滞的重大风险事件；

（二）资产被查封、扣押或冻结；

（三）未能清偿到期债务；

（四）实际控制人、董事长、总经理、财务负责人或核心技术人员涉嫌犯罪被司法机关采取强制措施；

（五）涉及关联交易、为他人提供担保等重大事项；

（六）本所或者保荐机构认为应当发表意见的其他情形。

3.2.8　上市公司业务和技术出现下列情形的，保荐机构、保荐代表人应当就相关事项对公司核心竞争力和日常经营的影响，以及是否存在其他未披露重大风险发表意见并披露：

（一）主要原材料供应或者产品销售出现重大不利变化；

（二）核心技术人员离职；

（三）核心知识产权、特许经营权或者核心技术许可丧失，不能续期或者出现重大纠纷；

（四）主要产品研发失败；

（五）核心竞争力丧失竞争优势或者市场出现具有明显优势的竞争者；

（六）本所或者保荐机构认为应当发表意见的其他情形。

3.2.9 控股股东、实际控制人及其一致行动人出现下列情形的，保荐机构、保荐代表人应当就相关事项对上市公司控制权稳定和日常经营的影响、是否存在侵害上市公司利益的情形以及其他未披露重大风险发表意见并披露：

（一）所持上市公司股份被司法冻结；

（二）质押上市公司股份比例超过所持股份80%或者被强制平仓的；

（三）本所或者保荐机构认为应当发表意见的其他情形。

3.2.10 上市公司股票交易出现严重异常波动的，保荐机构、保荐代表人应当督促上市公司及时按照本规则履行信息披露义务。

3.2.11 保荐机构、保荐代表人应当督促控股股东、实际控制人、董事、监事、高级管理人员及核心技术人员履行其作出的股份减持承诺，关注前述主体减持公司股份是否合规、对上市公司的影响等情况。

3.2.12 保荐机构、保荐代表人应当关注上市公司使用募集资金的情况，督促其合理使用募集资金并持续披露使用情况。

3.2.13 上市公司出现下列情形之一的，保荐机构、保荐代表人应当自知道或者应当知道之日起15日内进行专项现场核查：

（一）存在重大财务造假嫌疑；

（二）控股股东、实际控制人、董事、监事或者高级管理人员涉嫌侵占上市公司利益；

（三）可能存在重大违规担保；

（四）资金往来或者现金流存在重大异常；

（五）本所或者保荐机构认为应当进行现场核查的其他事项。

3.2.14 保荐机构进行现场核查的，应当就核查情况、提请上市公司及投资者关注的问题、本次现场核查结论等事项出具现场核查报告，并在现场核查结束后15个交易日内披露。

3.2.15 保荐机构应当在上市公司年度报告、半年度报告披露之日起15个交易日内，披露包括下列内容的持续督导跟踪报告：

（一）保荐机构和保荐代表人发现的问题及整改情况；

（二）重大风险事项；

（三）重大违规事项；

（四）主要财务指标的变动原因及合理性；

（五）核心竞争力的变化情况；

（六）研发支出变化及研发进展；

（七）新增业务进展是否与前期信息披露一致（如有）；

（八）募集资金的使用情况及是否合规；

（九）控股股东、实际控制人、董事、监事和高级管理人员的持股、质押、冻结及减持情况；

（十）本所或者保荐机构认为应当发表意见的其他事项。

上市公司未实现盈利、业绩由盈转亏、营业收入与上年同期相比下降50%以上或者其他主要财务指标异常的，保荐机构应当在持续督导跟踪报告显著位置就上市公司是否存在重大风险发表结论性意见。

3.2.16　持续督导工作结束后，保荐机构应当在上市公司年度报告披露之日起的10个交易日内依据中国证监会和本所相关规定，向中国证监会和本所报送保荐总结报告书并披露。

除了上述主要内容，《科创板股票上市规则》在持续监管方面还设置了更加市场化的重大资产重组制度，提供了更加灵活、便利的股权激励制度等。具体不再多做表述。

第七章　红筹企业重点问题

红筹企业，是指注册地在境外、主要经营活动在境内的企业。为支持创新企业在境内资本市场发行证券上市，助力我国高新技术产业和战略性新兴产业发展提升，推动经济发展质量变革、效率变革、动力变革，监管部门按照市场化、法治化原则，借鉴国际经验，开展创新企业境内发行股票或存托凭证试点。2018 年 3 月 22 日，《国务院办公厅转发证监会关于开展创新企业境内发行股票或存托凭证试点若干意见的通知》【国办发〔2018〕21 号】正式出台，明确规定：

"试点企业应当是符合国家战略、掌握核心技术、市场认可度高，属于互联网、大数据、云计算、人工智能、软件和集成电路、高端装备制造、生物医药等高新技术产业和战略性新兴产业，且达到相当规模的创新企业。其中，已在境外上市的大型红筹企业，市值不低于 2 000 亿元人民币；尚未在境外上市的创新企业（包括红筹企业和境内注册企业），最近一年营业收入不低于 30 亿元人民币且估值不低于 200 亿元人民币，或者营业收入快速增长，拥有自主研发、国际领先技术，同行业竞争中处于相对优势地位。试点企业具体标准由证监会制定。"

在此基础上，本次科创板相关规则对红筹企业相关问题也做出了进一步的规定。

一、红筹企业总体要求与标准

《上海证券交易所科创板股票发行上市审核规则》【上证发〔2019〕18 号】规定：

符合《国务院办公厅转发证监会关于开展创新企业境内发行股票或存托凭证试点若干意见的通知》【国办发〔2018〕21 号】相关规定的红筹企业，可以申请发行股票或存托凭证并在科创板上市。

营业收入快速增长，拥有自主研发、国际领先技术，同行业竞争中处于相对优势地位的尚未在境外上市红筹企业，申请发行股票或存托凭证并在科创板上市的，市值及财务指标应当至少符合下列上市标准中的一项，发行人的招股说明书和保荐人的上市保荐书应当明确说明所选择的具体上市标准：

(1)预计市值不低于人民币 100 亿元；

(2)预计市值不低于人民币 50 亿元，且最近一年营业收入不低于人民币 5 亿元。

二、跨境适用法规特别要求

科创板针对红筹企业的特殊情况，提出了一些特别要求：

1. 如果红筹企业不适用国内公司法，《科创板股票上市规则》规定“红筹企业在境内发行股票或者存托凭证并在本所科创板上市，股权结构、公司治理、运行规范等事项适用境外注册地公司法等法律法规的，其投资者权益保护水平，包括资产收益、参与重大决策、剩余财产分配等权益，总体上应不低于境内法律法规规定的要求，并保障境内存托凭证持有人实际享有的权益与境外基础证券持有人的权益相当”。

2. 如果红筹企业根据公司注册地公司法等法律法规和公司章程或者章程性文件规定，无需就本次境内发行上市事宜提交股东大会审议的，《科创板股票上市规则》规定其申请上市时可以不提交股东大会决议，但应当提交相关董事会决议。

三、存在特别表决权股份的差异安排要求

《科创板首次公开发行股票注册管理办法(试行)》(证监会令第153号)第四十一条规定:

“存在特别表决权股份的境内科技创新企业申请首次公开发行股票并在科创板上市的,发行人应当在招股说明书等公开发行文件中,披露并特别提示差异化表决安排的主要内容、相关风险和对公司治理的影响,以及依法落实保护投资者合法权益的各项措施。

保荐人和发行人律师应当就公司章程规定的特别表决权股份的持有人资格、特别表决权股份拥有的表决权数量与普通股份拥有的表决权数量的比例安排、持有人所持特别表决权股份能够参与表决的股东大会事项范围、特别表决权股份锁定安排及转让限制等事项是否符合交易所有关规定发表专业意见。”

《上海证券交易所科创板股票发行上市审核规则》【上证发〔2019〕18号】第二十四条规定:

“存在表决权差异安排的发行人申请股票或者存托凭证首次公开发行并在科创板上市的,其表决权安排等应当符合《上海证券交易所科创板股票上市规则》等规则的规定;发行人应当至少符合下列上市标准中的一项,发行人的招股说明书和保荐人的上市保荐书应当明确说明所选择的具体上市标准:

(1)预计市值不低于人民币100亿元;

(2)预计市值不低于人民币50亿元,且最近一年营业收入不低于人民币5亿元。”

四、协议控制架构(VIE)特别披露事项

针对存在协议控制架构或者类似特殊安排的企业,《科创板股票上市规则》规定:

“红筹企业具有协议控制架构或者类似特殊安排的,应当充分、详细披露相

关情况，特别是风险、公司治理等信息，以及依法落实保护投资者合法权益规定的各项措施。

红筹企业应当在年度报告中披露协议控制架构或者类似特殊安排在报告期内的实施和变化情况，以及该等安排下保护境内投资者合法权益有关措施的实施情况。

前款规定事项出现重大变化或者调整，可能对公司股票、存托凭证交易价格产生较大影响的，公司和相关信息披露义务人应当及时予以披露。”

第二篇

科创板和注册制的国际比较和研究

第八章　美国、中国香港以及中国内地证券市场概述

一、美国证券市场概述

美国在证券市场建设上呈现“多层次”的特点，各个层次各司其职，既有分工又相互补充；在发行制度上采用“注册制”，注重信息披露，把对公司进行质量判断和价值评估的任务交给投资者。但“注册制”并不意味着 SEC 在进行审核时只会进行材料合规上的审核。事实上，SEC 也会对公司所提交的材料进行实质性审查，督促企业披露对投资者的投资决策会产生实质影响的相关信息。

美国作为目前成熟证券市场的代表，具备完善的多层次证券市场结构。这种多层次资本结构并非在一朝一夕之间形成，回顾整个美国多层次证券市场结构的演变过程，对于我们国家证券市场的建设和发展具有一定的启示意义。

美国多层次证券市场的演变历经了 200 多年的发展，证券市场分层在金融工具风险特征、交易组织形式、地理空间三个维度上同时展开，按大类可以分为纽约证券交易所（NYSE）、纳斯达克市场（NASDAQ）、场外市场和地方性柜台交易市场四个层次。

（一）纽约证券交易所（NYSE）

纽约证券交易所（NYSE，简称为纽交所）定位为大型蓝筹股市场，所以对于公司的上市标准较高，在美国被认为是证券市场的第一层次。截至 2018 年 12 月 25 日的统计数据，纽交所是目前全球最大的证券交易市场，总市值达 24.6

图 8—1　美国多层次证券市场

万亿美元，上市公司数量为 2 600 余家。

纽交所现在是洲际交易所集团（Intercontinental Exchange，ICE）的成员交易所之一，ICE 在 2007 年通过收购纽交—泛欧交易所（NYX）将纽交所纳入麾下。

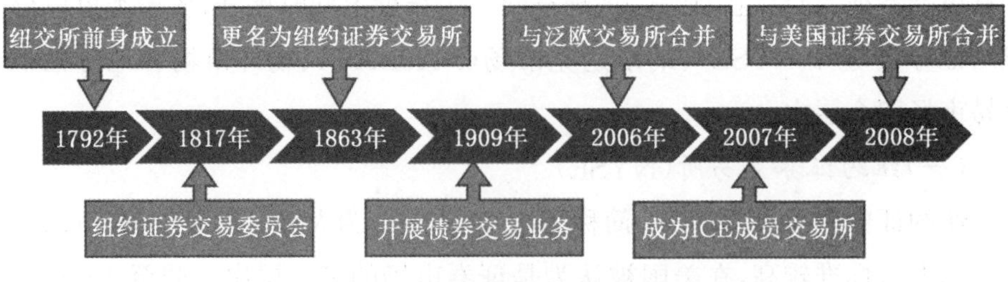

图 8—2　纽交所发展历史大事件

（二）纳斯达克市场

纳斯达克市场的上市要求相较于纽交所更低一些，所以一般将纳斯达克市场定位为美国证券市场的第二层次。纳斯达克市场作为全国性的场内交易市场，已经有如Google、Apple、Amazon、Facebook、微软等大型巨头公司。目前在标普500指数中，已有135家来自纳斯达克市场的上市公司入选。

表8—1　　美国上市公司2017年底市值排名

排名	证券代码	证券简称	上市地点	市值(亿美元)
1	AAPL. O	苹果公司(APPLE)	纳斯达克	8 688.80
2	GOOGL. O	谷歌(ALPHABET)-A	纳斯达克	7 294.58
3	GOOG. O	谷歌(ALPHABET)-C	纳斯达克	7 294.58
4	MSFT. O	微软公司(MICROSOFT)	纳斯达克	6 599.06
5	AMZN. O	亚马逊(AMAZON)	纳斯达克	5 635.35
6	FB. O	FACEBOOK	纳斯达克	5 127.59
7	BRK_A. N	伯克希尔哈撒韦	纽约证券交易所	4 895.88
8	BRK_B. N	伯克希尔哈撒韦(BERKSHIRE)	纽约证券交易所	4 889.62
9	BABA. N	阿里巴巴	纽约证券交易所	4 361.38
10	JNJ. N	强生公司	纽约证券交易所	3 753.61

数据来源：Wind。

纳斯达克市场目前是世界第二大证券市场，仅次于纽交所。纳斯达克是美国证券交易商协会自动报价系统(the National Association of Securities Dealers Automated Quotations，NASDAQ)的简称，由美国证券交易商协会(National Association of Securities Dealers)创立，现在由纳斯达克公司(Nasdaq, Inc.)运营。和纽交所的所属公司一样，纳斯达克公司也在纳斯达克市场上挂牌，代码为NDAQ。

纳斯达克市场创立于1971年2月8日，是世界上首个电子化的股票交易市场。正是得益于电子化，纳斯达克市场降低了股票报价的买卖价差(bid-ask spread)。纳斯达克市场的发展与繁荣也与新技术的应用有着不可分割的关系。

目前纳斯达克市场按上市要求不同分为三层：纳斯达克全球精选市场

(NASDAQ Global Select Market)、纳斯达克全球市场(NASDAQ Global Market)以及纳斯达克资本市场(NASDAQ Capital Market)。纳斯达克全球精选板块大约已经有 1 400 家公司。纳斯达克全球市场已经有超过 450 家公司挂牌上市。纳斯达克资本市场目前已经有约 830 家公司挂牌上市。

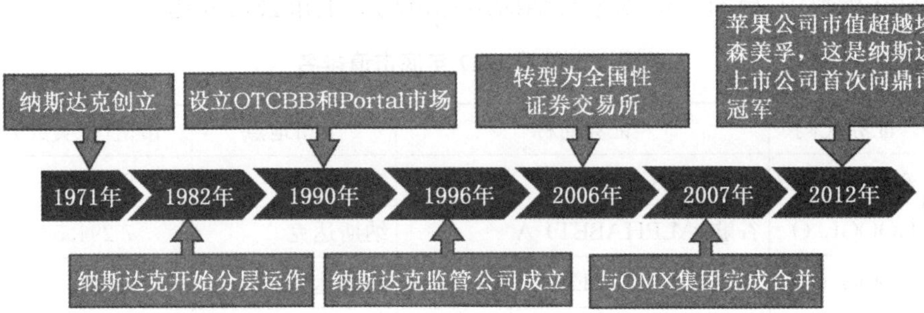

图 8—3　纳斯达克发展历史大事件

(三)场外市场

除了纽交所和纳斯达克市场这两个全国性的证券交易所外，美国还有比较完善的场外交易市场。美国场外市场的一个突出特点是与场内市场通过一套“升降级”制度，为场内市场提供了“储备池”和“缓冲区”的功能。

美国的场外市场主要包括三个层次，从上往下分别是：信息公告栏市场(OTCBB)、粉单市场(Pink Sheets)、Portal 市场。OTCBB 是在美国的 OTC 市场体系中最高层级的市场，同时也是连接更低层级的粉单市场与更高层级的纳斯达克市场和纽交所市场的纽带。一方面，粉单市场上较为优质的股票达到规定要求后可转至 OTCBB 市场上挂牌流通转让，OTCBB 市场上不达标的企业可降至粉单市场上转让；另一方面，OTCBB 市场上优质的股票如果达到了上市要求，通过转板制度可转至 NASDAQ 或者纽约证券交易所流通，而 NASDAQ 与纽约证券交易所退市的股票也可转至 OTCBB 市场上挂牌交易。

二、中国香港证券市场概述

香港作为亚洲乃至世界著名的金融中心，具有发达的证券市场。从 1891

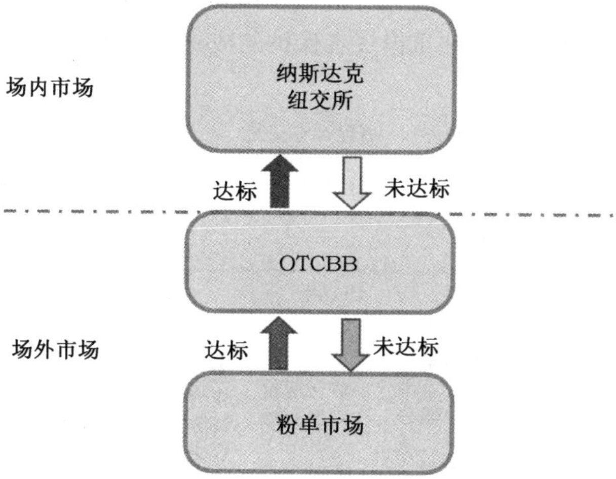

图 8—4　美国场内与场外市场体系

年香港股票经纪会开始，香港的证券市场已历经了超过 100 年的历史。1969 年至 1972 年，远东交易所、金银证券交易所、九龙证券交易所相继成立，加上此前已经设立的香港证券交易所，香港当时已经拥有了四大交易所。香港证券市场的高速增长时期为 20 世纪 80 年代中期。1980 年 7 月 7 日，这四家交易所合并为香港联合交易所，并于 1986 年 3 月 27 日收市后全部停业，将全部业务转移至联交所。以该时点为界限，香港的证券市场进入了一个新的时代。

香港证券市场背靠内地，面向全球，在 20 世纪 90 年代实现了繁荣发展。青岛啤酒作为首家直接在香港上市的 H 股公司，开启了内地企业进军香港证券市场的历史进程，正是内地企业不断登陆香港证券市场，为香港证券市场注入了源源不断的活力。

1997 年，香港在中央政府的帮助下，成功抵御了亚洲金融危机的冲击。1999 年，联交所正式推出创业板。2000 年，香港联合交易所有限公司、香港期货交易所有限公司以及香港中央结算有限公司成为香港交易及结算所有限公司（香港交易所）的全资附属公司。

香港证券市场在回归之后更为注重与内地证券市场的联系，在联交所设立创业板等上市制度改革后，众多内地公司奔赴港股市场完成 IPO。

到目前为止，香港已经形成了高度国际化、法制完善、透明度和国际认可度高、以机构投资者为主导和注重投资者保护的成熟证券市场。

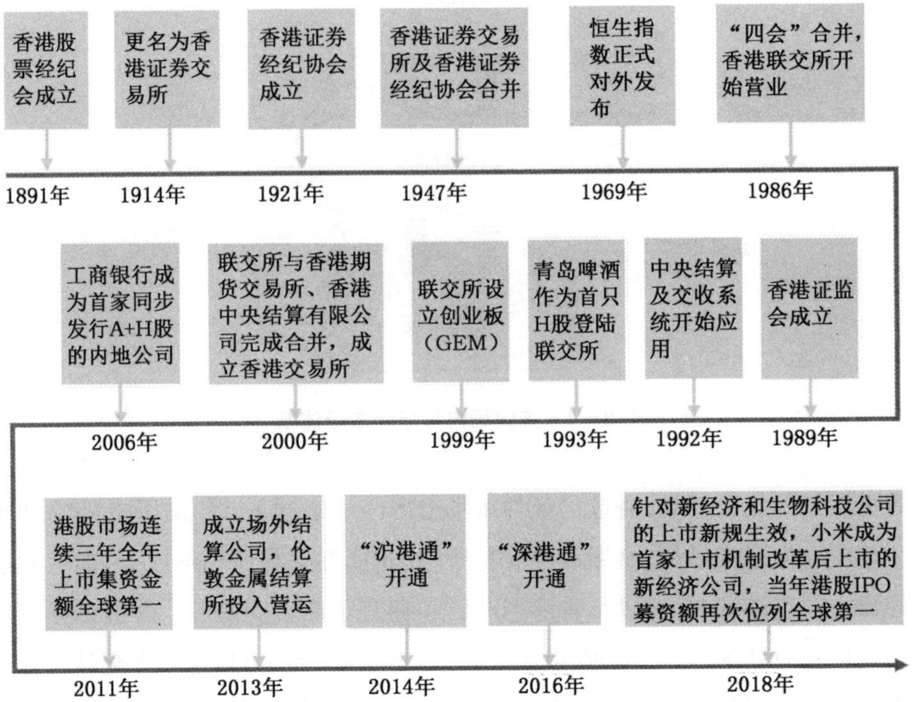

图 8—5 香港证券市场发展史

第九章　美国、中国香港及中国内地科创板发行上市制度概述

一、美国发行上市制度概述

(一)美国发行上市制度的形成及演变

美国证券发行上市制度有两个特点:一是以信息披露为中心,即实行“注册制”;二是联邦政府和州政府的双重监管。

以信息披露为中心的发行上市制度,源于美国证券交易市场的形成历史。纽交所成立之后的100多年,美国证券交易监督委员会(SEC)才成立。作为罗斯福新政的一部分,1933年美国国会通过了《证券法》,1934年通过《证券交易法》并成立了SEC。

《1933年证券法》的一个突出特点是强调信息披露的真实性,并以此作为保护投资者的基本原则。

美国在证券发行上市制度上的另一个特点是联邦层面和州层面的双重监督。这是由于美国是一个联邦制国家,各州均具有自行设立法律的权利。各州在各项法律的制定上具有较大的自主权。在《1933年证券法》颁布和SEC成立之前,各州都根据本州情况,自行出台了一些监管法规(称为“蓝天法”)。

美国证券监管机构的演变可以分为三个阶段:无监管机构阶段、准监管机

构阶段和 SEC 阶段。①

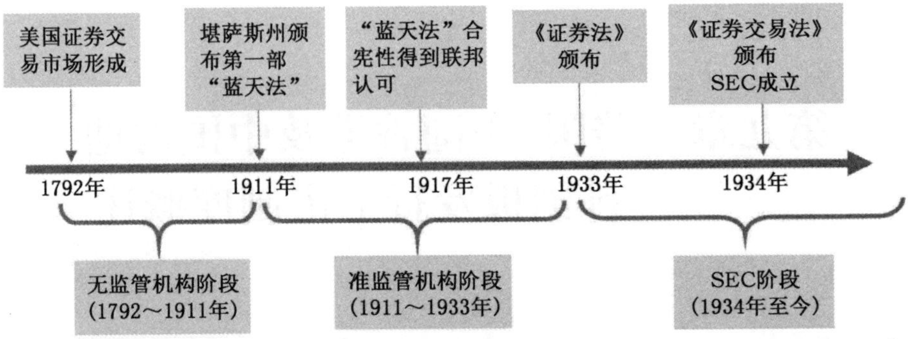

图 9—1　美国证券监管机构演变

1. SEC 成立前的美国证券市场监管体系

1911 年之前的美国证券市场处于一种市场自律的方式，证券市场的参与者通过协商、签订协议等方式，通过普通司法系统，对参与证券市场的各方进行行为约束。

随着证券市场的发展，这种基于普通司法系统的市场自律机制已经难以应对在证券发行、交易环节中出现的欺诈行为，如证券史上的内幕交易第一案——“斯特朗夫妇起诉拉皮德”案。此时，不论是市场的参与者还是政府都逐步意识到，证券监管不能完全借助于普通司法系统，应当由具有专业性的监管机构进行监管。1911 年，堪萨斯州出台了第一部州层面的证券成文法，称为“蓝天法”。

1917 年，“蓝天法”的合宪性得到了联邦最高法院的认可，各州纷纷制定了与《蓝天法》类似的法律。到 1931 年，已经有 47 个州使用了“蓝天法”。

各州“蓝天法”的核心均为在公开发行股票、债券等有价证券时必须向公众充分披露相关的信息。各州政府各自设立专门机构进行证券监管。这为后来美国形成发行制度上以信息披露为核心的注册制，监管上联邦和州政府层面的双重监督机制奠定了基础。

相比于无监管机构阶段，“蓝天法”下的证券监管解决了一部分证券发行、

① 杜宁：《美国证券监管机构的演变、特点与启示》，载《经济导刊》2009 年第 11 期，第 18～20 页。

交易中的违法行为。但是由于各个州之间的“蓝天法”存在一定的差异，导致标准不一，相互之间产生了很多的冲突。证券欺诈活动通过跨州的方式规避监管，在不同的州之间寻找各州“蓝天法”之间的漏洞。由此可见，准证券监管机构作为一种新的制度安排并不完善，它只能是一种过渡性的监管模式。

2. SEC 成立后的美国证券市场监管体系

SEC 的诞生是罗斯福新政的一个直接成果。1929 年，美国股市大崩盘，引起了民众对证券市场监管不力的反省，其间陆续揭露了花旗银行和摩根财团等金融寡头在市场中的一系列欺诈和内幕交易行为。作为罗斯福政府应对经济大萧条的一项举措，1933 年美国政府颁布了《证券法》。在这一法案中，联邦贸易委员会成为首个正式的证券监管机构，但它只要求发行证券公司向其提供数据清单的有限权力，而无权对证券发行进行批准或否决。

虽然在《证券法》推出后遭到了来自交易所和银行系统的反对，但是罗斯福政府还是在 1934 年出台了《证券交易法》。该法建立了 SEC，但并没有对 SEC 的管辖范围进行明确的规定，而是授权它对争议进行调查，自行制定规则。SEC 的产生标志着美国的证券监管进入了真正的独立监管机构的时代。

美国在制定《1933 年证券法》时，参照了 1929 年英国《公司法》中的强制信息披露制度，确立了以披露监管为主的证券发行注册程序。美国所采用的注册制，其核心思想是促使发行人进行充分且公允的信息披露，使投资者能够全面地掌握与发行人相关的信息，做出恰当的投资决策。当企业相关信息充分被投资者获得并通过路演、询价等方式，获得市场对于企业的估值之后，可以决定是否继续推进发行。

（二）美国注册制的特点

1. 发行与上市监管分离

美国发行上市监管体系中，证券的发行和上市监管是分离的。公开发行和上市是两个相对独立的行为。公开发行是指公司需要公开发行新的证券进行融资，上市则是使公司的股份能够流通交易。所以，不同的公司根据不同的需求，自主选择公开发行和上市。

2. 多监管主体分工协作

相对应地，美国发行上市监管体系中存在多个监管主体。联邦和州政府负责证券公开发行的监管，而交易所则负责证券上市的监管。这几个监管主体在进行注册制审核时不仅关注材料在形式上是否合规，而且在关注点上有所侧重。

从美国证券发展史看，SEC成立在州政府监管机构之后，所以SEC与州政府监管机构之间的关系更多地表现为互补而不是替代。

州政府监管机构更关注信息披露的公平、公正，交易所则要求上市公司在财务状况、股票流动性和公司治理机制上达到一定的标准。

SEC在州政府监管的基础上，更多关注企业披露对于投资者进行投资决策会产生实质性影响的因素，如商业模式、运营合规性和潜在的风险。尽管SEC对所披露的信息真实性并不做专门性的审核，但是如果发现存在虚假披露的情况，SEC有权终止注册文件的生效。当然，在实际中，由于大多数中介机构能够充分履行职责，因虚假披露而导致SEC终止注册文件生效的情形并不多见。相对来说，SEC在进行审核时自由裁量权要大于州政府监管机构。

交易所负责对公司的上市申请进行审核。由于交易所本身就是一个公司（如纽交所、纳斯达克的所属公司都是挂牌上市公司），所以交易所对于公司上市申请的审核，主要是从自身商业利益的角度进行的。从理论上说，交易所制定的规则和上市标准，是一种交易所与公司之间的商业合同，并非法律。

由于不同的交易所之间存在相互竞争，所以每个交易所都需要与其他交易所进行差异化竞争，以此获得竞争优势。基于这种考虑，不同的交易所会设置不同的上市标准。如纽交所定位倾向于蓝筹股，所以在上市标准设置时，相对比较偏向于大公司。而纳斯达克则面向科技股和成长股，在上市标准设置时，就相对比较适合科技型和成长型公司上市。

表9—1　　美国证券市场发行上市及相应的监管机构

需　求	方　式	监管机构
融资＋股份流通	公开发行＋上市	SEC＋州政府（公开发行） 交易所（上市）
融资	公开发行	SEC＋州政府
股份流通	上市	交易所

表 9—2　　　　美国各监管主体关注重点

监管过程	监管主体	关注重点
公开发行	SEC	信息披露是否全面、清晰、可理解 商业模式分析及业务讨论是否充分 是否存在遗漏的潜在风险
	州监管机构	承销费用发行价格的合理性 是否存在利益冲突 股东权益是否得到充分保障
上市	交易所	财务指标 股票流动性 公司治理

数据来源:《流行的误解:"注册制"与"核准制"辨析》。①

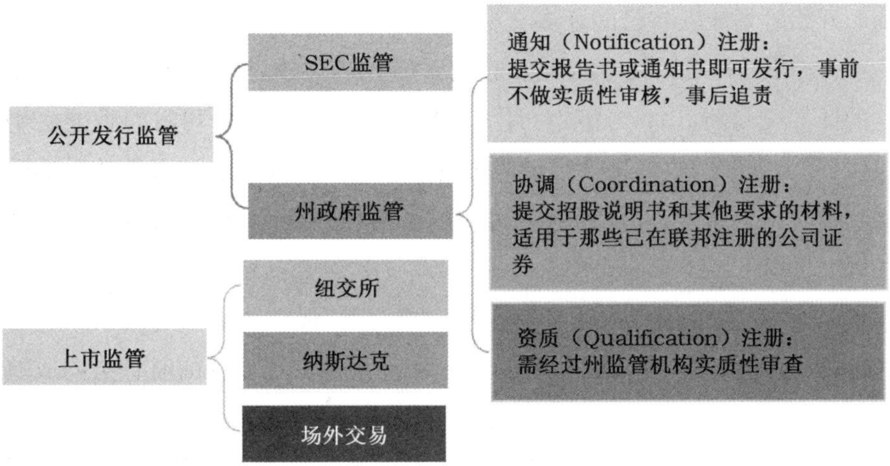

数据来源:《流行的误解:"注册制"与"核准制"辨析》。②

图 9—2　美国证券监管体系

① 沈朝晖:《流行的误解:"注册制"与"核准制"辨析》,载《证券市场导报》2011 年第 9 期。

② 沈朝晖:《流行的误解:"注册制"与"核准制"辨析》,载《证券市场导报》2011 年第 9 期,第 14～23 页。

二、中国香港发行上市制度概述

港股市场发行上市制度最大的特点是“双重备案”制度。香港“双重备案”制度的形成与香港证券市场的发展历程息息相关。

中国香港受英国的影响，发行制度上较多地参照了英国的相关法规。在20世纪60年代之前，中国香港的证券市场虽然有了一定程度的发展，但整体规模不大。到20世纪60年代末，香港的上市公司数量仅有七十余家。此时，香港的华资势力开始崛起，华商们对于上市融资的需求不断增加，但他们的上市申请却屡屡被当时由西方经纪控制、独家经营的香港证券交易所拒之门外。此时华商们开始筹划成立自己的证券交易所。

1969年12月17日，李福兆发起成立“远东交易所”，这是首家由华人发起成立的证券交易所。1972年10月30日，香港置地有限公司收购香港牛奶公司，这一广为人知的收购案导致港股市场出现了大幅波动。该事件使香港政府意识到建立一套完善、健全的监管机制的必要性。此后，香港出台了一系列证券法规。

1986年4月，香港四家证券交易所完成合并，成立香港联合交易所。1988年，香港政府正式发布了《戴维森报告》①，由此香港证券市场的监管走向成熟阶段。

1989年，香港证监会伴随《证券及期货事务监察委员会条例》的出台而成立。需要指出的是，香港证监会的性质是独立的非政府法定团体。1999年，港交所成立了创业板市场(GEM)。

根据《戴维森报告》中的框架设计，香港证券市场监管体系分为三个层次，第一层是香港政府。香港政府对证券市场的监管只拥有备用权利，即香港政府在非常情况之下基于公众利益，有权干预市场，是整个监管系统中最靠后端的

---

① 《戴维森报告》是由戴维森(Ian Hay Davison)为主席的6人证券业检讨委员会，对港股市场1987年10月股灾进行反思，研究如何改善香港的金融监管架构及机制，以避免证券市场重现混乱。1988年5月27日，证券业检讨委员会向香港政府提交了《香港证券业的运作与监察》报告书，该报告即为《戴维森报告》。

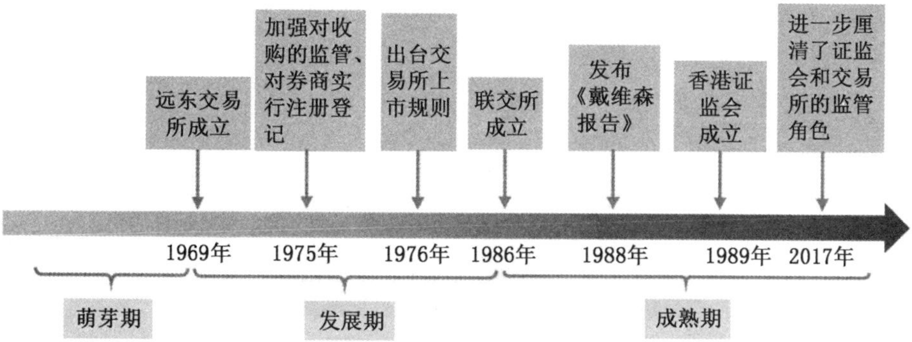

图 9—3 香港发行制度演变大事件

监管者。第二层是证监会。香港证监会在监管中的角色是在涉及企业失当行为的个案中,通过行使其法定调查及执法权力,肩负与交易所相辅相成的角色。另一证监会的职责是监督联交所履行其与上市事宜有关的职能及职责。在2018年3月证监会与联交所签订《规管上市事宜的谅解备忘录》补充文件中,证监会的监管职责有所前移,会以更直接的方式处理较严重的上市事宜,但总体上香港证监会在监管体系中的职责仍在联交所之后。第三层是联交所。联交所在香港证券发行上市过程及后续管理中,承担一线监管的责任。据联交所官方公布的对于香港证监会和联交所之间的监管职责划分,联交所对拟在香港市场上市的公司,以及在上述公司上市后的监管上,担当主导角色。根据法例,联交所负责在合理的切实可行的范围内,确保香港市场是公平、有秩序及信息披露充分的。

联交所与证监会的职员会定期开会讨论与上市有关的事宜。根据双重存档制度,联交所会将由上市申请人递交资料的副本送交证监会。假如证监会认为有关的上市资料内所作的披露看来载有虚假或具误导性的数据,证监会可以否决有关的上市申请。证监会也会定期稽核联交所在监管与上市有关事宜方面的表现。

联交所涉及上市事宜的职能由上市部及上市委员会执行,联交所需要为上市申请人及上市发行人制定上市规则,并公正地执行相关上市规则。所有对上市规则所作的修订,以及涉及强制执行或适用范围较大的监管决定,均须获证

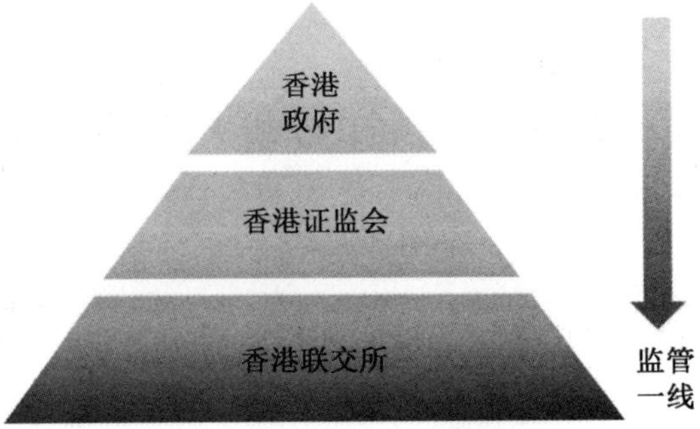

图 9—4　香港证券监管

监会批准。

三、美国、中国香港市场发行上市流程及规则

(一)美国证券市场公开发行审核流程及规则

1. 发行审核流程

美国在证券市场公开发行和上市中，实行的是联邦与州政府的双重注册。需要指出的是，如果证券由联邦直接管辖，包括在纽交所、纳斯达克的全球精选市场和纳斯达克全球市场上市，那么发行人将豁免于州政府层面的注册。

发行人先向 SEC 提交申请，进行审查。SEC 对发行人提交的申请材料进行审核之后，于 20 日内向发行人寄送反馈意见，发行人按要求进行修改后，回复 SEC，直到 SEC 不再提出修改要求并同意注册。

在 SEC 的审核中，SEC 可以发出终止注册生效的命令。所以，注册制并非意味着只进行申请材料的形式审核，对于招股说明书等申请材料中是否做到了明确、简洁和可理解，SEC 在审核过程中尤其关注(见图 9—5)。

州政府层面的审核，按不同的审核类型存在一定的区别。在通知注册型和协调注册型下，州政府层面不进行事前审核，所以流程上相对简单，一般是提交申请材料后，即可以进行公开发行。

而在审核注册型中，州政府证券监管机构会对申请材料进行实质性的事前审核，其基本流程如图 9—6 所示：

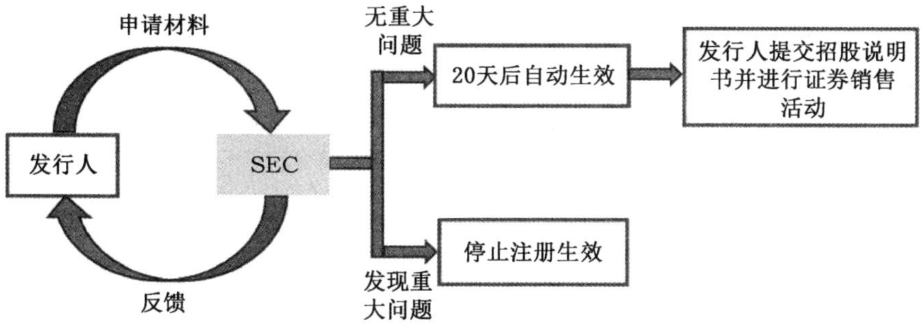

图 9—5　SEC 发行审核流程

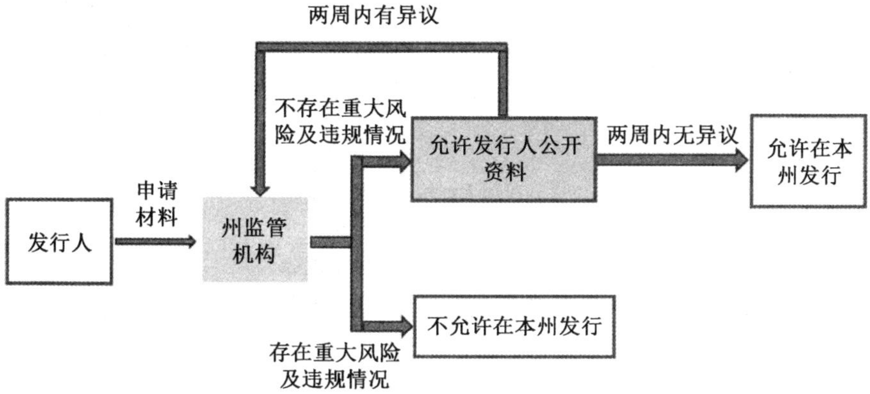

图 9—6　采用"审核注册型"的州政府发行审核流程

2. 交易所上市标准

美国发行上市审核监管体系中，交易所承担对发行人进行上市审核的职能。纽交所作为美国证券市场的第一层级，在上市要求上是相对比较高的一个市场。

(1)纽交所上市标准。

表 9—3　　　　纽交所上市标准

指标类型	要　求	非美公司标准	美国公司标准
流动性指标	持有 100 股以上股东数量	5 000 个以上	400 个以上
	公众持股数量	250 万股以上	110 万股以上
	公开发行市值	关联公司：6 000 万美元以上	IPO、拆分上市：4 000 万美元以上
		其他类型：1 亿美元以上	其他类型上市：1 亿美元以上
	最低股价	4 美元	4 美元
财务指标	标准 1：税前利润标准	近三个财务年度税前利润累计不少于 1 亿美元	近三个财务年度税前利润累计不少于 1 000 万美元
		近两个财务年度每年税前利润不少于 2 500 万美元	近两个财务年度每年税前利润不少于 200 万美元
			三年中任何一年不得出现亏损
	标准 2：现金流量＋估值与收入标准	近三个财务年度现金流量累计不少于 1 亿美元	—
		近两个财务年度每年现金流量不少于 2 500 万美元	—
		最近 12 个月收入不低于 1 亿美元	—
		市值不低于 5 亿美元	—
	标准 3：纯估值与收入标准	市值不低于 7.5 亿美元	市值不低于 2 亿美元
		最近一个财务年度收入不低于 7 500 万元	
	标准 4：关联公司（适用于母公司或关联公司已上市的情形）	市值不低于 5 亿美元	—
		经营期间不少于 12 个月	

数据来源：NYSE。

(2)美国证券交易所上市标准。

美国证券交易所（AMEX）在与纽交所合并之后，定位于中小市值公司，与纽交所在定位上形成了一定的互补。美国证券交易所的上市标准为：

A. 财务指标上，需要满足以下任一标准：

表 9—4　**AMEX 上市标准 1**

要　求	标准 1	标准 2	标准 3	标准 4a	标准 4b
税前利润	75 万美元以上(最近 1 年或近 3 年中的 2 年)	—	—	—	—
市值	—	—	5 000 万美元以上	7 500 万美元以上	—
总资产或总收入	—	—	—	—	7 500 万美元以上
公众流通股市值	300 万美元以上	1 500 万美元以上	1 500 万美元以上	2 000 万美元以上	2 000 万美元以上
股东权益	400 万美元以上	400 万美元以上	400 万美元以上	—	—
最低股价	3 美元	3 美元	2 美元	3 美元	3 美元
经营年限	—	2 年以上	—	—	—

数据来源:NYSE AMEX。

B. 在流动性指标上,需要满足以下任一标准:

表 9—5　**AMEX 上市标准 2**

要　求	标准 1	标准 2	标准 3
公众股东人数	800	400	400
公众流通股数	50 万股	100 万股	50 万股
6 个月内日均交易量	—	—	2 000 股

数据来源:NYSE AMEX。

(3)纳斯达克的上市标准。

纳斯达克交易所按上市要求,由高到低分为三个市场:纳斯达克全球精选市场、纳斯达克全球市场和纳斯达克资本市场。

①纳斯达克全球精选市场上市标准(满足任一标准即可)。

表 9—6 纳斯达克全球精选市场上市标准

	指标名称	标准Ⅰ：盈利 5315(e)和 5315(f)(3)(A)	标准Ⅱ：市值＋现金流 5315(e)和 5315(f)(3)(B)	标准Ⅲ：市值＋收入 5315(e)和 5315(f)(3)(C)	标准Ⅳ：资产＋股东权益 5315(e)和 5315(f)(3)(D)
财务要求	税前利润	上市前三年合计不少于 1 100 万美元；且近两年每年不少于 220 万美元；且三年中的任意一年不能出现亏损			
	现金流		上市前三年总额不少于 2 750 万美元；且三年中的任意一年不能为负		
	市值		上市前 12 个月平均市值不低于 5.5 亿美元	上市前 12 个月平均市值不低于 8.5 亿美元	1.6 亿美元
	收入		上市前一年的收入不低于 1.1 亿美元	上市前一年的收入不低于 9 000 万美元	
	总资产				8 000 万美元
	股东权益				5 500 万美元
	最低挂牌价	4 美元	4 美元	4 美元	4 美元
流动性要求	股东人数 5315(f)(1)	超过 450 位持股超过 100 股的股东；或者一共不少于 2 200 名股东			
	公众持股数 5315(e)(2)	125 万股			
	公开发行市值 5315(f)(2)	4 500 万美元			

数据来源：NASDAQ。

②纳斯达克全球市场上市标准（满足任一标准即可）。

表 9—7 **纳斯达克全球市场上市标准**

指标名称	标准Ⅰ:收入 5405(a)和 5405(b)(1)	标准Ⅱ:股东权益 5405(a)和 5405(b)(2)	标准Ⅲ:市值 5405(a)和 5405(b)(3)	标准Ⅳ: 总资产/总收入 5405(a)和 5405(b)(4)
税前利润	上市前一年或上市前三年中任一两年不低于 100 万美元			
股东权益	1 500 万美元	3 000 万美元		
已上市市值			7 500 万美元	
资产/收入				上市前一年或上市前三年中任一两年不低于 7 500 万美元
公开发行股数	110 万	110 万	110 万	110 万
公开发行市值	800 万美元	1 800 万美元	2 000 万美元	2 000 万美元
最低挂牌价	4 美元	4 美元	4 美元	4 美元
做市商数	3	3	4	4
经营年限		2 年		
股东人数	超过 400 位持股超过 100 股的股东			

数据来源:NASDAQ。

③纳斯达克资本市场上市标准(满足任一标准即可)。

表 9—8 **纳斯达克资本市场上市标准**

指标名称	标准Ⅰ:股东权益 5505(a)和 5505(b)(1)	标准Ⅱ:市值 5505(a)和 5505(b)(2)	标准Ⅲ:净利润 5505(a)和 5505(b)(3)
税前利润			上市前一年或上市前三年中任一两年不低于 75 万美元
股东权益	500 万美元	400 万美元	400 万美元
已上市市值	1 500 万美元	1 500 万美元	500 万美元
已公开发行股数	100 万	100 万	100 万

续表

指标名称	标准Ⅰ：股东权益 5505(a)和 5505(b)(1)	标准Ⅱ：市值 5505(a)和 5505(b)(2)	标准Ⅲ：净利润 5505(a)和 5505(b)(3)
挂牌市值		5 000 万美元	
最低挂牌价	4 美元	4 美元	4 美元
做市商数	3	3	3
经营年限	2 年		
股东人数	超过 300 位持股超过 100 股的股东		

数据来源：NASDAQ。

④此外，所有在纳斯达克上市的公司，除了特殊情况可以提出豁免申请外，所有上市公司都需要满足关于公司治理方面的要求。

表 9—9　　纳斯达克市场公司治理要求

公司治理要求	具体内容	所依据条例
年报及中报的发布	上市公司必须确保通过信件向其股东递送或于官网向其股东公布公司年报及中报	5250(d)
独立董事	上市公司董事会的大部分成员必须是独立董事	5605(b)
审计委员会	上市公司必须设立全部由公司独立董事组成的审计委员会。该委员会委员应当符合 SEC 发布的 10A-3 号规则的有关要求，同时具备理解基础财务报告的能力。审计委员会委员人数至少为 3 人。至少 1 名委员必须为具备有关职业经验或专业背景的会计专业人士	5605(c)
管理人员薪酬	上市公司必须设立薪酬委员会，该委员会必须全部由公司独立董事构成且委员人数至少为两名。另外，委员会成员必须通过由上市规则 5605(d)(2)(A)条款规定的独立性测试。该委员会主要负责决定或向全体董事会成员提议公司首席执行官及其他高级管理人员的薪酬安排	5605(d)
董事会成员提名	董事候选人必须由独立董事选择或推荐	5605(e)
行为准则	上市公司必须设立一套适用于所有董事、管理人员以及员工的行为准则	5610
年度股东大会	上市公司必须在本财年终了后一年内召开当年度股东大会	5620(a)
代理权征集	代理表决必须以表决权代理授权的存在为前提	5620(b)

数据来源：NASDAQ。

(二)中国香港证券市场公开发行审核流程及规则

1. 发行审核流程

港股的发行上市流程如图9—7所示：

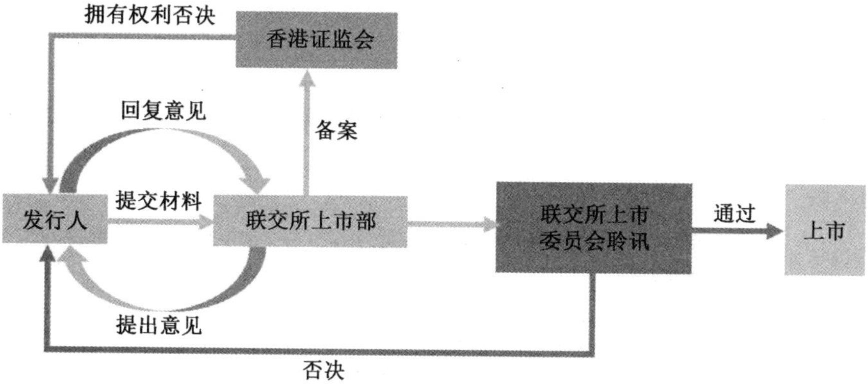

图9—7　港股发行上市流程

2. 交易所上市标准

港交所分为两个板块：主板和创业板(GEM)。两个板块上市标准如表9—10所示：

表9—10　联交所主板上市要求

	标准Ⅰ：盈利	标准Ⅱ：市值/收入	标准Ⅲ：市值/收入/现金流
盈利	上市前3年累计不少于5 000万港币；且最近一年不少于2 000万港币；前两年累计不少于3 000万港币		
市值	上市时不少于5亿港币	上市时不少于40亿港币	上市时不少于20亿港币
收入		最近一个经审计的财政年度收入不少于5亿港币	最近一个经审计的财政年度收入不少于5亿港币
经营活动现金流			上市前3年经营活动现金流累计不少于1亿港币

续表

	标准Ⅰ：盈利	标准Ⅱ：市值/收入	标准Ⅲ：市值/收入/现金流
经营期限	至少3个完整的财政年度		
管理层及控制权	在上市前的3个完整财政年度中，保持管理层的稳定； 且至少最近一个经审计的财政年度保持所有权及控制权的稳定		
最低公众持股	不少于发行人总发行股本的25%，或不少于1.25亿港币； 若发行人预期上市后市值超过100亿港币，上述标准可以酌情降低到15%～25%		
股东人数	至少300名		
股份锁定期	上市后发行人及控股股东禁售期为6个月，上市前投资者的股份也受锁定期约束		
上市后再融资	上市后6个月内不能再发新股份； 上市后12个月内不能通过发行新股使控股股东股权比例低于30%； 上市后12个月内控股股东供股及发行新股的不准参与投票； 上市后12个月内，如控股股东质押股份，需要通知上市公司及联交所		
公司治理	独立董事： 董事会需要包括至少3名独立董事，且独立董事人数不少于董事会人数的1/3； 至少有1名具备适当的专业资格或财务会计类专业资格的独立董事。 审核委员会： 发行人需要设立审核委员会，由非执行董事组成； 审核委员会至少要有3名成员，且必须包括1名具有适当的专业资格或财务会计类专业资格的独立董事； 审核委员会的主席必须由独立董事担任，且独立董事需要占据人数的多数		
信息披露	要求每半年披露财务报告		

表9—11　　联交所创业板上市要求

	标准：市值/现金流
市值	上市时不少于1.5亿港币
经营活动现金流	上市前2年经营活动现金流累计不少于3 000万港币
最低公众持股	不少于发行人总发行股本的25%，或不少于4 500万港币； 若发行人预期上市后市值超过100亿港币，上述标准可以酌情降低到15%～25%
股东人数	至少100名

续表

	标准：市值/现金流
管理层及控制权	在上市前的 2 个完整财政年度中保持管理层的稳定； 且至少最近一个经审计的财政年度保持所有权及控制权的稳定
股份锁定期	上市后发行人及控股股东禁售期为 6 个月，上市前投资者的股份也受锁定期约束
上市后再融资	上市后 12 个月内不能再发新股份； 上市后 12 个月内不能通过发行新股使控股股东股权比例低于 30%； 上市后 12 个月内控股股东对供股及发行新股的不准参与投票； 上市后 12 个月内，如控股股东质押股份，需要通知上市公司及联交所
公司治理	独立董事： 董事会需要包括至少 3 名独立董事，且独立董事人数不少于董事会人数的 1/3； 至少有 1 名具备适当的专业资格或财务会计类专业资格的独立董事

四、中国内地科创板与美国、中国香港市场发行上市制度的区别

(一)发行审核流程

2019 年 3 月 1 日，中国证监会发布了设立科创板并试点注册制的注册管理、持续监管等制度规则，上海证券交易所正式发布实施相关 6 个业务规则及 4 份配套指引。根据以上文件，我国科创板发行上市的审核流程如图 9—8 所示。

(二)上交所科创板上市标准

《科创板首次公开发行股票注册管理办法(试行)》【证监会令(第 153 号)】规定的发行条件如下：

【主体资格】发行人是依法设立且持续经营 3 年以上的股份有限公司，具备健全且运行良好的组织机构，相关机构和人员能够依法履行职责。

有限责任公司按原账面净资产值折股整体变更为股份有限公司的，持续经营时间可以从有限责任公司成立之日起计算。

【财务规范】发行人会计基础工作规范，财务报表的编制和披露符合企业会计准则和相关信息披露规则的规定，在所有重大方面公允地反映了发行人的财务状况、经营成果和现金流量，并由注册会计师出具标准无保留意见的审计

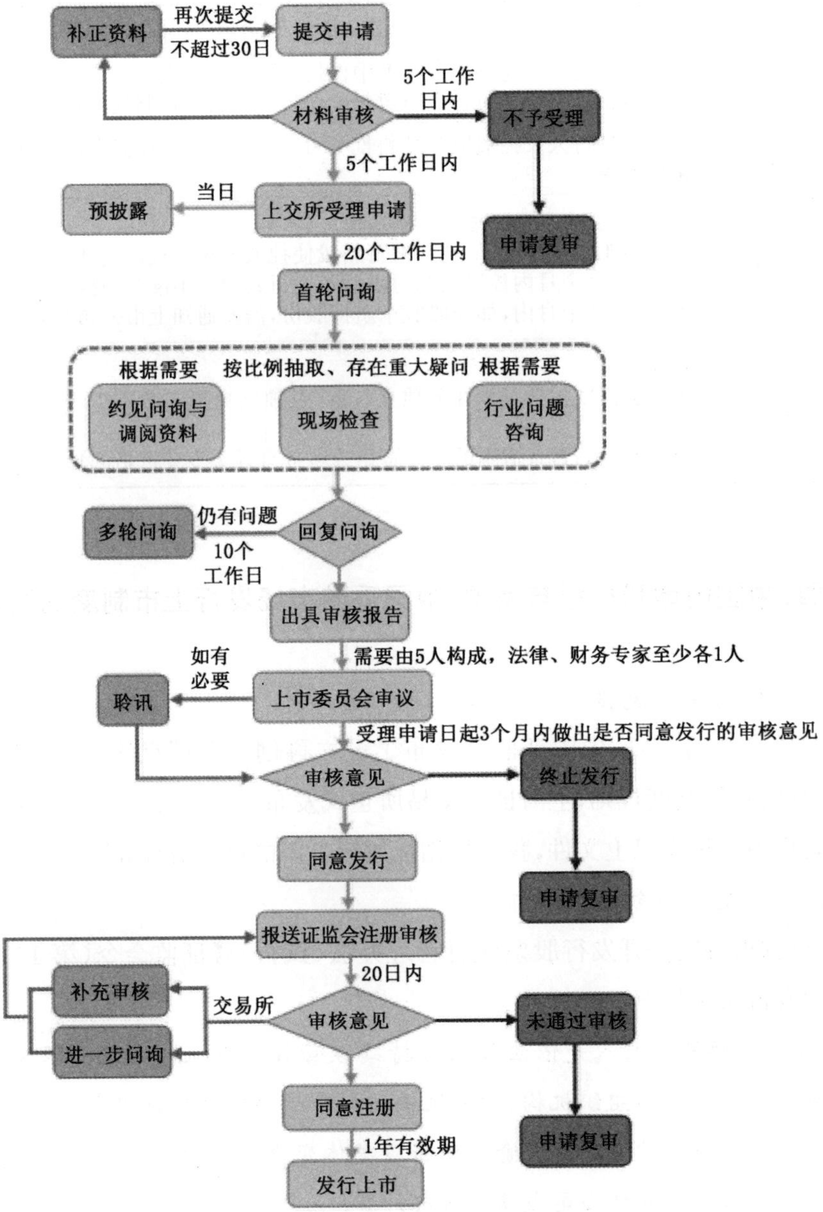

数据来源：根据相关规则与指引整理。

图 9—8　科创板发行上市流程

报告。

发行人内部控制制度健全且被有效执行，能够合理保证公司的运行效率、合法合规和财务报告的可靠性，并由注册会计师出具无保留结论的内部控制鉴证报告。

【业务完整】发行人业务完整，具有直接面向市场独立持续经营的能力：

（一）资产完整，业务及人员、财务、机构独立，与控股股东、实际控制人及其控制的其他企业间不存在对发行人构成重大不利影响的同业竞争，不存在严重影响独立性或者显失公平的关联交易。

（二）发行人主营业务、控制权、管理团队和核心技术人员稳定，最近 2 年内主营业务和董事、高级管理人员及核心技术人员均没有发生重大不利变化；控股股东和受控股股东、实际控制人支配的股东所持发行人的股份权属清晰，最近 2 年实际控制人没有发生变更，不存在导致控制权可能变更的重大权属纠纷。

（三）发行人不存在主要资产、核心技术、商标等的重大权属纠纷，重大偿债风险，重大担保、诉讼、仲裁等或有事项，经营环境已经或者将要发生重大变化等对持续经营有重大不利影响的事项。

【规范运作】发行人生产经营符合法律、行政法规的规定，符合国家产业政策。

最近 3 年内，发行人及其控股股东、实际控制人不存在贪污、贿赂、侵占财产、挪用财产或者破坏社会主义市场经济秩序的刑事犯罪，不存在欺诈发行、重大信息披露违法或者其他涉及国家安全、公共安全、生态安全、生产安全、公众健康安全等领域的重大违法行为。

董事、监事和高级管理人员不存在最近 3 年内受到中国证监会行政处罚，或者因涉嫌犯罪被司法机关立案侦查或者涉嫌违法违规被中国证监会立案调查，尚未有明确结论意见等情形。

上交所 2019 年 3 月 1 日颁布的《上海证券交易所科创板股票上市规则》第二章第一节中对于发行人申请在上交所科创板上市提出了以下要求：

（一）符合中国证监会规定的发行条件；

（二）发行后股本总额不低于人民币 3 000 万元；

（三）公开发行的股份达到公司股份总数的25%以上；公司股本总额超过人民币4亿元的，公开发行股份的比例为10%以上；

（四）市值及财务指标符合本规则规定的标准；

（五）上交所规定的其他上市条件。

其中，对于“市值及财务指标”，上交所给出了如表9—12所示的标准：

表9—12　　上交所科创板上市市值及财务标准

<table>
<tr><th></th><th></th><th>市值要求</th><th>净利润要求①</th><th>营业收入要求</th><th>其他要求</th></tr>
<tr><td rowspan="6">一般企业</td><td>标准1(A)</td><td>10亿元</td><td>近2年为正+累计不低于5 000万元</td><td></td><td></td></tr>
<tr><td>标准1(B)</td><td>10亿元</td><td>近1年净利润为正</td><td>近1年不低于1亿元</td><td></td></tr>
<tr><td>标准2</td><td>15亿元</td><td></td><td>近1年不低于2亿元</td><td>近三年累计研发投入占累计营业收入的比例不低于15%</td></tr>
<tr><td>标准3</td><td>20亿元</td><td></td><td>近1年不低于3亿元</td><td>近三年经营活动产生的现金流量净额累计不低于人民币1亿元</td></tr>
<tr><td>标准4</td><td>30亿元</td><td></td><td>近1年不低于3亿元</td><td></td></tr>
<tr><td>标准5</td><td>40亿元</td><td></td><td></td><td>主要业务或产品需经国家有关部门批准，市场空间大，目前已取得阶段性成果。医药行业企业需至少有一项核心产品获准开展二期临床试验，其他符合科创板定位的企业需具备明显的技术优势并满足相应的条件</td></tr>
<tr><td rowspan="2">未在境外上市红筹企业</td><td>标准1</td><td>100亿元</td><td></td><td></td><td rowspan="2">营业收入快速增长，拥有自主研发、国际领先技术，同行业竞争中处于相对优势地位</td></tr>
<tr><td>标准2</td><td>50亿元</td><td></td><td>近1年营业收入不低于5亿元</td></tr>
<tr><td>已在境外上市红筹企业</td><td colspan="5">符合《国务院办公厅转发证监会关于开展创新企业境内发行股票或存托凭证试点若干意见的通知》【国办发〔2018〕21号】相关规定的红筹企业，可以申请发行股票或存托凭证并在科创板上市</td></tr>
<tr><td rowspan="2">特殊表决权企业</td><td>标准1</td><td>100亿元</td><td></td><td></td><td></td></tr>
<tr><td>标准2</td><td>50亿元</td><td></td><td>近1年营业收入不低于5亿元</td><td></td></tr>
</table>

数据来源：上海证券交易所科创板股票上市规则。

① 净利润以扣除非经常性损益前后的孰低者为准。

（三）中国内地科创板与美国和中国香港发行上市流程与条件的对比

第一，从证券发行上市的审核机构来看，美国实行的是由 SEC 和交易所双重审核，SEC 进行发行审核，交易所进行上市审核，SEC 和交易所都会发出反馈意见；中国香港和内地科创板主要由交易所进行实质审核，证监会一般只履行发行注册程序。

第二，从证券发行上市条件来看，美国主要包括流动性指标（股东数量、公众持股数量、市值、最低股价、交易量等）和财务指标（税前利润、现金流量、市值、收入、股东权益等）、经营年限等；纳斯达克和香港除流动性和财务指标外，还包括公司治理的要求；而我国内地科创板除上述类似要求外，还对财务规范性、业务完整性、规范运作、持续经营能力和研发投入等提出了要求。

第十章　注册制市场下 IPO 信息披露要求

一、美国市场 IPO 信息披露要求

美国资本市场首次发行上市过程中的信息披露管理工作主要由美国证监会(Securities and Exchange Commission, SEC)负责，管理依据主要是美国《1933 年证券法》及其不时制定的各项规则，而美股上市公司的有关信息披露管理工作主要由 SEC 和公司申请挂牌的交易所一并负责，管理依据主要是《1934 年证券交易法》以及交易所发布的有关业务规则和指引。《科创板首次公开发行股票注册管理办法(试行)》[①](简称《注册管理办法》)推出后，我们对美国 SEC 对 IPO(Initial Public Offerings)审核依据的信息披露规则与科创板试行的《注册管理办法》中包含的上市前信息披露规则进行了对比分析。

通过比较《注册管理办法》和美国《1933 年证券法》中有关信息披露的规定，我们发现《注册管理办法》中的有关规定都可以在《1933 年证券法》中找到相对应的内容[②]。唯一的区别在于，作为法律的美国《1933 年证券法》对每一项内容的表述更为宽泛和抽象，而作为部门规章的《注册管理办法》则更为详实和具体。此外，值得注意的是，美国《1933 年证券法》在其第七部分[Sec. 7(a)(2)]单

---

① 2019 年 3 月 1 日证监会发布正式稿。

② 详见美国《1933 年证券法》Schedule A 第(8)、(9)、(13)项和《注册管理办法》第三十九条、第四十条、第四十一条和第四十二条的规定。

列了针对新兴成长类企业[①]的两项特别规定，缩短了需要披露的财务信息期间，并放宽了该类企业适用新会计准则的时间要求，而科创板所针对的上市主体已经确定为特定行业的新兴成长企业或龙头企业，因此，出台此类相对宽松管理规则的可能性较小。

在注册申请申报文件方面，美国RegulationS－K给出了公司在申请上市注册时，除招股说明书以外的申报文件清单(见表10－1)，申请美股上市注册的公司应当在申请注册时提交招股说明书以及该清单中列明的有关文件。通过比较《公开发行证券的公司信息披露内容与格式准则第42号——首次公开发行股票并在科创板上市申请文件》[②]中的申请文件清单，我们可以发现此次科创板的有关申报文件规定与美股市场相比存在较大不同，但同时也有一定的相似之处，具体表现在：

(1)科创板上市申请文件目录中包含的公司符合科创板定位的说明和保荐人意见、保荐人与律师出具的有关文件、最近三年一期纳税情况和政府补助情况、最近三年一期原始财务报表、募集资金运用文件以及承诺事项和说明事项等，这些都不属于美股上市申请材料中应当含有的文件类型。

(2)科创板上市申请文件目录中包含的招股说明书、会计师出具的有关文件、重要合同等则属于两者间的共同要求。

通过上述比较，我们认为科创板的有关要求体现出券商、会计师和律师等中介机构承担更多保荐责任的特点，所提交的文件中包含的来自中介机构的意见和结论相比较多。同时，科创板申请文件清单中列明的文件类型相比范围更广也更详细，通过这一要求特征，我们认为科创板审核的口径相比美股市场会更严格，保荐人在协助发行人撰写招股说明书时应当更加注意有关信息披露内容是否与公司实际情况相符，避免出现提交的材料之间存在矛盾的情况。

---

①　美国《1933年证券法》所指新兴成长类企业的具体标准为最近一年营业收入低于10亿美元。

②　中国证监会2019年3月1日发布的《公开发行证券的公司信息披露内容与格式准则第42号——首次公开发行股票并在科创板上市申请文件》。

表 10－1　　美国上市申请文件

	S-1①	F-1②
(1)承销协议	X	X
(2)收购、重组、特殊安排、清算和继任计划	X	X
(3)(i)公司章程	X	X
(ii)公司规章制度	X	X
(4)公司股权和债权持有人的权利的定义文书	X	X
(5)公司顾问出具的关于此次发行的证券的合法性意见	X	X
(8)税务合规意见③	X	X
(9)表决权信托协议	X	X
(10)重大合同	X	X
(15)会计师出具的关于知晓注册申请中包含未审计中期财务信息的函	X	X
(16)申请人前任会计师出具的关于申请人变更会计师的函	X	
(21)子公司列表	X	X
(23)专家或顾问出具的同意函	X	X
(24)授权委托书	X	X
(25)受托人资格说明	X	X
(99)其他文件	X	X
(101)交互式数据文件	X	X

在招股说明书方面，申请美股上市注册的公司需要按照SEC发布的注册申请表格(Form S－1 和 Form F－1)的规范格式④，编制招股说明书，详细披露内容见表 10－2。通过比较表 10－2 与《公开发行证券的公司信息披露内容与格式准则第 41 号——科创板公司招股说明书》⑤的有关要求，我们认为 SEC 发布

① 美国国内企业向 SEC 申请上市注册适用 FormS－1。

② 非美国国内企业向 SEC 申请上市注册适用 Form F－1。

③ 仅限于房地产行业的有限合伙制企业通过提交 FormS－1 申请发行上市时适用。

④ https://www.sec.gov/about/forms/forms－1.pdf；https://www.sec.gov/about/forms/formf－1.pdf。

⑤ 中国证监会 2019 年 3 月 1 日发布的《公开发行证券的公司信息披露内容与格式准则第 41 号——科创板公司招股说明书》。

的招股说明书格式指引与证监会针对科创板发布的招股说明书格式指引中所要求的内容在重要方面基本保持一致，都要求就公司风险因素、业务与技术、公司治理、财务会计信息和管理层分析、募集资金运用与未来发展规划等方面在招股说明书中进行详细的说明。但同时，我们也注意到，科创板适用的招股说明书格式指引中所要求的有关公司独立性和投资者保护的内容并未包含在SEC发布的格式指引中。另外，科创板招股说明书格式指引中要求的其他重要事项中所包含的公司重大合同和未决诉讼与SEC发布的格式指引相一致，但关于对外担保和重大违法行为的说明则未在后者中明确。

表10—2　美国上市披露内容要求

S—1	F—1
1. 封面	1. 封面
2. 扉页和封底	2. 扉页和封底
3. 招股说明书摘要和风险因素	3. 招股说明书摘要和风险因素
4. 发行人的基本情况，包括： (1)公司业务：经营情况、主要资产、未决诉讼； (2)公司证券：公司股票在其他证券市场的市场价格和分红情况、公司所发行的证券的介绍； (3)财务信息：重要的财务数据、辅助财务信息、管理层分析、更换会计师的情况以及与会计师存在的分歧、针对市场风险的定性和定量披露； (4)管理层与特定证券持有人：公司董事、高管、发起人和控制人，高管薪酬，公司特定利益持有人和管理层对公司证券的持有情况，与公司关联个人、发起人和特定控制人之间的交易情况，公司治理情况	4. 发行人以及此次公开发行的有关信息，包括： (1)公司董事、高管、咨询师和审计师的基本信息； (2)发行规模和时间表； (3)公司关键信息：重要财务数据、融资情况、募投项目、风险因素； (4)公司基本情况：历史沿革、经营情况、组织架构、资产和设备(PPE)； (5)公司经营和财务评价与展望； (6)董事、高管和员工情况：董事及高管的基本情况、董事及高管的薪酬、董事会运作情况、员工概况、在公司获得报酬的董事及高管的持股情况； (7)拥有5%以上投票权的主要股东以及关联交易的情况； (8)财务报表和其他财务信息； (9)发行和上市的有关信息：发行和上市细节、发行计划、拟上市的交易所、老股出售情况、股权稀释情况、发行费用； (10)其他有关发行的信息； (11)针对市场风险的定性和定量披露
5. 募投项目	5. 财务报告
6. 定价过程	6. 会计师变更情况

续表

S－1	F－1
7. 股权稀释情况	7. 其他
8. 老股出售情况	
9. 发售计划	
10. 此次发行股票的基本情况	
11. 具名的专家和顾问从公司获得的利益	
12. 其他	

综上，根据此次发布的科创板有关规则以及美股市场现行有关规定，我们认为在信息披露要求方面，我国科创板的有关规则相比美股市场而言具有以下不同之处：

首先，在行业信息披露方面对拟上市公司提出了更高的要求，力求确保科创板上市公司符合特定的行业要求，对国家有关产业政策的实施起到推动作用。

其次，延续了我国证券市场目前的管理特点，在上市前信息披露环节对拟上市公司给出更为具体、明确的规定，在信息披露内容上进行正面、积极和主动的引导，在有关规则的制定上体现为大量定量标准的实施。

最后，鉴于两国证券市场底层制度的不同，科创板虽然实行注册制，在注册和上市程序设置上也非常接近美国现行体制，但是，有关券商、会计师和律师等中介机构和证券服务机构责任的规定仍将和现行规则保持一致，尤其对于券商的责任要求更为严苛，而非像美国一样，各中介机构责任义务划分较为均等，且上市公司及其董监高会承担信息披露的主要责任。

二、中国香港市场 IPO 信息披露要求

（一）IPO 信息披露要求

香港市场 IPO 的信息披露及申报文件要求主要体现在联交所发布的《上市规则》，即针对主板市场的《香港联合交易所有限公司证券上市规则》（以下简称

《主板上市规则》)和针对 GEM(Growth Enterprises Market)市场的《香港联合交易所有限公司 GEM 证券上市规则》(以下简称《GEM 上市规则》)的合称及相关指引中。

1. 主板市场信息披露内容及要求

《主板上市规则》第 11 章《股本证券——上市文件》载明了于香港主板发行股本证券的上市文件要求，作为主要申请表格，发行人通过填报 A1 申请表格可满足大部分的信息披露要求。

根据 A1 申请表格，IPO 申请人需进行信息披露的文件内容如表 10—3 所示[①]：

表 10—3　　　　IPO 申请人需进行信息披露的文件内容

主要部分	具体内容
有关发行人、其顾问及上市文件的一般数据	发行人及相关中介机构基本信息；引用外部专家与内容相关的声明；发行人于其他证券交易所上市情况；派发股息安排等
关于寻求上市的证券的数据，以及其发行及分销的条款及条件	发行股份的性质及数量；募集资金用途；该次发行及申请上市的费用或预计费用；申购本次发行股份人权利权益情况；发行时间安排等
有关发行人资本的资料	发行人的现有股本情况；股东权利及更改股东权利需满足的条件；创办人或管理层持有股份(或递延股份)情况及其拥有的权益情况；控股股东持股情况及其独立性的认证；前两年内有关集团内成员公司的股本变动详情等
有关集团业务的一般资料	有关集团的一般业务性质(主要类别、每项变动及发展的影响、新产品的影响、国外业务地域性分析等)；主要客户及供应商情况(最大及前五大占比情况，董事、其紧密联系人或任何股东持有相关公司权益情况)；集团母公司及其关联公司情况；重要商标、专利权或其他知识或工业产权、承租购机器设备或其他重要资源及其重要性分析；研究及发展新产品及生产程序资料；雇员及薪金政策等；主要资产投资情况；主要分支机构情况
有关集团的财政资料及前景	发行人债务具体情况；发行人担保具体情况；发行人三年一期收入及主营构成情况；发行人三年一期董事酬金及花红情况；发行人获最高薪酬的五名人士的具体情况；退休金计划情况；发行人业务趋向相关资料；盈利预测具体情况；三年一期财务报告；重要诉讼或索偿要求情况；营运资金充足性具体情况等

① 根据《主板上市规则》概括说明。

续表

主要部分	具体内容
有关发行人管理层的资料	管理层个人具体信息、关联关系、对外投资兼职情况；公司秘书情况；注册办事处情况；股份计划的详细资料；董事于集团成员公司服务及获取非现金薪酬情况；董事于上市文件刊发前两年内与发行人收购或出售或租用的任何资产中的相关利益
所得收益的用途	有关发行所得款项的建议用途的详情；适用任何物业的详细情况
有关矿业公司的附加资料	《主板上市规则》第十八章关于矿业公司的额外信息披露要求
有关物业权益的资料	《主板上市规则》第五章"物业估值及资料"关于物业及其估值方法、估值方的详细信息
重大合约及备查文件	两年一期内发行人订立的一切重大合约情况

除了 A1 申请表格以外，发行人还需要按照《主板上市规则》要求提供其他信息披露文件，主要包括：最近三年会计师报告，未经审核备考财务资料，发行人组织章程及其注册地区的公司法概要，其他法定及一般材料等。

2. GEM 信息披露内容及要求

GEM 市场的信息披露主表格主要载于《GEM 上市规则》附录一的 A1 表格，其基本内容大体与主板 A1 表格内容相似，主要存在以下几点差异：

(1)GEM 投资者通过股票经纪或其他专业顾问进行结算的具体安排(如有)；

(2)无需披露与超额配售相关的具体内容；

(3)仅需披露过去 24 个月在研发及生产程序的资料(主板为五年)；

(4)需披露过去 24 个月业务中断和雇员人数变动(主板为 12 个月)；

(5)需披露两年一期的财务情况(主板为三年一期)；

(6)不用披露关于业务趋势的相关情况；

(7)需披露监察主任相关信息；

(8)需额外详细披露大股东及其他需披露权益人士持有的金融工具情况；

(9)获豁免控制权可发生变化的具体情况；

(10)中国发行人的附加详细披露要求。

从上可知，GEM A1 表格披露强度要求与主板差别不大。较为显著的区别是要求对大股东及其他需披露权益人士其他持有金融工具的情况进行补充披露，不用披露关于业务趋势的相关情况、个别发行条件及制度安排差异导致的信息披露差异。原因可能是：(1)GEM 主要面向初创期发展潜力较大的企业，考虑到大股东稳定性因素在公司发展的影响，需额外加强与大股东情况相关的信息披露；(2)GEM 板块初创期企业业务发展模式尚不成熟，根据成熟企业发展趋势的判断不甚合理，不用大幅度进行业务趋势披露。另外，除了 A1 申请表格以外，GEM 发行人还需要提供的其他额外信息披露文件同主板发行人基本一致。

(二)IPO 申报文件内容及时点

1. 主板市场申报文件及时点要求

《主板上市规则》第 9 章《股本证券——上市文件(申请程序及规定)》主要说明了主板发行人向联交所申请 IPO 发行上市相关文件及申请时点，如表 10—4 所示：

表 10—4　　主板发行人向联交所申请 IPO 发行上市相关文件及申请时点

提交时点	文件编号	文件名称
第一步：第一次申请披露时		A1 表格
	9.11(1)	申请版本及两份载有该申请版本及本交易所要求的其他文件的只读光盘，连同保荐人、合规顾问正式签署的承诺书
	9.11(3)	保荐人及董事/拟担任董事提出所有要求豁免遵守《上市规则》规定及《公司条例》条文的定稿或接近定稿的版本
	9.11(3a)	委任董事/监事所签署发出的书面确定，以兹证明申请版本中所载数据在各重要方面均准确、完备，且没有误导或欺诈成分
	9.11(3b)	每名董事/监事及拟担任董事/监事者就确认及承诺所有履历详情真实、准确及完整所签署发出的书面确认及承诺
	9.11(3c)	若申请版本载有会计师报告，则有关该会计师报告的任何账目调整表接近定稿的版本
	9.11(4)	如属预托证券上市，预托协议初稿及预托证券的证书样本

续表

提交时点	文件编号	文件名称
第一步：第一次申请披露时	9.11(5)	如属预托证券上市，由规管预托协议的司法管辖区的法律顾问发出的法律意见
	9.11(10)	提交由董事会所编制的盈利预测的备忘录及现金流量预测的备忘录的定稿或接近定稿的版本(如有)
	9.11(17a)	新申请人注册证书或同等文件的经签署核证副本
	9.11(17b)	若申请版本必须载有董事会就营运资金是否足够而作出的声明，则须提交一份由保荐人发出、董事会经适当与审慎查询后所作出的声明的函件
	9.11(17c)	按本交易所要求提交任何有关上市申请的资料
第二步：须在预期的聆讯审批日期至少4个营业日之前提交	9.11(18)	上市文件定稿连同载有同一版本的上市文件的只读光盘
	9.11(20)	法律顾问的确认，表示申请人的公司组织章程遵守《上市规则》，及整体上并无与《上市规则》及上市申请人注册成立或成立地方的法律不一致
	9.11(21)	如属预托证券上市，已签署的预托协议
	9.11(22)	如先前并无提交，所有有关遵守《上市规则》规定及《公司条例》条文的已签立的豁免申请
第三步：须在上市文件正式付印前提交	9.11(24)	正式通告的最后定稿(如属适用)
	9.11(25)	认购或购买寻求上市的证券的申请表格的最后定稿
	9.11(27)	如属《上市规则》第二十章及第二十一章所指的新申请人，须提交按照本交易所指定及规定的形式拟定的《上市协议》3份
	9.11(28)	如上市文件必须载有董事会就营运资金是否足够而作出的声明，则须提交一份由保荐人发出的函件的最后定稿；该函件确认他们对上市文件内下列两方面表示满意：一是上市文件内有关营运资金是否足够的声明，是董事会经适当与审慎查询后所作出的；另一是提供融资的人士或机构已书面声明确有该等融资
	9.11(28a)	已呈交本交易所用以支持新上市申请的所有文件初稿的最后版本
第四步：须尽早于上市委员会聆讯审批后至招股章程刊发日期期间提交	9.11(29)	签署完整的上市文件中英文本各一份；正式通告一份(如属适用)
	9.11(30)	由结算公司发出的关于证券是合资格证券的一份书面通知书副本
	9.11(31)	在上市文件内提到的，由申请人、其股东及/或其他有关当事人向本交易所作出的每一份书面承诺及确定
	9.11(32)	已签署的《保荐人的声明》的正本

续表

提交时点	文件编号	文件名称
第五步：倘上市文件构成《公司条例》所指的招股章程，必须于预计批准招股章程注册当日早上 11 时前提交	9.11(33)	依据《公司条例》批准招股章程注册的申请书；签署完整的招股章程的印刷本 2 份；招股章程随附《公司条例》有关条文所规定的文件；翻译员须发出证明
第六步：须尽快于上市文件刊发后至有关证券买卖开始前提交，亦是批准上市的一项条件	9.11(34)	在股东大会上同意公司上市的决议（如有）副本；董事会或其他决策机关获授权发行及配发该等证券、按附录五 A1 表格的形式提出上市申请；及如属适用，作出使该等证券获准参与中央结算系统的一切所需安排，及签署《上市协议》以及批准及授权刊发上市文件的决议的经签署核证副本
	9.11(35)	由牵头经纪商、任何分销商、任何交易所参与者分别签署的配售函件及《销售声明》；及由所有获配售人的信息以及如获配售人是代名人公司实益拥有人的信息（如属发行人同时申请配售证券）
	9.11(36)	按《上市规则》附录五 E 表格的相若形式作出并经保荐人正式签署的声明
	9.11(37)	按《上市规则》附录五 F 表格的相若形式作出并经新申请人的一名董事及公司秘书正式签署的声明，连同应付但尚未缴付的任何上市年费
	9.11(38)	一份按《上市规则》附录五 B/H/I 表格的形式作出并经新申请人每名董事/监事及拟担任董事/监事正式签署的书面声明及承诺

2. GEM 申报文件时点及板块要求

GEM 申报文件的申报时点相对主板而言更为宽松、灵活。不同于主板市场的六步申报时点，GEM 市场仅存在四步申报时点，即：(1)于提交上市申请时；(2)于上市文件正式付印前；(3)于通知原则上批准后但于上市文件刊发日期前；(4)于上市文件刊发日期后但于买卖开始前。这种差异相当于取消了主板的第二步及第五步申报时点的要求，相对而言，更便利发行人及中介机构。

GEM 就申报文件内容而言，与主板存在以下两处差异：(1)GEM 不需要提供预托证券相关材料；(2)GEM 规则要求于第一次申报时即要求发行人提交关于正式通告、上市协议、认购证券申请表格最后定稿等材料。总体而言，差别并不显著，不会对发行人及中介机构安排申报发行工作产生重大影响。

三、中国内地科创板与美国、中国香港市场信息披露要求上的区别

就信息披露内容而言，我国科创板发行人 IPO 的信息披露内容主要集中于《招股说明书》，相应的格式披露规范是《公开发行证券的公司信息披露内容与格式准则第 41 号——科创板公司招股说明书》(以下简称《科创板格式指引》)，《科创板格式指引》详细规定了 IPO 信息披露的具体内容。《科创板格式指引》是依据《科创板注册管理办法》制定的，基本内容参照了现有 A 股主板适用的《公开发行证券的公司信息披露内容与格式准则第 1 号——招股说明书》，相对于《主板格式指引》，新制定的《科创板格式指引》减少了对同业竞争及关联交易部分的披露要求，但也同步细化了对发行人核心竞争力、经营稳定性、未来发展产生重大不利影响的风险因素、募集资金使用管理制度、差异化表决安排的主要内容及影响等的信息披露要求，相对于《主板格式指引》，由 147 条缩减为 109 条，信息披露要求内容按照《注册管理办法》的侧重性进行调整。

将《科创板格式指引》与联交所版本的 A1 表格相对比，具体情况为：

(一)关于内容披露的详略

就规范要求而言，科创板信息披露强度要求更为详尽。已有的《科创板格式指引》关于公司披露的具体要求内容篇幅达 20 000 余字，已经详细列于 A1 表格的具体要求内容(约 12 000 字)。考虑到科创板招股说明书关于特定内容信息披露要求更为细化，总体而言，科创板信息披露规范要求相比港股 A1 表格更为详尽。单针对某一方面的信息披露要求，《科创板格式指引》因为含有具体的招股说明书撰写形式性要求内容，相对显得更为详尽。事实情况下，由针对同一 IPO 发行人撰写的信息披露文件也可反映出同样的特征。如中信建投证券 A 股 IPO 申报文件的招股说明书长达 582 页，而其 H 股 IPO 的信息披露文件《申請版本(第一次呈交)(全文檔案)》(繁体中文版本)长达 620 页(其中包含财务报表 120 页等其他内容)，排除掉排版格式要求以外，A 股 IPO 招股说明书的信息披露文件相对更为详尽。《科创板格式指引》加强了对发行人核心竞争力、经营稳定性、未来发展产生重大不利影响的风险因素、差异化表决安排的信

息披露要求。该部分内容作为科创板企业的特点及发行估值的核心信息，实际的信息披露内容一定更为详尽。

(二)关于信息披露的具体方向性要求

科创板要求的特定信息披露要求相对港股更多且具体。《科创板格式指引》专辟一小节共六条明确投资者保护信息披露要求。《科创板格式指引》还专辟一小节共五条要求详细披露募集资金的规模、用途、所投项目的具体情况等内容。《科创板格式指引》对同业竞争仍要求披露其现状及未来新增情况。但是，关于以上内容，A1 表格或未明确要求，或要求明显较为简略[①]。

就申报文件而言，科创板同样相对港股要求更多。港股的主要申报文件及申报时点均统一规定在《主板上市规则》及《GEM 上市规则》中，其中主板与 GEM 需申报文件差别不大，均比较少，一般仅为 A1 表格及附录加上一部分声明及协议支持性内容。科创板相关申报文件，相对于港股而言，除了前述文件以外，还需要提供纳税证明、大股东及控股股东的财务报表及审计报告、原始财务报表与申报报表的差异比较表及具体的协议及资格证明文件等。

科创板信息披露强度相对港股更高的情形可能根植于 A 股与港股审核制度及情况的根本差异。A 股目前执行的核准制及“三高”的现状要求证监会对成长性高、发行后市值偏高的发行人从严核准，以防止发行人“忽悠”投资者的情况。科创板虽采取注册制，但提出加强信息披露要求，会导致信息披露强度进一步增加。而香港市场成熟注册制市场背景下由投资者自行判断企业投资价值并承担投资风险的准则已深入骨髓，针对成长性高的科创企业，联交所往往针对初创企业业务发展尚不清晰的实际情况合理豁免其业务发展部分信息披露要求。

---

① 如关于募集资金的要求，A1 表格具体要求为“如寻求上市的证券于紧接上市文件刊发前两年内已发行，或将予发行以换取现金，则说明所得的发行净额或有关所得的发行净额的估计，以及说明该项款额已作或拟作何种用途”及“除以介绍方式上市外，有关发行所得款项的建议用途的详情”。

第十一章　注册制市场下 IPO 审核程序及政策

一、美股市场 IPO 审核流程及审核政策

（一）美国 SEC 发行审核流程

以美股 IPO 为例，公司股票必须先在 SEC 获得注册许可，然后才可以在股票交易所上市。首先，拟申报 IPO 的公司需要向 SEC 递交注册说明书草稿(draft registration statement)等一系列申请表格，并根据证监会提出的反馈意见对材料进行修改完善。SEC 可能会根据公司回复的情况进行多轮问询，直到对公司的回复及修订稿感到满意为止。这个反复问询回复的过程被称为"cooling off period(静默期)"，在此期间公司不能进行任何市场动作。若 SEC 在审核时发现申报材料中某些重要内容存在显而易见的不完整、不准确的地方，SEC 会发出拒绝令，若 SEC 认为材料存在重大失实或遗漏，则会发出中止令。公司根据拒绝令或中止令的要求修改完善材料后，才能继续注册程序。待 SEC 公司解决全部 SEC 反馈意见并与审核人员就注册申请材料中的信息披露达成一致后，SEC 会签发函件，同意注册生效。此外，公司会向拟上市的交易所(比如纽交所、纳斯达克等)提交上市申请，由交易所进行审核，并取得交易所同意上市批复函。

一般情况下，SEC 的 IPO 审核流程如图 11－1 所示。

SEC 设立了公司融资部，专门负责对交易类申请文件(公开发行、并购重组、代理权申请等)以及上市公司进行审核。美国 SEC 的公司融资部根据行业

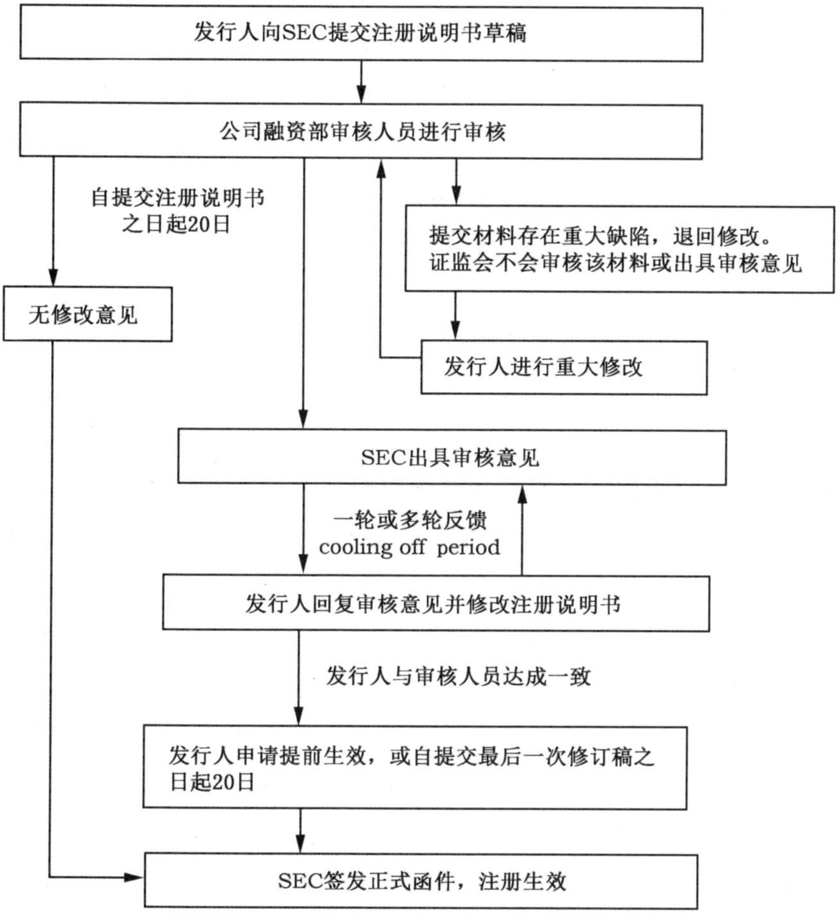

图 11—1　SEC 发行审核流程

划分下设了 11 个办公室，分别负责不同行业类公司的审核。在对具体申报材料审核的过程中，由分别负责法律类信息披露和财务类信息披露的审核人员对相关材料进行审核并提出反馈意见。

为了向公众投资者提供更为透明、实用的信息，自 2004 年 8 月 1 日起，SEC 开始向公众免费提供 SEC 对申报材料的问询函、公司反馈回复及更新版申报材料的查询通道。以 IPO 申请为例，投资者可以通过 SEC 网站查询到某上市公司申报注册说明书后收到的 SEC 反馈意见、公司对反馈问题的回复、根据反馈意见更新的材料以及应要求补充上传的资料。投资者可以通过参考 SEC 的审核关注点、公司的回复及补充披露、更新的内容加深对公司商业模式、潜在风险、财务表现等方面的了解。通常，SEC会在申请公司的注册说明书文件生效后的至少20个工作日后将反馈问询及回复等资料在SEC网站上公开。

若某些问询函答复中涉及商业机密等敏感性信息，SEC允许申请者对相关信息提交保密处理的申请，并向SEC分别提交包含保密信息和不包含保密信息的两个问询函回复版本。对外公开披露的回复内容中不包括申请保密处理的信息。公司或个人投资者只有通过提交FOIA申请，并在有充分、合理的理由的前提下才可以获得保密信息。

（二）美国IPO审核政策（基于SEC问询函关注问题统计分析）

SEC对各类交易及上市公司的审核以信息披露审核为核心，其问询关注点主要在于申报公司的信息披露是否符合SEC以及通用会计准则（GAAP）的要求、信息披露是否在原理解释或清晰性方面存在重大缺陷。这些问题包括但不限于含有某些误导性信息或前后不一致的表述，以及审核人员基于自己对会计准则和披露信息的专业性判断认为信息披露不充分或处理不恰当的地方。虽然SEC的审核问题涵盖整个申报文件的内容，且很多问题都会深入实质，却不会对公司的投资价值和具体交易进行实质性判断，也不会对披露文件的真实、准确、完整作出担保。SEC在其“申报审核流程”的网站中明确表示：“信息披露完整、准确的责任在于申报公司以及共同准备公司申报材料的各方。”因此，投资者需要具备一定的专业能力对公司的价值进行判断，并承担相应的投资风险。

为了更好地了解SEC基于信息披露审核思路的关注重点，我们以SEC对IPO的审核为例，从万得数据库中提取了近三年在美国上市发行的公司列表，并根据行业分类情况从“半导体与半导体生产设备”“软件与服务”“制药、生物科技与生命科学”几个行业中随机选取了共10家上市公司作为样本，对其向SEC申报和反馈的流程做了逐一统计分析。样本信息及审核案例反馈情况分别如表11－1和表11－2所示：

表 11－1 **SEC IPO 审核案例样本公司**

代码	名 称	上市交易所	上市日期	上市盈利状态	所属行业(Wind)
SGH. O	SMART GLOBAL	纳斯达克	2017-05-24	亏损	半导体与半导体生产设备
QTNA. O	QUANTENNA COMMUNICATIONS	纳斯达克	2016-10-28	亏损	半导体与半导体生产设备
ACIA. O	ACACIA 通信	纳斯达克	2016-05-13	盈利	半导体与半导体生产设备
ESTC. N	ELASTIC	纽交所	2018-10-05	亏损	软件与服务
CLPS. O	上海华钦信息科技	纳斯达克	2018-05-24	盈利	软件与服务
ZUO. N	祖睿	纽交所	2018-04-12	亏损	软件与服务
TWST. O	TWIST BIOSCIENCE	纳斯达克	2018-10-31	亏损	制药、生物科技与生命科学
GMDA. O	GAMIDA CELL	纳斯达克	2018-10-26	亏损	制药、生物科技与生命科学
ALLO. O	ALLOGENE THERAPEUTICS	纳斯达克	2018-10-11	亏损	制药、生物科技与生命科学
BYSI. O	万春药业	纳斯达克	2017-03-09	亏损	制药、生物科技与生命科学

数据来源：Wind，SEC 官方网站。

表 11－2 **SEC IPO 审核案例反馈情况**

代码	名称	第一轮反馈历时(天)	第一轮反馈问题数量	最后一轮反馈问题数量	交易所上市批复	SEC 注册生效	证监会反馈轮次
SGH. O	SMART GLOBAL	27	25	4	2017-05-23	2017-05-23	7
QTNA. O	QUANTENNA COMMUNICATIONS	5	27	4	2016-10-25	2016-10-27	3
ACIA. O	ACACIA 通信	27	11	3	2016-05-10	2016-05-12	2
ESTC. N	ELASTIC	27	25	7	2018-09-25	2018-10-04	2
CLPS. O	上海华钦信息科技	31	43	1	2018-05-23	2018-05-23	3
ZUO. N	祖睿	63	20	1	2018-04-11	2018-04-11	4
TWST. O	TWIST BIOSCIENCE	29	25	3	2018-10-30	2018-10-30	3

续表

代码	名称	第一轮反馈历时（天）	第一轮反馈问题数量	最后一轮反馈问题数量	交易所上市批复	SEC注册生效	证监会反馈轮次
GMDA. O	GAMIDA CELL	27	20	2	2018-10-24	2018-10-26	4
ALLO. O	ALLOGENE THERA-PEUTICS	32	8	3	2018-10-10	2018-10-10	2
BYSI. O	万春药业	29	21	3	2017-03-08	2017-03-08	5

数据来源：Wind，SEC官方网站。

根据选取公司的样本统计，自公司向SEC提交注册说明书初稿后，收到SEC第一轮反馈意见的平均等待时间为29.7天。根据公司个体因素及答复情况不同，SEC反馈轮次不等，最多的SMART GLOBAL收到了7轮反馈意见，而ACACIA通信、ELASTIC和ALLOGENE THERAPEUTICS几家公司仅收到两轮反馈。根据样本公司的统计数据，平均反馈轮次为3.5轮，其中第一轮反馈问题最为全面、问题数量最多，平均有22.5个问题。后续随着公司对反馈问题进行回复并修订申报材料，接下来的反馈问题会逐步减少，最后一轮反馈问题数量平均只有3.1个。

值得注意的是，在选取的公司中，仅有2家公司在上市时处于盈利状态，其余8家公司申请上市时均尚未盈利，而反馈问题数量的多少与公司申报上市时是否盈利看起来并无直接联系。

为了对SEC的审核意见建立更为直观的理解，我们对这10家公司收到的SEC第一轮反馈问题做了统计分析，发现反馈问题涉及范围较广，主要涵盖以下方面：财务会计问题、一般信息披露、公司业务、公司治理、重大合同、募集资金、股权支付、中介机构、关联交易、知识产权、近期股权转让、税务问题和第三方数据。各个类别中涉及的具体关注点总结如表11－3所示：

表 11—3　　SEC IPO 审核具体关注点总结

<table>
<tr><th colspan="2">关注点</th><th colspan="2">关注点</th></tr>
<tr><td>一般信息披露
25.0%</td><td>客观、中立的表述
澄清部分信息
风险因素披露不充分
细化分析
表述前后不一致
晦涩难懂、专业性语言
提供补充信息或补充材料
股权质押</td><td rowspan="2">财务会计问题
19.2%</td><td rowspan="2">量化分析影响经营成果的重要影响因素
具体科目大幅变动
收入确认，尤其涉及提供混合型收入的
资产流动性
企业债务安排
坏账计提及核销
现金流
会计政策
重要的会计估计和管理层假设财务报表格式
Non-GAAP 问题
并购重组交易的会计处理、定价问题等
合并财务报表
中国的外汇限制
非经常性损益</td></tr>
<tr><td>公司业务
20.1%</td><td>竞争性市场环境
业务范围细化分析
新市场的开拓情况
公司商业模式、核心优势
重要客户或供应商对公司经营的影响
衡量经营成果的重要指标
未来订单情况</td></tr>
<tr><td rowspan="4">公司治理
9.8%</td><td rowspan="4">自然人股东情况
股权结构
控制权稳定性
VIE 架构下相关协议约定
组织架构
是否对部分管理层存在依赖
管理层稳定性
法律诉讼问题
合法合规问题</td><td>重大合同
5.8%</td><td>销售合同、供货合同、专利许可合同、债务合同、其他重大业务合作合同</td></tr>
<tr><td>股权支付
5.4%</td><td>股权授予日对股权公允价值的确定依据
股权支付价格与 IPO 预计定价的对比</td></tr>
<tr><td>募集资金
4.9%</td><td>募投项目可实施性
细化募集资金用途</td></tr>
<tr><td>中介机构
3.6%</td><td>与发行人股东是否存在关联关系
收费情况
更换会计师</td></tr>
<tr><td>关联交易
1.8%</td><td>披露完整性
关联方往来款</td><td>近期股权转让
1.5%</td><td>转让价格的确定依据
转让价格与 IPO 预计定价的对比</td></tr>
<tr><td>知识产权
1.3%</td><td>专利权与产品的关联，专利权到期日</td><td rowspan="2">第三方数据
0.9%</td><td rowspan="2">是否向数据提供方支付费用</td></tr>
<tr><td>税务问题
0.9%</td><td>上市主体为开曼公司</td></tr>
</table>

注：对反馈问题关注点的归类总结存在一定的主观性，仅供读者参考。

从表 11－3 中可以发现，一般信息披露、公司业务、财务会计问题这三类数量相对最多，合计占样本全部问题数量的 64.3%，是 SEC 问询的主要组成部分。

一般的信息披露问题方面，SEC 重点关注公司文件中是否存在前后逻辑不一致的表述，是否存在晦涩难懂的语言、夸大性或过于主观的描述、含混不清的意思表示等一切可能会误导投资者的披露。对此，SEC 会要求公司删除或修正错误的、具有误导性的表述，或为其相关表述提供充分的合理性证据。

公司业务方面，SEC 重点关注材料是否清晰地披露公司所处的竞争性环境和商业模式、公司的技术优势、是否对上下游存在重大依赖等。SEC 通常会要求公司对相关描述进行更加细化、清晰化的说明，并对具有竞争性的市场上可能存在的风险进行充分提示。

财务会计方面，SEC 的问题十分细致，任何可能对投资者决策产生重大影响的事项，例如，重要的报表科目或交易，以及对其会计计量政策和会计处理方式，都可能成为 SEC 问询的对象。对此，公司需要提供更为详细的分析论证来解答 SEC 的疑问，很多时候还需要提供补充的支持性资料作为依据。

除了以上三类问题外，公司治理、重大合同、股权支付、募集资金也是每个 IPO 项目几乎都会受到关注的问题。比如，关于公司治理，SEC 通常会关注公司的股权结构、控制权稳定性、管理层稳定性等。对于一些实际经营主体在境外、股权结构较为复杂且涉及 VIE 协议控制的公司，SEC 会对其海外股权结构的搭建过程、历次股权转让、VIE 架构下相关具体协议约定、上市主体对境外实际经营主体的控制力等方面尤为关注。对于中概股公司，SEC 还会特别关注中国的外汇管制对实际经营主体向海外分红的限制、中国外商投资修订法案对公司经营管理的影响、是否取得中国境内经营相关业务的资质等问题。

再比如，关于对公司经营产生重大影响的销售、采购合同，或专利许可权合同等其他业务合作合同，SEC 会要求公司提供该类合同的关键性条款，通常还会要求公司向 SEC 提交相关的合同扫描件以供审阅。除此之外，股权支付中授予日股权公允价格的确定依据，如公司近期是否进行过股权转让，股权转让价格的定价依据、是否与 IPO 定价区间存在重大差异等股权定价类问题也是 SEC 问询中的“常客”。

从 SEC 的问询函中可以发现，SEC 的审核涉及面既广又深，绝不仅仅停留在形式上的审核。与科创板推出前我国证监会对传统 IPO 项目的审核重点相比较，SEC 着重关注发行人的业务模式和行业定位、独立性、股权结构和控制权、影响经营业绩的重要定性和定量因素、重要财务指标、重要会计政策和会计假设等。不同之处主要在于以下方面：

1. 审核机制不同

在中国，证监会既是决定企业能否上市的“看门人”，又掌管着企业能否发行及发行节奏；而在美国，SEC 的审核仅在发行注册的层面，只要申报企业满足了信息披露的相关要求即可。上市方面，则由申报上市的证券交易所根据企业是否满足相应的上市板块的具体要求批准其是否上市。

2. 出发点不同

不同于美国资本市场的投资者结构，A 股市场的投资者以中小投资者为主，大多数并不具备专业投资能力。因此，为了保护中小投资者的利益，中国证监会在实际审核中需对 IPO 申报企业质量进行实质性的判断和把关，并要求申报企业及中介机构确保申报材料真实、准确、完整。除制定大量的法规约束发行条件、信息披露要求之外，证监会还会采用一系列更为严格的量化指标作为审核标准（如证监会 2018 年采用窗口指导形式公布的“51 条”首发审核指引，2019 年 3 月正式公布并修订为 50 条），且这些审核标准会根据经济环境变化、市场变化等因素而不断调整。而在美国 SEC 对 IPO 的审核中，SEC 将判断企业投资价值的权利全权交给投资者，其审核是建立在假设企业提供了真实、可靠的信息的基础之上，且它不会去判断该信息的真实性。SEC 的审核出发点在于站在一个投资者的角度阅读申报材料可能会产生的疑问，其最终目的是通过不断地问询，促使公司提供更为实用、有效的信息，减少信息的不对称性，从而更好地帮助投资者作出价值判断。

3. 侧重点不同

国内传统 IPO 审核非常重视发行人的主体资格、规范运行、同业竞争与关联交易；而 SEC 的关注点主要集中在发行人的业务技术、财务表现、股权定价和一些具体的披露表述上。对于企业主体资格、规范运行方面基本没有关注，对同业竞争和关联交易的关注也较少。根据我们选取的反馈问题样本，SEC 关于关联交易的问题数量仅占1.8%。

通过对比我们发现，在我国核准制下的传统IPO审核中，证监会在市场准入方面实施了较大的行政干预作用，审核标准较为复杂、多变，且窗口指导较多，科创板和注册制的推出是我国实现市场化改革的必要举措。根据本次证监会发布的《科创板首次公开发行股票注册管理办法（试行）》和上交所发布的《上海证券交易所科创板股票发行上市审核规则》（简称《审核规则》）以及《上海证券交易所科创板股票发行上市审核问答》（以下简称"32条"），科创板审核从审核机制、审核出发点和审核侧重点方面都较传统IPO审核做出了革新性的转变。

（1）审核机制方面

审核机制方面，赋予了交易所独立审核权，由交易所（上交所）审核科创板企业上市申请材料、出具审核意见并作出"同意"或"不同意"的结论。证监会则仅对相关申报材料进行形式化审核，并履行发行注册程序。跟美股IPO的审核机制相比，上交所的职能涵盖面更广，既包含对发行人的发行条件、上市条件的审核，又包含对申报材料信息披露的审核；而证监会仅履行"发行注册"的职能，兼顾对交易所审核的监督功能。

（2）审核出发点方面

审核出发点方面，虽然科创板提高了投资者门槛（50万元＋2年），但未完全将价值判断的责任全部交由投资者承担，仍通过保荐制要求中介机构和保荐人背书。在审核中，监管机构也仍将审核的重心放在信息披露真实、准确、完整上。有意思的是，《审核规则》征求意见稿中原本提出了交易所以"充分、一致、可理解"为核心的信息披露审核理念，淡化了对"真实、准确、完整"的审核，而信息披露真实、准确、完整则交由发行人和中介机构负责。这样的审核理念较正式稿更加贴近美国SEC的审核理念，但监管层可能经过各方面的征求意见和研讨后认为在我国目前的资本市场环境下，这一步迈得大了些，故而在最终正式稿中删去了"从充分性、一致性、可理解性的角度对发行上市申请文件的信息披露进行审核"的字眼，并增加了"本所在信息披露审核中重点关注发行人的信息披露是否达到真实、准确、完整的要求，是否符合招股说明书内容与格式准则的要求"的表述。

虽然科创板仍沿用保荐制，且监管审核仍围绕信息披露的真实、准确、完整，但较传统IPO审核的一个很大的转变在于：科创板审核以“信息披露审核”为主，从投资者的角度出发，更加关注材料是否充分披露对投资决策产生重大影响的信息、信息是否逻辑一致且互相印证、是否具有可读性，从而达到更好地辅助投资者作出价值判断的目的。

(3)审核侧重点方面

审核侧重点方面，由于科创板具有明确的行业定位和企业偏好，因此交易所在对申报企业“上市条件”的审核上会就一些特殊事项进行重点关注，比如行业技术是否符合科创板定位，尚未盈利的企业情况，累计未弥补亏损情况，涉及国家安全、公共安全、生态安全、生产安全、公众健康安全等领域的重大违法行为，红筹架构及差异化表决权设置，研发支出资本化，期权激励计划，员工持股计划安排等。在信息披露审核上，科创板的要求明显高于传统IPO，对业务技术、行业信息、经营风险、公司治理等方面的关注和问询预计将显著加强。同时在发行上市条件上放宽了对盈利能力、股权和历史沿革问题、同业竞争、关联交易、独立性等方面的要求。

值得注意的是，在科创板推出后，证监会将之前以窗口指导形式发布的“51条”予以正式公告，并修订为“50条”，对一些法律和财务问题予以明确，同时放宽了对独立性以及股权和财务规范性瑕疵等方面的具体比例和规范运行时间要求，这似乎标志着除科创板之外，其他板块也在向注册制改革迈进了一大步。

二、中国香港市场IPO审核流程及审核政策

(一)中国香港市场IPO审核流程

根据“双重存档”制度，由联交所主要负责香港交易所市场的审核监管工作，主要负责审批发行与上市，主导相应的IPO发行上市审核工作。联交所根据《上市规则》设置上市委员会及上市部执行具体的IPO发行上市审核工作。上市部与香港证监会充分沟通协调，很少出现证监会否定上市部或上市委员会决定的情况。联交所主板上市审批流程如图11—2所示：

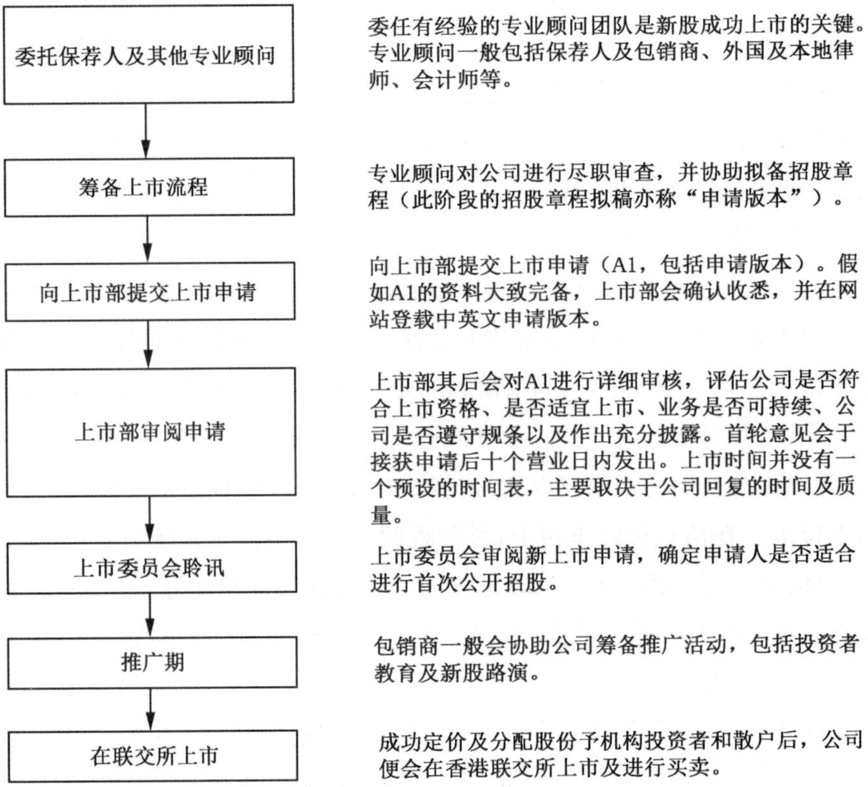

图 11—2　联交所主板上市审批流程

GEM 审核流程大体与主板审核流程相似，差异主要仅在于不一定存在“上市委员会聆讯”这一环节，聆讯环节直接由上市部执行。

联交所针对每个 IPO 申请的审核环节期限平均为 4 个月，较我国证监会 A 股审核期限明显偏短。《上海证券交易所科创板股票发行上市审核规则》规定：“申请股票首次发行上市的，本所自受理发行上市申请文件之日起三个月内出具同意发行上市的审核意见或者作出终止发行上市审核的决定，但发行人及其保荐人、证券服务机构回复本所审核问询的时间不计算在内。发行人及其保荐人、证券服务机构回复本所审核问询的时间总计不超过三个月。”预估科创板实施后审核环节期限将会缩短，或与联交所趋近。

1. 上市部审核环节

根据《上市规则》，上市部由董事会及上市委员会的转授权而获得审核权力。上市部执行上市工作主要负责：(1)审阅上市申请材料(包括豁免申请、董事适格性等)，然后向上市委员会提出建议；(2)对于新事项或非寻常事项，进行初期排查；(3)在联交所网站登载申请版本；(4)决定申请版本是否“大致完备”等。上市部审核工作主要关注发行人是否满足盈利或市值或现金流量要求、管理层及控股权的连续、公众持股比例等条件是否满足上市条件，是否按照《上市规则》要求充分进行信息披露等硬性指标。另外，上市部会部分关注上市适合性，但并不作为其重点关注方面，上市适合性主要在上市委员会聆讯环节重点关注。

上市部下设首次公开招股交易审核小组，负责IPO发行上市审核工作，该小组常年保持在50人左右。审核小组内部分工明确，由董事总经理、高级副总裁及副总裁等高级职员提出关注要点，集中于上市资格(例如，最低盈利要求)、是否适合上市(例如，可持续营运能力、依赖母公司)与遵守《上市规则》及相关法律法规。后续助理副总裁根据高级职员的高层次意见，带领经理详细审阅上市申请资料，进行细化审核工作。就内部工作周期而言，上市部在收到上市申请后十天内即需要发出反馈意见，一般经两轮反馈结束，即可完成上市部审核环节。

2. 上市委员会聆讯环节

根据《主板上市规则》，主板市场上市部审核流程结束后，均需提交予上市委员会聆讯。相对而言，GEM上市委员会聆讯环节并非IPO发行上市审核之必有环节，GEM聆讯的职责主要交由上市部一并负责。

对联交所而言，上市委员会既是独立的行政决策组织，也是咨询组织；其在审阅上市申请事宜中主要负责：(1)批准、驳回上市申请，或对上市申请提出前提条件；(2)批准规则豁免申请；(3)对新事项或非寻常事项提供指引；(4)通过重要政策及《上市规则》修订。作为联交所董事会关于发行上市事务的直接授权对象，上市委员会是上市科关于发行上市审核权力的来源，在审核事务中具有更高的地位。

上市委员会聆讯过程中更为关注上市适合性，主要包括发行人业务/盈利的可持续性、是否过分依赖主要客户、业务范围(如，在若干受海外政府实施经济制裁的国家有业务)、董事及控股股东是否胜任、是否过分依赖母公司集团、是否与母公司的业务有严重重叠等内容。上市委员会在上市适合性审核过程中除非对尽职调查工作的范围和深度有怀疑,否则不会对尽职调查过程加以评判,而且上市委员会不判断业务模式的好坏。[①] 上市委员会的判断机制以上市委员会委员的经验及立场进行的主观判断为主,但需尽可能以相关《上市规则》为依据。

主板及GEM虽然分别成立了上市委员会,但两个上市委员会的成员相同。此安排令两个委员会处理大部分事务时均可以一个委员会的方式运作。为了增加上市委员会委员主观判断的合理性,《上市规则》关于上市委员会的组织安排较为强调其代表性。上市委员会的28名委员中需包括最少8名为上市提名委员会认为能够代表投资者权益的人士,以及19名代表上市发行人与市场从业人士(包括律师、会计师、企业融资顾问及交易所参与者或交易所参与者的高级人员)。[②]

(二)中国香港市场IPO审核政策

目前,联交所未公开针对单个IPO项目的审核问询问题及反馈记录,上市部及上市委员会与发行人及其中介机构通过邮件或口头方式点对点进行审核问题反馈工作。为了提高审核效率和发行人信息披露水平,联交所通过发布诠释及指引的方式指导IPO申请人及相关中介机构开展IPO发行上市申报工作。联交所发布的诠释及指引主要包括常见问题、上市决策、诠释函件及指引信等。

1. 常见问题

上市部编撰的常见问题是为了协助发行人理解和遵守《上市规则》,是对《上市规则》的进一步阐释。如于2004年3月30日刊登,并于2016年11月11日更新的《常见问题系列1》中编号16的问答:"问:请解释《主板上市规则》第8.05条及《GEM上市规则》第11.12A(2)条所述'拥有权和控制权维持不变'的意思。答:这是指于营业纪录期间的最近一个财政年度直至紧贴发售及/或配

---

① 《主板上市规则》第2B.05T条第(1)款第(c)项及《GEM上市规则》第4.05条第(1)款第(b)项。

② 《主板上市规则》第2A.17条及《GEM上市规则》第3.18条。

售成为无条件前期间，(i)控股股东(定义见《上市规则》)或(ii)(如没有控股股东)最大单一股东所持附有投票权的股份拥有权及控制权维持不变。联交所会根据个案具体事实及情况在适当情况下豁免严格遵守此项规定。”又如 2014 年 2 月 21 日刊登的《常见问题 26》中编号 4 的问答：“问：若并无股份面值或法定股本，发行人如何在上市文件或上市申请表格中遵守规定披露股份面值及法定股本？答：上市文件或申请表格须披露发行人并无法定股本及/或其股本中并无股份面值，并转而披露其股本架构，比如已发行股份的数目，包括已缴足及尚未缴足的股份。”

自 2004 年 3 月 31 日以来，上市部总共发布并修订了 40 个常见问答系列，共 1 800 余问答，有效地推动了《上市规则》的适用性及可理解性。上市部还在联交所官网上按照刊登顺序及上市规则分别排序列式，并实时更新，更有利于发行人及中介机构理解及适用庞杂的常见问题。

2. 上市决策

上市委员会及上市部刊登上市决策是在其处理个案中所作的决策。虽然上市委员会及上市部声明“所刊登的每项决策是根据有关个案的特殊情况而作出的，因此并不可以作为未来个案的先例”。但其刊登的上市决策，是希望可藉此提高决策过程的透明度，并让市场了解联交所对《上市规则》的诠释。因此，上市决策同样具备很大的参考性。

联交所自 1999～2018 年共发布了 HKEx－LD1－1 至 HKEx－LD114－1、HKEx－LD1－1－2011 至 HKEx－LD120－2018[①] 共计 450 余系列上市决策。整体来看，上市决策涵盖了已上市公司、已上市公司的实际控制人及关联公司、发行申请人等若干市场主体，其中针对 IPO 发行审核工作最为直接的是关系 IPO 发行申请人的相关上市决策。根据联交所公布的 2014～2017 年“就联交所为何拒绝若干上市申请提供指引”的相关上市决策，汇集结果如表 11－4 所示：

---

① 联交所 2011 年 1 月 1 日前采用 HKEx－LD100－1、HKEx－LD100－2、HKEx－LD100－3……的编号形式、2011 年 1 月 1 日起采用 HKEx－LD1－2011、HKEx－LD2－2011、HKEx－LD3－2011……的编号形式。

表 11－4　　联交所拒绝上市申请原因汇总

被拒绝原因涉及方面	被拒绝具体原因	具体年份数量				合计
		2017	2016	2015	2014	
业务方面	不符合盈利、现金流等上市条件		4	1	3	8
	业务模式及风险披露不详尽	2	5		12	19
	业务披露错误		3	1		4
	对客户及供应商存在重大依赖		3	1	2	6
	业务不合规		3	2	5	10
募集资金方面	企业不需要融资	1				1
	融资需求与业务策略不匹配	1		1	1	3
发展可持续性方面	利润低且持续倒退	1	2	3	3	9
	发展所需业务资源不足	1	3	5	7	16
	业务/产品模式转变影响发展可持续性		3			3
所有权及控制权维持不变方面	不符合所有权及控制权维持不变原则	1	1		2	4
内控方面	内控不健全			2	2	4
公司治理方面	公司治理			1		1
控股股东方面	股东不具备长期经营意图	1				1
	控股股东与公司独立性不够，或管制措施不到位		1		3	4
	与控股股东关联交易披露不足			5		5
董监高方面	股东、董监高不合规		1	1	1	3
	董监高不符合尽职、能力、勤勉、诚信			3	3	6
	董监高信息披露不完备			1		1
	不符合管理层不变要求			1		1

续表

被拒绝原因涉及方面	被拒绝具体原因	具体年份数量				合计
		2017	2016	2015	2014	
财务方面	财务数据出现重大缺失、错误			1	3	4
	现金流量表信息披露不足				5	5
	披露的盈利预测期限不符合要求	1		1	1	3
	披露的财务报表期限不符合要求	1	3		3	7
其他方面	合约安排不合规		1		1	2
	保荐人独立性				1	1
	再次申请未修正前次申请错误		1		1	2

根据表 11—4“被拒绝原因涉及方面”进一步列示可得表 11—5：

表 11—5　　联交所拒绝上市申请原因比例

具体方面	被拒绝原因具体数量	占比(%)
业务方面	47	35.61
募集资金方面	4	3.03
发展可持续性方面	27	20.45
所有权及控制权维持不变方面	4	3.03
内控方面	4	3.03
公司治理方面	1	0.76
控股股东方面	10	7.58
董监高方面	11	8.33
财务方面	19	14.39
其他方面	5	3.79
合　计	132	100

根据表 11—5 分析可知，

(1)业务方面(35.61%)、发展可持续性方面(20.45%)及财务方面(14.39%)是联交所退回原因中最普遍的前三类，总计 70.45%。其中业务方面最典型的情况是“业务模式及风险披露不详尽”，即发行人信息披露文件中业务模式信息披露不够，或未全面披露各种业务类型业务模式，或披露不详尽未能使一般投资者有效理解；业务方面另外一种情况为“业务不合规”，主要体现为发行人不具备展业相关业务资格，具有合规性风险；“不符合盈利、现金流等上市条件”列入业务方面的原因主要是联交所会要求扣除不合规业务规模后依然符合盈利、现金流等上市条件，而实际存在不合规业务的发行人往往不符合。

(2)发展可持续性方面是联交所进行实质性审核的典型代表，也是上市适合性的重点关注点之一，其中最为典型的为“利润低且持续倒退”。发行人存在利润低且持续倒退的情况常被联交所认定为不具备持续发展能力，从而不适合上市。联交所在考察发行人业务模式时，会从业务资格、技术支持、财务支持、供应商及销售渠道等方面综合判断发行人是否具备发展可持续性，其中个别重要因素的缺乏会被认定为“发展所需业务资源不足”而被退回。

(3)从财务方面的被退回具体原因可知，财务真实性通常不作为联交所审查的重点，其主要关注不符合《上市规则》要求的期限性等形式性要求及结合业务模式需要进一步披露的财务数据等。

(4)除此之外，联交所还关注董监高的适格性、与控股股东的独立性等上市适合性问题，以及所有权及控制权控制不变原则、募集资金方面、内控方面等其他方面。

相对于A股IPO证监会审核政策，联交所审核具有以下几点明显的差异：

(1)审核以信息披露的缺失及错误为重点，且主要关注公司业务情况的信息披露，旨在提高发行人的信息披露水平，为投资者判断公司价值提供足够信息；

(2)通常不关注财务处理的真实性，只在结合发行人业务披露情况存在明显错误及缺失的情况下才重点关注；

(3)审核退回率低(2014～2017年每年退回数量分别为22家、10家、15家及7家)；

(4)不以同业竞争作为上市阻碍性事由，只要求明确披露其影响及控制措施。

3. 诠释函件

诠释函件包括拒纳信及无进一步纪律行动（指引）信，仅前者适用于 IPO 发行申请人。拒纳信是上市部向发行人发出的内容涉及其解释上市申请不获接纳理由信件。联交所选择性公开了 2004～2009 年共 20 封拒纳信，主要反映的原因与上市决策所述相同。公开拒纳信作为早期联交所向市场诠释《上市规则》的方式，目前其功能虽然已经主要被公开上市决策所取代，但已公开拒纳信依然有效。

4. 指引信

指引信中有关上市申请人的指引信同样具备诠释《上市规则》的功能。指引信不同于拒纳信，并非联交所针对个别发行申请人，而是针对所有申请人及中介机构的解释性文件。其行文风格不同于常见问题，较为随意，主要以规范行文为主。联交所的公开信往往明确载明“目的”“相关《上市规则》”“指引内容”等，偏重对《上市规则》内某一事项更为明确的规范性披露要求。如于 2013 年 7 月发布，并于 2013 年 9 月、2014 年 5 月及 2016 年 5 月更新的指引信 HKEx－GL63－13，明确对“不合规事件”分类为“具重大影响的不合规事件”“系统性不合规事件”“非重要的不合规事件”，并明确针对这三种事件进行定义、披露具体信息、披露信息位于信息披露文件地点等要求。截至 2019 年 3 月，联交所已公开 57 封效力充分的有关上市申请人的指引信，构成诠释及指引的重要部分。

第十二章　美国、中国香港及中国内地科创板 IPO 发行与交易

全球资本市场的新股发行机制主要分为四类：固定价格机制（fixed price）、累计投标机制（book building）、拍卖式机制及混合式机制。美国证券市场的 IPO 定价机制为累计投标询价制，也是国际上最常采用的新股发行定价机制。中国香港市场首次公开发行采用的是累计投标询价制与固定价格公开认购混合的机制，股份分配区分为国际配售和香港公开认购两部分。国际配售面对的主要是国际机构投资者，香港公开认购面对的主要是香港本地的散户。海外市场 IPO 中，基石投资者（cornerstone investors）和锚定投资者（anchor investors）对首次公开发行的定价和配售均起到重要作用。

美国和中国香港市场在发行定价方面的流程较为相似，主要分为预路演、路演及投标建档三个阶段。我们以内地企业在香港上市为例，在联交所聆讯完成后，公司根据要求进一步修改提交聆讯后资料，最终由联交所批准公司的上市申请。此后的定价发行阶段持续四周左右。首发招股完成后的一个月是稳定价格期，为避免新股上市初期出现股价大幅下跌，保荐人或承销商等可出任稳价经办人，在股价跌破发行价或大幅急升的情况下，出手干预股价（即执行绿鞋机制）。具体发行阶段的时间表一般如图 12—1 所示。

如一家内地企业拟在美国寻求上市，对于采取保密方式递交材料的公司，经和美国证监会沟通，如果美国证监会没有进一步的实质性意见，公司可以公开递交招股书。对于采用公开方式递交材料的公司，如果美国证监会没有更多实质性意见，公司可以正式启动路演。在这一阶段，公司在承销商的陪同帮助

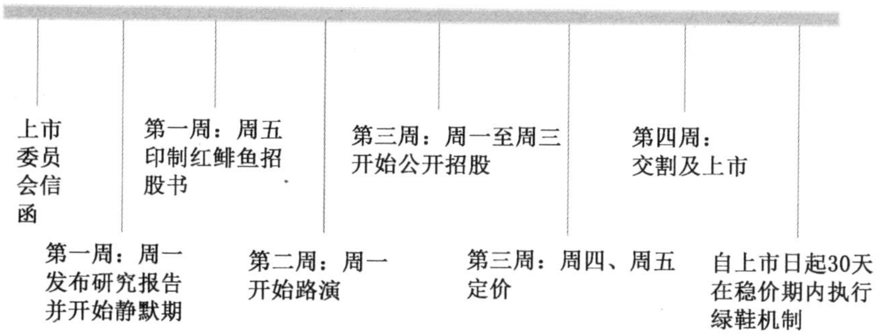

图 12—1　香港首次公开发行聆讯后时间表

下，与投资者见面，推销公司的股票，并在此基础上与承销商谈判，决定发行价格。路演的主要目的是向潜在投资者介绍公司，了解投资者对公司的兴趣，以此确定最终的发行价格。

一、路演及定价

在香港，承销商会在公司管理层路演前 1～2 周向潜在投资人发放交易前研究报告（pre-deal research report），并进行预路演；拟在美国上市的公司，亚洲承销商可以带着不含有前瞻性信息（forward looking information）的翻页材料（flip book）去和投资者做预路演，并且翻页材料开完会后需要收回。对于与承销商同属一家投行的研究所分析师来说，对拟 IPO 公司的初始覆盖报告（initiation coverage report）的发行时间在香港受研究指引（research guideline）的限制，需要在研究静默期（research blackout period）结束后才能够发报告。

公司路演所需的基本法律文件为初步招股说明书，即通常所称的红鲱鱼招股书（red herring）。初步招股说明书中缺少的最重要的信息就是股票的发行价格，其中只含有股票的发行价格区间信息，比如每股 10～15 美元（我们将在后续章节中就估值定价的方法展开详细讨论）。“红鲱鱼”招股书得名的原因是，封面左侧有一排红色的警示文字，提醒投资者这只是初步招股书，包含的信息不完整，可能还会被修改。由于不同的项目风格不同，路演材料所包含的内容也各不相同，但一般会涵盖招股书的主要内容如公司股权结构、业务亮点、财务情况、股票发行情况等，以将一个美好的投资故事推介给投资人。从工作分工来看，路演材料一般由承销商准备，然后再由承销商的境外律师①、公司以及公司的境外律师审阅并提出修改意见。在美国，如果路演结束时收回所有的路演材料，则美国证监会认可路演材料与红鲱鱼招股书两者的法律性质不同，路演材料仅是公司向投资者口头推介公司股票的一部分，明确其内容及用途，以限定公司和承销商就此承担的风险，一般实际操作中收回路演材料的情况居多。若结束时不收回路演材料，则该部分材料会被视为正式的法律文件，承销商和发行人会严格限定其内容不超出红鲱鱼招股书。

通常公司路演会进行 1～2 周，路演结束后，承销商和公司在交易所闭市的时间根据路演情况及市场反响讨论并决定最终发行价格。有时双方能就发行价格很快达成一致，有时可能经过几个小时甚至更长的时间都无法达成共识。通常发行定价日、承销协议的签署日、注册表的生效日以及最终招股书日期为同一天。

科创板推出后，市场定价势在必行。与此同时，科创板借鉴港股及美股市场的绿鞋机制及稳价期的可能性也较高。国内券商投行的定价能力尚有较大的成长空间。

科创板推行后，在路演和估值定价环节对投行项目组及中后台合规风控部门均提出了不小的挑战。目前绝大部分 A 股 IPO 以 23 倍市盈率定价发行，投行的估值定价能力未充分展现。科创板的市场定价机制要求投行对拟上市公司未来的成长性、稳健性、持续盈利能力均要有自己的判断。若发行定价过低，则公司本可以募集到更多的资金用于业务发展，且二级市场会有一波新股炒作的机会；若发行定价过高，则投资人可能遭受较大的损失，承销商为了在稳价期内稳定新股价格，可能也会承担一定的损失。另一方面，若新股定价与上市后的市场价格相差较远，承销商的定价能力会受到质疑，影响其声誉。对于投行中后台的合规风控部门来说，需要更多地介入到路演前研究报告发放、路演时推介的合规性、信息防火墙等方方面面，因为在以“信息披露为本”的注册制下，

---

① 为中国内地企业提供海外上市的承销商会同时聘请境内、境外律师，分别负责境内及境外的法律事务。

公司和投行承担的信息披露责任很大，稍不留神，可能就会触及误导性陈述或披露内幕信息等违规的红线。曾有一个国际投行的银行家提过，这家投行有时会安排各种“卧底”人员进入路演会议现场，确保公司和投行没有做出任何违规的事情。

二、发行及交割

承销协议是新股发行阶段除最终招股书外的另一个重要法律文件。承销协议，顾名思义就是公司与承销商签订的协议，如果首次公开发行时有股东出售老股，则现有股东也是承销协议的一方。承销协议的主要功能有两个方面：一是为明确承销股票这一交易的结构，如规定买卖股票的数量、价格、承销的佣金、承销方式、绿鞋机制、交割的条件等。美股市场的承销方式包括包销（firm commitment underwriting）、尽力承销（best effort underwriting）、代销（agency），但目前市场情况基本都是包销。如果项目涉及多家承销商，则会组成承销团，并区分主承销商和一般承销商。但从法律角度来讲，一般法律责任都落在承销商身上，不会因为是主承销商或者一般承销商而有所区别。二是为承销商提供最大程度的保护，如要求公司做出某些陈述与保证（representations and warranties）以及承诺（covenant）、同意对承销商进行赔偿和补偿（indemnification and contribution），以尽可能地将风险转移给公司。如，公司向承销商做出陈述与保证，在向监管机构提交初步招股书时，初步招股书没有包含任何关于重大事实的不实陈述或者遗漏了某一重大事实；公司自最后一期经审计财务报表日以来没有发生重大的业务变化、没有发生劳务纠纷或重大诉讼。

美股和港股上市中，承销协议一般是由承销商的美国/中国香港律师和承销商的法律部同事共同起草。每一个国际投行几乎都有自己的承销协议格式和模板，也会根据项目的不同情况，相应地调整个性化的措辞。如果股票发行涉及承销团，则各承销商之间的博弈谈判往往需要花更长时间，因为大家都希望以自己的格式协议作为模板。

在美国，股票发行时间通常发生在承销协议签署后的第三个工作日。发行日，存托银行将股票记在承销商名下，承销商支付价款给公司，整个交割完成。

承销协议中会规定股票发行交割的具体条件，主要可分为以下几大类：公司的陈述和保证仍然正确；公司的财务、业务和其他方面情况没有发生重大不利变化；公司律师、承销商律师出具了法律意见书，公司高管出具了高管声明；审计师出具了安慰函。[①]

目前A股首次公开发行项目的承销协议还比较形式化，主要用于约定承销费用，但较少涵盖公司同意对承销商进行赔偿和补偿的相关法律条款，这与实行的由券商就IPO项目的任何风险几乎承担无限连带责任的保荐制度相关。由于此前我国资本市场发展处于初级阶段，首次公开发行时各参与方的相关法律责任可进一步明确。随着科创板和注册制的推出，中介机构间的权责有望进一步清晰划分，如针对财务信息的真实、准确、完整性，可由审计师出具安慰函。参考美国和中国香港市场，承销商更多地引入承销商律师。此外，保荐承销机构需进一步明确与公司的责任，作为信息披露首要责任人的公司应承担更大的责任。同时，券商真正落实作为承销机构的职责。因为从相对收益来看，首次公开发行的绝大部分收益都给了发行人，承销商只是获得了发行募资金额的几个百分点作为其报酬。根据风险收益对等原则，大部分赔偿金额应该由公司来承担。从相对过错责任来看，由于公司对招股书的披露负主要责任，如果根据相对过错来计算赔偿金额，也应由公司承担大部分金额。科创板公司首发上市的承销协议可考虑按项目风险情况加入更多个性化条款（如公司向承销商做出陈述与保证），以降低保荐风险，这就需要券商法律部门在项目运作的过程中更多地介入，以判断单个项目承销的实质性风险。这对券商法律部门提出了很大的挑战，因此利用人工智能技术进行格式化法律文本审核，提高效率，以释放更多的时间在专业问题的判断上，是券商法律部急需探索的方向。

三、上市后交易

美股、港股、科创板目前的交易结算制度如表12－1所示：

---

① 唐应茂：《登陆华尔街》，中国法制出版社2010年版。

表 12—1　各市场主要交易结算制度比较

	美股	港股	科创板
交易方式	竞价＋做市	竞价	竞价 待条件成熟时引入做市商机制
涨跌停限制	无限制	无限制，但有“冷静制度”	新股上市后的前 5 个交易日不设涨跌幅限制，之后涨跌幅限制放宽至 20%
买卖制度	T＋0 允许卖空	T＋0 允许卖空	T＋1 自上市后首个交易日起可作为融资融券标的
投资者门槛	不同券商入金门槛不同，一般首次入金 3 000 美元左右	不同券商入金门槛不同，一般首次入金 3 000 美元左右	50 万元资金 24 个月投资经验

交易方式方面，本次科创板股票交易实行竞价交易，未来条件成熟时引入做市商机制，做市商可以为科创板股票提供双边报价服务。涨跌停限制方面，科创板新股上市后的前 5 个交易日不设涨跌幅限制，之后涨跌幅限制放宽至 20%，美股、港股均无单日涨跌幅限制。科创板股票自上市后首个交易日起可作为融资融券标的，证券公司可按规定借入科创板股票。科创板股票交易仍沿用现行 A 股制度，执行 T＋1，而港股和美股为 T＋0。投资者门槛方面，《关于在上海证券交易所设立科创板并试点注册制的实施意见》明确，个人投资者投资科创板股票，证券账户及资金账户持有的资产规模应达到规定标准，且具备相关股票投资经验和相应的风险承受能力。按照上交所配套规则，个人投资者应满足 50 万元资金及 24 个月投资经验的门槛，未满足适当性要求的投资者，可通过购买公募基金等方式参与科创板。

四、首次公开发行定价机制

（一）IPO 估值定价机制及流程

全球资本市场的新股发行机制主要分为四类：固定价格机制、累计投标机制、拍卖式机制及混合式机制。从境外成熟资本市场的经验来看，IPO 估值定价是一个不断建模反馈修正及相互博弈的过程，不是靠承销商或公司拍脑袋，亦或通过简单公式计算得出的。

美国证券市场的IPO定价机制为累计投标询价制，也是国际上最常采用的新股发行定价机制。该机制包括预路演、路演及投标建档三个阶段。预路演时，承销商研究人员结合其对公司的估值分析及预路演情况确定价格区间。联席承销的情况下，各承销商会独立给出自己的定价区间，并以各家的最高最低价为价格区间上下限。路演阶段，公司管理层进一步向投资者宣传股票价值以争取最大认购量及最佳定价。投标建档阶段，发行人和承销商在参考投资者所提交的认购申请的基础上，协商确定最终发行价格。最终的发行价格允许超出价格区间（高于或低于）至多20%，否则需通过重新递交申请以更改价格区间（通常在几天内可以完成）。一般如果新股发行时超额认购倍数较高，则发行人和承销商会综合考虑各种因素，将发行价格定在高于区间上限，并询问投资者是否还要下单。相反，如果市场认购冷清，则承销商和发行人不得不定价低于区间下限，以保证新股的顺利发行。另一方面，在美国市场新股发行时，不是按照申购数量等比例分配股份，而是按照投资者质量分配股份。声誉良好的长期投资者是承销商在配售股份时最先考虑的对象。由于手握新股分配与定价权，美股承销商在新股定价上处于核心位置。

香港市场首次公开发行采用的是累计投标询价制与固定价格公开认购混合制，股份分配区分为国际配售和香港公开认购两部分。国际配售面对的主要是国际机构投资者，香港公开认购面对的主要是香港本地的散户。根据联交所规定，香港公开发售部分至少要占总发行的10%，市值超过100亿港元的公司可以申请将比例降至5%～20%，规定最低占比是为了保证散户有足够的机会参与新股发行，这部分新股采用固定价格发行，由散户投资者公开认购，如果市场认购情况良好，承销商还将按照一定的比例酌情进行回拨。公司与国际机构投资者采用累计投标询价制确定最终的发行价格及发行股份数量，香港本地投资者根据价格区间决定是否认购，最终被动接受发行价格。同样地，港股市场首次公开发行的股份分配也不是按同比例配售。通常港股IPO路演启动后就不允许更改价格区间，只有极端情况下公司会修订、补充招股书以更改定价区间，但对于IPO时间表会有较大影响。2018年7月，由于资本市场整体遇冷，齐屹科技(1739. HK)决定将发行价定为 4.85 港元,低于先前 6.8～9.0 港元的招股区间,其发行时间表也较先前计划延后。

值得一提的是,港股和美股 IPO 中,基石投资者和锚定投资者对首次公开发行的定价和配售均起到重要作用。基石投资者和锚定投资者主要是一些顶级的机构投资者、大型企业集团以及知名富商,他们承诺购买一定数量的股票,区别在于基石投资者一般有 6～12 个月的限售期,而锚定投资者的认购没有禁售期。

1. 保荐机构与基石投资者沟通,确定初步估值范围

在定价前 2～3 个月,保荐机构开始挖掘潜在的基石投资者或者锚定投资者。在市场景气的时候,基石投资者在公司 IPO 前就与公司签订协议,以提前锁定获得配售的股份数量。在市场不景气时,知名基石投资者的引入给了市场一个相对有公信力的参考,增加市场对 IPO 公司的肯定,给投资者带来更多的信心。由于一般基石投资者是以折价认购公司首次公开发行股票,且公司与其签订了回购承诺,若锁定期结束后,公司股价未能达到双方协商的价格,则公司需以等于或稍高于认购价的价格回购股票,因此机构有动力成为基石投资者。若基石投资者在红鲱鱼招股书定稿前就已签订协议,则在红鲱鱼招股书中会披露基石投资者的背景及认购情况。

2. 投行分析师会采用多种估值方法,给公司一个初步的估值即交易前研究

最常用的估值方法主要是可比公司法及贴现现金流法(DCF)。

(1)可比公司法

可比公司法即相对估值法,主要采用乘数方法,计算简便,市场常用的有市盈率法(P/E)、市净率法(P/B)、EV/EBITDA 估值法、EV/EBIT 估值法、市销率法(P/S)、EV/Sales 估值法等。近年来,新兴行业的崛起及商业模式的创新对传统估值方法提出了挑战,新的相对估值指标应运而生。如对于资产管理公司黑石、九鼎等,可采用 P/AUM(资产管理规模,asset under management);对于社交类互联网公司陌陌、领英,可采用 P/ARPU(单用户价值,average revenue per user)、P/DAU(日活用户,daily active users)、P/MAU(月活用户,monthly active users);对于电商类公司京东、当当,可采用 P/GMV(拍下订单金额,gross merchandise volume)。当然即便是新兴行业也能适用传统的估值方法,如游戏行业,由于其稳定运营后良好的盈利及现金流情况,我们依然可以

应用市盈率法对其进行估值。因此，在判断采用何种方法对公司进行估值时，商业模式应是主要考虑的因素。

相对估值法的不足之处在于有时很难找到可比公司，此外，如果可比数据本身存在一定的扭曲，则参考性更差。相对估值法能给到我们的是一种模糊的准确。

(2)贴现现金流法

贴现现金流法即绝对估值法，目前最广泛使用的DCF估值法提供了对公司价值分析的严谨框架，无论是企业自由现金流(FCFF)还是股权自由现金流(FCFE)的预测，都需要对公司未来销售增长、成本水平、间接费用开支、资本结构、核心竞争力等进行详细分析预测。此外，宏观的无风险报酬率、公司的风险溢价水平都会影响到折现率水平的高低，进而影响对公司价值的评估。全面、系统地反映公司的价值本质是贴现现金流法的优势所在，但未来现金流难以准确估算，通过调节关键变量(key driver)，折现率容易操控估值的劣势也较为明显。针对港股新规中未盈利的生物医药公司，由于其具有研发投入大、周期长、临床失败风险高、药物或治疗技术针对适应证的专有性强，因此采用预估各管线产品未来盈利的自下而上(bottom up)的绝对估值法更具参考意义。

在经历了数轮与公司讨论主要假设与结论并修改估值模型后，通常投行分析师会使用足球图来汇总各估值方法下的最终结果，并据此得出合适的估值，形成估值报告。

3. 投行会把估值报告发给一些机构投资者并举行预路演，主要目的是告诉潜在投资者这家公司的业务亮点及其估值水平

在预路演的过程中，投行分析师和销售会获得很多潜在投资者的反馈，有关于行业前景的、有关于公司基本面及估值的。基于以上沟通反馈，投行团队对于哪些投资人可能会在哪些价位区间下单有了基本了解。保荐机构将与公司、基石投资者一起反复修正估值区间，以保证定价公允性及二级市场价格未来的上升空间。定价区间确定了以后，红鲱鱼招股书定稿，管理层开始路演。

4. 管理层开始路演，投行邀请投资人来报价即簿记建档

最终的发行定价在价格区间的什么地方，取决于拟认购的订单情况、市场情况及发行人的意愿，是一个不断修正及多方博弈的结果。

关注 2017 年至 2018 年 11 月末美股、港股市场以询价方式定价的首次公开发行，美股市场（包括纽交所、纳斯达克、美国证券交易所）共有 336 例，其中 92 家公司的首发价格落在招股价上下区间内，占比最高，为 27%；首发价格定在招股区间的下限、低于招股区间下限的公司各 69 家，占比均为 21%；以招股区间上限或高于上限定价的共 106 家，占比合计为 31%。即便 2018 年中概股整体估值水平经历了一波调整，虎牙直播（HUYA. N）、拼多多（PDD. O）、新濠影汇（MSC. N）[①]仍以区间上限价格发行。从行业分布来看，制药、生物科技与生命科学、软件服务、多元金融三个行业占据了新股发行的半壁江山，合计家数达到 52.08%。

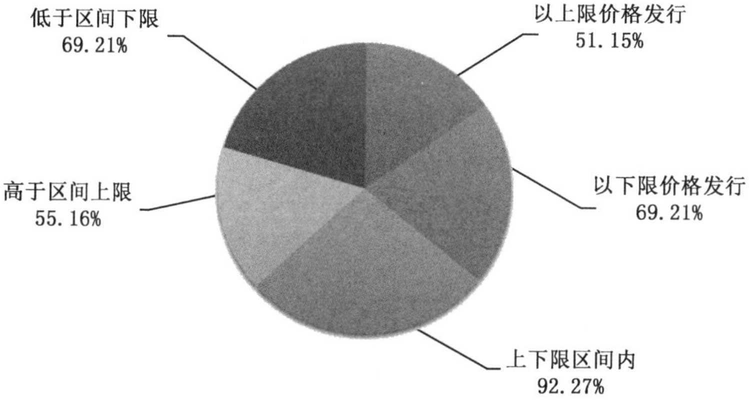

数据来源：Wind。

图 12－2　2017～2018 年 11 月美股 IPO 询价发行价格分布

同期港股市场（包括主板及创业板）共有 343 家公司首次发行新股，定价分布较美股市场有所不同。其中，171 家公司的招股价落在初步询价区间，占比为 50%；27%的公司以招股价上限为发行定价；在此期间，港股市场无一高于区间上限定价的情况，仅有 2 家公司的发行定价低于区间下限。港股上市公司行业分布也较美股更为多元，排名前三的行业分别是建筑业、支援服务及纺织、服饰及个人护理。

---

① 股票代码中，. O 为纳斯达克上市公司，. N 为纽交所上市公司。

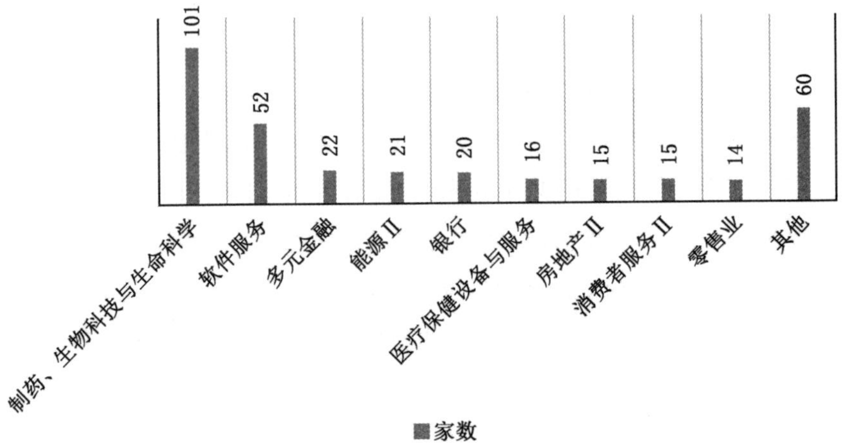

数据来源：Wind。

图 12—3 2017～2018 年 11 月美股 IPO 询价发行公司行业分布

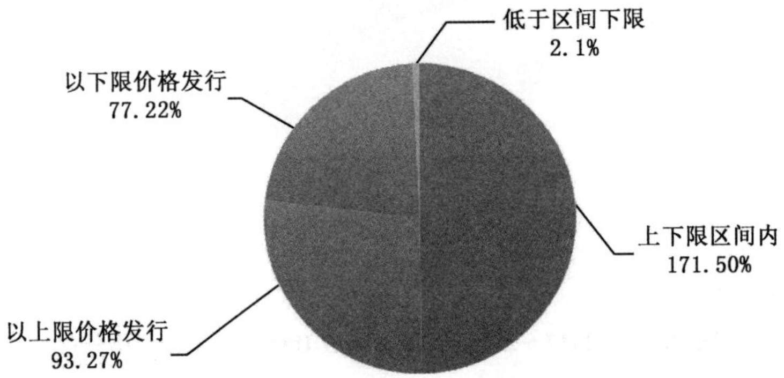

数据来源：Wind。

图 12—4 2017～2018 年 11 月港股 IPO 询价发行价格分布

对比上述美股、港股发行价格分布数据不难发现，美股 IPO 市场定价较港股更为灵活，2017 年至 2018 年 11 月美股 IPO 最终发行定价突破区间上下限的情况占比达到 37%，而港股无一高于区间上限定价的情况，仅有 2 家公司的发行定价低于区间下限。造成该差异主要是由于制度不同，美股允许 IPO 最终的发行价格超出价格区间（高于或低于）至多 20%，否则需通过重新递交申请以更改价格区间，承销商和发行人在最后的定价阶段可根据市场反应灵活调整发

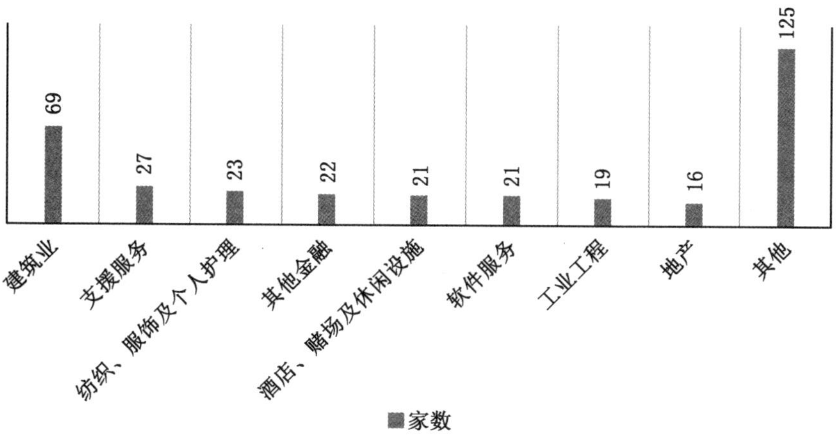

数据来源：Wind。

图 12－5　2017～2018 年 11 月港股 IPO 询价发行公司行业分布

行定价；而通常港股 IPO 路演启动后就不允许更改价格区间，只有极端情况下公司会修订、补充招股书以更改定价区间，但对 IPO 时间表会有较大影响。

（二）绿鞋机制

美国和中国香港新股发行市场均执行绿鞋机制，该机制是“超额配售选择权”制度的俗称，得名的渊源是因美国波士顿绿鞋制造公司 1963 年首次公开发行股票时率先使用该制度。绿鞋机制是为了避免新股上市初期股价出现大幅回落或过高涨幅，即稳定上市一定期间的股价。承销商行使绿鞋的期限通常为承销协议签署后的 30 天内，绿鞋机制的具体条款会在承销协议中约定。承销商按不超过首发数额 115％的股份向投资者发售，若新股上市后，股价大幅下挫，则承销商在市场上买入股票，且买入价格不得高于新股发行价，对股价起到支撑作用，且承销商可以赚取买卖差价；若新股上市后，市场大为追捧，承销商可部分或全部行使超额配售选择权，赚取承销及经纪费用。绿鞋项下发行的股票数额不超过首发股票数额的 15％。在海外市场，承销商还需明确其绿鞋权利是公司授予的，还是售股股东授予的，还是公司和售股股东共同授予的。

以港股新规后上市的小米集团-W（1810. HK）及美团点评-W（3690. HK）为例。小米集团于 2018 年 7 月 9 日上市交易，7 月 17 日国际包销商全部行使

326 937 000 股购股权股份，相当于超额配股权获行使前全球发售项下初步可供认购的发售股份总数约 15%。购股权股份中，107 413 000 股购股权股份将由 Morningside China TMT Fund Ⅰ，L. P. 出售及转让，18 038 000 股购股权股份将由 Morningside China TMT Fund Ⅱ，L. P. 出售及转让，201 486 000 股购股权股份将由公司发行及配发，价格为每股购股权股份 17.00 港元，即全球发售每股股份的发售价。7 月 28 日，全球发售有关的稳定价格期（即递交香港公开发售申请截止日期后第 30 日）结束，稳价经办人摩根士丹利亚洲有限公司及其关联人以超额配售所获股份归还早先根据借股协议向 Morningside China TMT Fund Ⅰ，L. P. 借入的共 326 937 000 股 B 类股份。美团点评则没有小米集团幸运，在资本市场整体遇冷的情况下，其于 2018 年 9 月 20 日上市交易，10 月 12 日公司发布公告，有关全球发售的稳定价格期已于当天结束，联席全球协调人并没有在稳定价格期内行使超额配股权，超额配股权也于当天失效。稳定价格经办人高盛（亚洲）有限责任公司及其关联人在稳价期内按每股 B 类股份介于 58.35 港元至 69.00 港元的价格连续于市场购入合计 72 040 200 股 B 类股份（占超额配股权获行使前全球发售项下初步可供认购发售股份总数约 15%）。稳定价格经办人于稳定价格期内最后一笔在市场的买入于 2018 年 10 月 12 日按每股 B 类股份 61.3 港元的价格进行。

A 股市场也有引入绿鞋机制的先例。2006 年，中国工商银行首次公开发行股票，第一次引入绿鞋机制并取得了良好的市场反应。随后在 2010 年上市的农业银行和光大银行中，绿鞋机制再次起到了稳定市场价格的作用。制度层面，《证券发行与承销管理办法》（2018 年 6 月 15 日修正证监会令第 144 号）第十五条规定，首次公开发行股票数量在 4 亿股以上的，发行人和主承销商可以在发行方案中采用超额配售选择权。超额配售选择权的实施应当遵守中国证监会、证券交易所、证券登记结算机构和中国证券业协会的规定。根据《关于开展创新企业境内发行股票或存托凭证试点的若干意见》认定的试点企业在境内发行股票或存托凭证的，根据需要采用超额配售选择权。

本次科创板《上海证券交易所科创板股票发行与承销实施办法》规定发行人和主承销商可以在发行方案中采用超额配售选择权。采用超额配售选择权发行股票数量不得超过首次公开发行股票数量的 15%。主承销商采用超额配售选择权，应当与参与本次配售并同意作出延期交付股份安排的投资者达成协议。发行人股票上市之日起30个自然日内，主承销商有权使用超额配售股票募集的资金，从二级市场购买发行人的股票，但每次申报的买入价不得高于本次的发行价。

（三）新股定价机制发展的反思

市场化发行定价之后，未来投行的估值定价及销售能力是差异化竞争的关键所在，若发行定价过低，则公司本可以募集到更多的资金用于业务发展，且二级市场会有一波新股炒作的机会；若发行定价过高，则投资人可能面临较大的损失，让投行“失信于”买方投资机构。根据现行的《证券发行与承销管理办法》，除去较少的直接定价情况，当前A股市场的定价机制为向以机构为主的网下投资者询价后定价，并将发行规模中的较大部分配售给网下投资者，剩余部分按已确定的发行价格供网上投资者申购。但在实际操作中，自2014年末以来，绝大部分新股发行市盈率集中在23倍左右（见图12—6）①。新股发行制度的改革提高了定价效率，简化了程序，但也给二级市场炒作新股留下了空间。2015年至2017年，A股所有板块新股上市后10日平均涨幅均超过100%，即便在2018年整体市场估值回调的大背景下，主板、中小板新股上市后10日平均涨幅分别为84%、74%，创业板平均涨幅仍超过100%。新股上市一年后的表现方面，尽管近年来平均涨幅有所下降，溢价效应仍十分明显。

表12—2　　2015年至2018年1～11月A股新股上市后股价的表现

	主板		中小板		创业板	
涨跌幅	上市后10日	上市后一年	上市后10日	上市后一年	上市后10日	上市后一年
2015年	113%	132%	125%	241%	142%	295%
2016年	129%	99%	138%	131%	155%	166%
2017年	102%	54%	108%	62%	129%	133%
2018年1～11月	84%		74%		102%	

数据来源：Wind。

① 2017年主板平均发行市盈率为25.2倍，主要是由于当年2月白银有色（601212.SH）发行市盈率为556.25倍；剔除该公司影响后，当年主板平均发行市盈率为22.77倍。

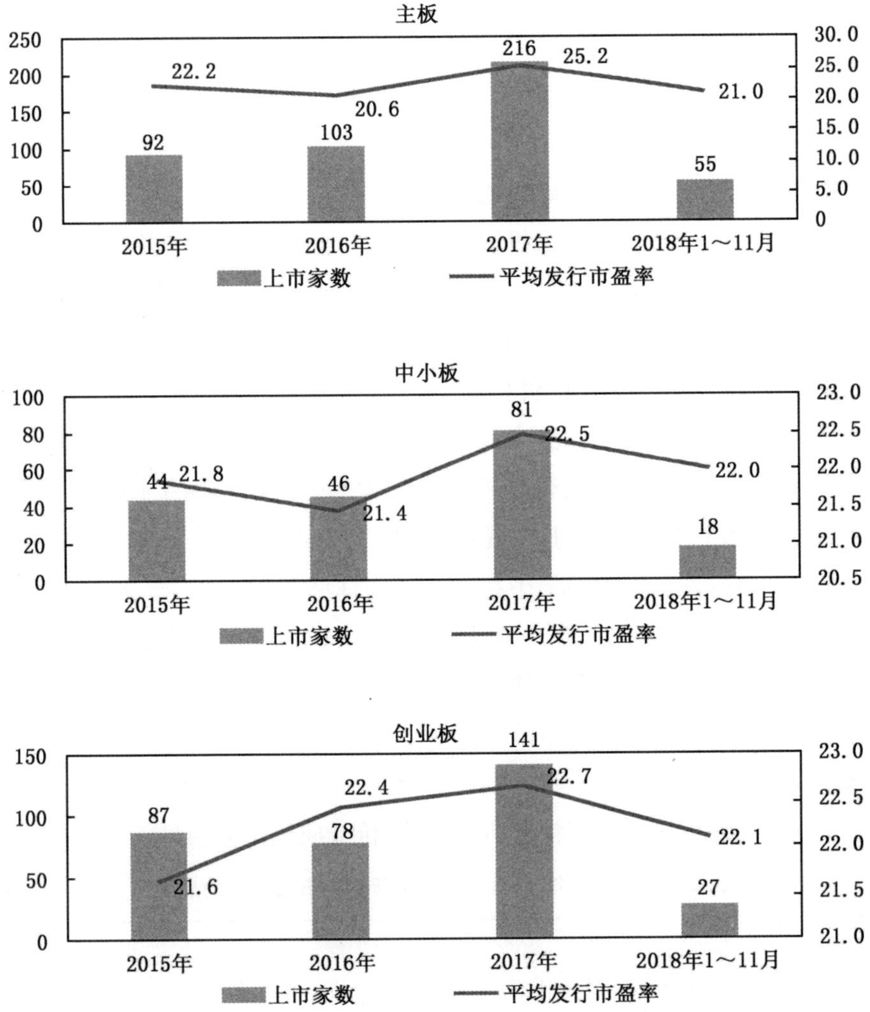

数据来源：Wind。

图 12—6　2015 年至 2018 年 1～11 月 A 股新股发行家数及平均发行市盈率

回顾 A 股市场的发行定价制度，其经历了审批制下政府指导固定价格发行、核准制下引入询价机制并逐步走向市场化。2000 年以前，我国新股发行实行审批制，新股定价受政府指导采用非市场化的固定价格发行。1998 年以前，新股发行市盈率不得超过 15 倍；1998 年《证券法》颁布后，新股发行市盈率不断走高，定价主体也由原来的政府干预转变为发行人与承销商共同协商确定发行价格。战略投资者的概念在 1999 年《关于进一步完善股票发行方式的通知》中被首次提出，并将机构投资者引入新股发行定价中。

2000 年以后，我国新股发行制度由审批制改为核准制。2000 年至 2004 年实行上网竞价发行和按市值配售发行；2004 年底证监会发布《关于首次公开发行股票试行询价制度若干问题的通知》，标志着 A 股新股发行定价进入询价机制时代。2006 年 9 月，询价制度的实施办法正式确定，中小板上市新股可根据初步询价结果确定发行价格，主板上市新股需按初步询价结果确定新股发行价格区间，再在区间内进行累计投标询价，确定最终发行价格。这一时期新股发行仍有 30 倍市盈率上限的限制。2009 年 6 月，证监会发布《关于进一步改革和完善新股发行体制的指导意见》，30 倍市盈率的限制被放开，市场化定价进一步得到改善；此外，网下配售对象禁止进行网上申购，中小投资者的利益保护得到改善。但这一时期，新股发行的"三高"即高发行市盈率（见图 12—7）、高发行价、高超募资金现象明显，2010 年创业板新股发行平均市盈率更是达到了历史最高的 70.4 倍。2011 年，A 股整体震荡下行，当年上市当日破发的公司达到 77 家，八菱科技更是史无前例地因为参与报价的询价机构数量不足而中止发行，投资者不敢盲目地为高价新股买单，市场的无形之手部分解决了新股发行的"三高"问题。

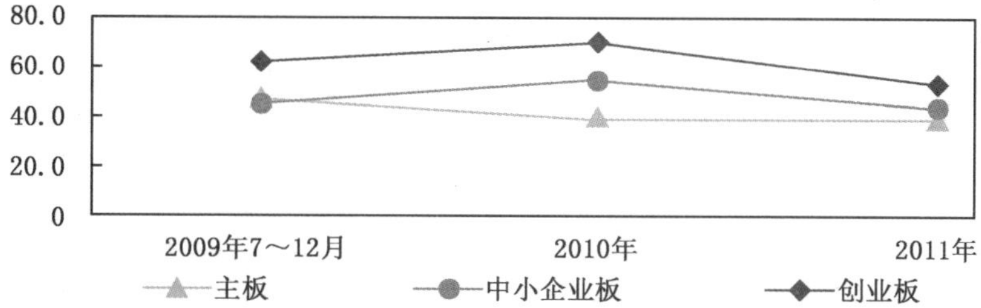

数据来源：Wind。

图 12—7　2009 年 7 月至 2011 年 A 股新股发行平均市盈率

2012 年《证券发行与承销管理办法》再次修订，IPO 定价机制由原来的只能询价改为允许主承销商和发行人采用向网下投资者询价的方式确定发行价格，也可以采用自主协商直接定价等其他方式确定发行价格。政策的放开提高了新股定价的效率，但也同时进一步加重了市场超募的情况。2013 年，为抑制过度炒作新股，推进新股定价合理化，政策再次改革，提出对过高报价进行剔除，限制获配机构数量，网下配售向公募基金、社保基金等 A 类投资者倾斜等。进入 2014 年 6 月以后，新股发行市盈率基本集中在 23 倍左右。目前新股发行定价的制度关键要素如表 12—3 所示：

表 12—3　　目前新股发行定价的制度关键要素

关键要素	具体规定
定价方式	可以通过向网下投资者询价的方式确定股票发行价格，也可以通过发行人与主承销商自主协商直接定价等其他合法可行的方式确定发行价格。公开发行股票数量在 2 000 万股（含）以下且无老股转让计划的，可以通过直接定价的方式确定发行价格。
剔除最高报价	首次公开发行股票采用询价方式的，网下投资者报价后，发行人和主承销商应当剔除拟申购总量中报价最高的部分，剔除部分不得低于所有网下投资者拟申购总量的 10%，然后根据剩余报价及拟申购数量协商确定发行价格，剔除部分不得参与网下申购。
询价机构数量	公开发行股票数量在 4 亿股（含）以下的，有效报价投资者的数量不少于 10 家；公开发行股票数量在 4 亿股以上的，有效报价投资者的数量不少于 20 家。剔除最高报价部分后有效报价投资者数量不足的，应当中止发行。
回拨机制	网上投资者有效申购倍数超过 50 倍、低于 100 倍（含）的，应当从网下向网上回拨，回拨比例为本次公开发行股票数量的 20%；网上投资者有效申购倍数超过 100 倍的，回拨比例为本次公开发行股票数量的 40%；网上投资者有效申购倍数超过 150 倍的，回拨后无锁定期，网下发行比例不超过本次公开发行股票数量的 10%。
战略配售	首次公开发行股票数量在 4 亿股以上的，可以向战略投资者配售。战略投资者不参与网下询价，且应当承诺获得本次配售的股票持有期限不少于 12 个月。

数据来源：《证券发行与承销管理办法》，2018 年 6 月 15 日修正，证监会令第 144 号。

反思 A 股新股定价机制的发展，是曲折前进的。注册制下，科创板有望充分借鉴美股及港股的市场化定价机制，在吸收过往 A 股定价经验的基础上，提高定价发行效率，帮助优质科创企业加快上市进程，同时加强优质投资机构的定价话语权。

(四)近期海外市场新股上市后的表现

相较于A股新股上市首日涨幅普遍达到上限44%，上市后10日涨幅均高于74%[①]，美股及港股则不存在这样明显的新股溢价效应，其市场化发行定价更有效。2018年港股新规实行后，共有2家同股不同权、5家未盈利生物医药公司首次公开发行，上市后股价整体表现不佳，以2019年1月3日为基准日(见表12—4)，前120天股价上涨的仅有信达生物和华领医药，歌礼制药下跌57.14%，跌幅最大。换手率方面，以2019年1月3日为基准日，华领医药、百济神州前120日的日均换手率仅分别为0.02%、0.03%，相较于相同基准日沪深A股医药板块105家上市公司近一个月日均换手率中位数的1%[②]，市场流动性、活跃度差异之大可见一斑。美股方面，2018年纽交所及纳斯达克上市的中概股共44只(见表12—5)，截至2018年末，相对发行价的涨跌幅中位数为—8.93%，日均换手率中位数为0.12%。

---

① 数据来源：Wind，2015年至2018年11月A股新股上市10日后股价涨幅均高于74%。

② 数据来源：Wind。

表 12—4　依港股新规上市企业股价及换手率表现

基准日：2019—01—03		涨跌幅(%)						换手率(%)					
代码	名称	5 日	10 日	20 日	60 日	120 日	250 日	5 日	10 日	20 日	60 日	120 日	250 日
1810. HK	小米集团—W	—10. 64	—13. 02	—20. 86	—17. 65	—38. 11	—30. 00	0. 14	0. 15	0. 15	0. 21	0. 29	0. 17
3690. HK	美团点评—W	—6. 78	—20. 44	—25. 68	—39. 25	—43. 22	—43. 22	0. 11	0. 12	0. 11	0. 16	0. 14	0. 14
1672. HK	歌礼制药—B	0. 50	0. 00	—17. 24	—20. 11	—57. 14	—57. 14	0. 07	0. 07	0. 07	0. 19	0. 37	0. 37
1801. HK	信达生物—B	7. 19	0. 68	—6. 49	34. 80	34. 80	34. 80	0. 18	0. 14	0. 14	0. 19	0. 10	0. 10
1877. HK	君实生物—B	—2. 11	—2. 11	—2. 11	—2. 11	—2. 11	—2. 11	1. 04	1. 69	0. 84	0. 28	0. 14	0. 14
2552. HK	华领医药—B	—1. 31	0. 24	0. 61	—0. 95	0. 24	0. 24	0. 01	0. 01	0. 01	0. 01	0. 02	0. 02
6160. HK	百济神州—B	3. 26	0. 62	—14. 24	—17. 06	—24. 58	—24. 58	0. 00	0. 01	0. 01	0. 02	0. 03	0. 03

注：若上市未满 20 日、60 日、120 日或 250 日，则涨跌幅计算区间为从上市日期至 2019 年 1 月 3 日。

数据来源：Wind。

表 12—5　纽交所及纳斯达克 2018 年上市中概股股价及换手率表现

公司名称	代码	上市日期	相对发行价涨跌幅(%)	日换手率(%)	公司名称	代码	上市日期	相对发行价涨跌幅(%)	日换手率(%)
盛世乐居	SSLJ. O	2018—02—05	—93. 40	3. 22	蔚来	NIO. N	2018—09—12	1. 76	1. 16
华米科技	HMI. N	2018—02—08	—10. 64	0. 21	趣头条	QTT. O	2018—09—14	—9. 29	0. 30
农米良品	FAMI. O	2018—02—16	1. 50	2. 97	小赢科技	XYF. N	2018—09—19	—55. 05	0. 04
爱鸿森	AIHS. O	2018—03—16	—4. 75	0. 10	云米科技	VIOT. O	2018—09—25	—13. 33	0. 23
点牛金融	DNJR. O	2018—03—20	62. 50	0. 02	流利说	LAIX. N	2018—09—27	—39. 36	0. 11
尚德机构	STG. N	2018—03—23	—73. 57	0. 15	触宝	CTK. N	2018—09—28	—30. 67	0. 45
格林酒店	GHG. N	2018—03—27	—7. 21	0. 04	新濠影汇	MSC. N	2018—10—18	33. 76	0. 00
哔哩哔哩	BILI. O	2018—03—28	26. 87	1. 51	小牛电动	NIU. O	2018—10—19	—22. 22	0. 11

续表

公司名称	代码	上市日期	相对发行价涨跌幅(%)	日换手率(%)	公司名称	代码	上市日期	相对发行价涨跌幅(%)	日换手率(%)
精锐教育	ONE. N	2018—03—28	—29.09	0.09	品钛	PT. O	2018—10—25	—11.83	0.00
爱奇艺	IQ. O	2018—03—29	—17.39	1.70	泛华金融	CNF. N	2018—11—07	—26.53	0.02
AGM	AGMH. O	2018—04—18	435.00	0.02	微贷网	WEI. N	2018—11—15	—7.40	0.01
虎牙直播	HUYA. N	2018—05—11	29.00	3.25	团车	TC. O	2018—11—20	—13.46	0.09
上海华钦信息科技	CLPS. O	2018—05—24	—53.90	1.69	蘑菇街	MOGU. N	2018—12—06	46.36	0.13
朴新教育	NEW. N	2018—06—15	—65.24	0.19	腾讯音乐	TME. N	2018—12—12	1.69	1.06
优信	UXIN. O	2018—06—27	—46.00	1.52	360 金融	QFIN. O	2018—12—14	—6.02	0.01
新风天域	NFC U. N	2018—06—28	1.50	—	知临集团	APM. O	2018—12—18	—3.92	0.02
GREENLAND ACQUISITION	GLACU. O	2018—07—25	2.65	0.00	数海信息	DTSS. O	2018—12—19	1.25	0.04
极光	JG. O	2018—07—26	—17.41	0.02	普惠财富	PHCF. O	2018—12—27	—0.02	0.31
拼多多	PDD. O	2018—07—26	18.11	0.24	中位数			—8.93	0.12
灿谷	CANG. N	2018—07—26	—27.82	0.00	平均值			3.46	0.77
LONGEVITY ACQUISITION	LOACU. O	2018—08—29	1.50	0.00	最大			435.00	3.25
1 药网	YI. O	2018—09—12	—56.14	0.01	最小			—93.40	—

注：基准日为 2018 年 12 月 31 日。

数据来源：Wind。

中长期股价表现方面，由于受到市场、行业、企业自身业务发展情况的影响，新股上市后相较 IPO 发行价格的表现不尽相同。我们选取了 2015 年以来美股及港股市场较有代表性的新经济公司，关注其上市后 6 个月、1 年、2 年、3 年及截至 2018 年 12 月 31 日的投资回报率（附件包含案例公司具体的股价走势）。

表 12—6　　新股上市后中长期股价表现

公司名称	上市日期	收益率(%)				
		上市后6个月	上市后1年	上市后2年	上市后3年	截至2018年12月31日
京东(JD. O)	2014—05—22	26.53	83.63	20.47	119.26	10.16
阿里巴巴(BABA. N)	2014—09—19	26.09	—6.03	51.51	164.81	101.57
钜派投资(JP. N)	2015—07—16	—18.20	—25.50	—24.40	65.30	—56.10
宜人贷(YRD. N)	2015—12—18	34.20	114.20	314.10	31.40	7.50
百济神州(BGNE. O)	2016—02—03	10.79	49.50	444.25	—	484.42
和黄中国医药(HCM. O)	2016—03—17	—8.96	40.74	154.00	—	71.04
搜狗(SOGO. N)	2017—11—9	—28.77	—55.77	—	—	—59.62
蔚来(NIO. N)	2018—09—12	—	—	—	—	1.76
康宁医院(2120. HK)	2015—11—20	5.01	—6.59	—3.41	—2.97	—8.27
金斯瑞生物科技(1548. HK)	2015—12—30	—9.16	181.68	1514.50	706.11	706.11
瑞慈医疗(1526. HK)	2016—10—06	—36.33	—16.02	—37.89	—	—31.64
华润医药(3320. HK)	2016—10—28	—1.32	3.19	24.18	—	12.31
宇华教育(6169. HK)	2017—02—28	33.17	109.76	—	—	52.20
药明生物(2269. HK)	2017—06—13	101.94	—	—	—	143.45

数据来源：Wind。

退市情况方面，美股市场的机制最为灵活、高效，纳斯达克 2016 年、2017 年、2018 年 1～10 月的退市上市公司家数分别为 244 家、80 家、61 家[①]，公司自愿退市和强制退市的比例大致相当。自愿退市的主要原因为市值较低、二级市场低迷等；强制退市的多为财务数据造假、信息披露违规、股票未能达到流动性

① 数据来源：World Federation of Exchange。

指标等。纽交所 2016 年、2017 年、2018 年 1～10 月退市的公司家数分别为 181 家、152 家及 84 家。[①] 纽交所的大部分退市公司为自愿退市。

科创板推出后，市场流动性及成交活跃度也是投资者、券商及监管机构关心的问题之一。强化信息披露、提高发行定价效率效果是保持市场良性发展的基石。

附录：案例公司具体的股价走势

1. 京东(JD.O)

京东于 2014 年 5 月 22 日在纳斯达克首次公开发行上市(股份类型：存托凭证)，IPO 招股价格区间为 16～18 美元，最终发行价格为 19 美元。股票上市 6 个月收盘价格为 24.04 美元，上市 1 年收盘价格为 34.89 美元，上市 2 年收盘价格为 22.89 美元，上市 3 年收盘价格为 41.66 美元。上市后股价走势见图 1：

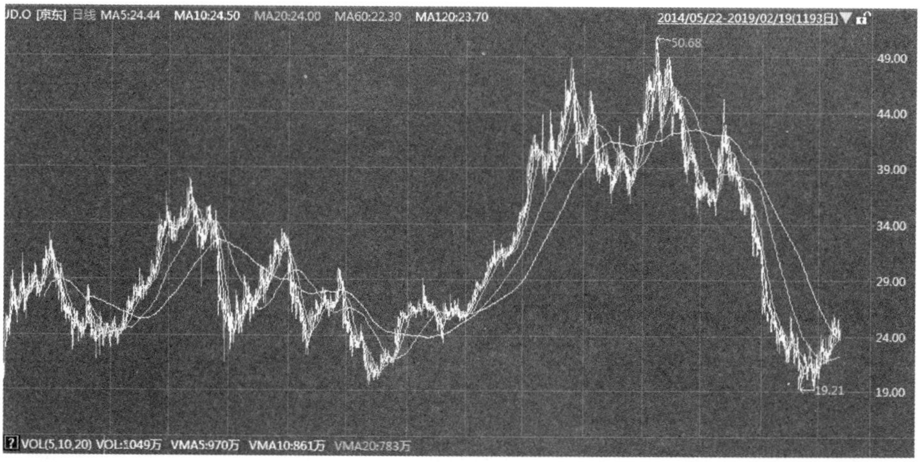

图 1

2. 阿里巴巴(BABA.N)

阿里巴巴集团于 2014 年 9 月 19 日在纽交所首次公开发行上市(股份类型：存托凭证)，IPO 招股价格区间为 66～68 美元，最终发行价格为 68 美元。

① 数据来源：World Federation of Exchange。

股票上市 6 个月收盘价格为 85.74 美元，上市 1 年收盘价格为 63.9 美元，上市 2 年收盘价格为 103.03 美元，上市 3 年收盘价格为 180.07 美元。上市后股价走势如图 2 所示：

图 2

3. 钜派投资(JP.N)

钜派投资集团 2015 年 7 月 16 日首次公开发行上市(股份类型：存托凭证)，IPO 招股价格区间为 10～12 美元，最终发行价格为 10 美元。股票上市 6 个月收盘价格为 8.18 美元，上市 1 年收盘价格为 7.45 美元，上市 2 年收盘价格为 7.56 美元，上市 3 年收盘价格为 16.53 美元。上市后股价走势如图 3 所示：

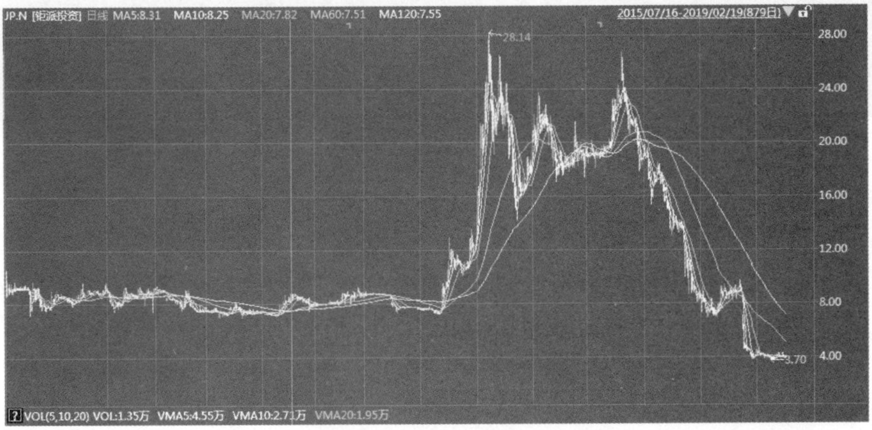

图 3

4. 宜人贷(YRD. N)

宜人贷 2015 年 12 月 18 日首次公开发行上市(股份类型:存托凭证),IPO 招股价格区间为 9～11 美元,最终发行价格为 10 美元。股票上市 6 个月收盘价格为 13.42 美元,上市 1 年收盘价格为 21.42 美元,上市 2 年收盘价格为 41.41 美元,上市 3 年收盘价格为 13.14 美元。上市后股价走势如图 4 所示:

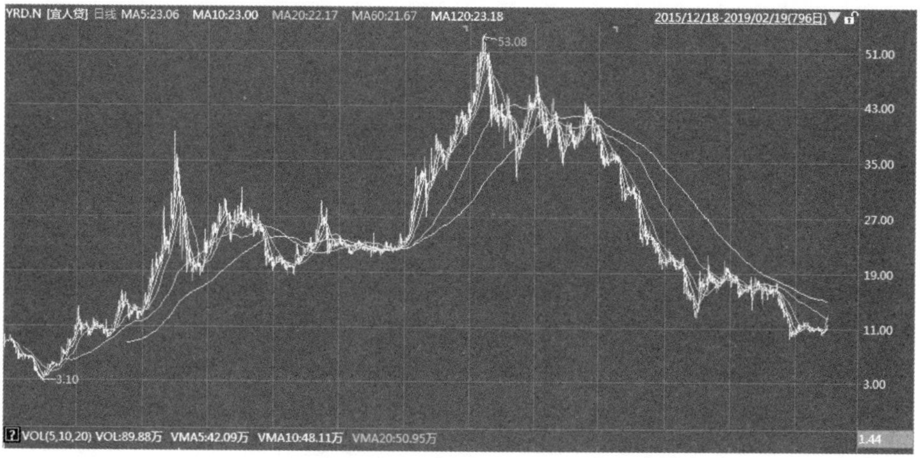

图 4

5. 百济神州(BGNE. O)

百济神州 2016 年 2 月 3 日首次公开发行上市(股份类型:存托凭证),IPO 招股价格区间为 22～24 美元,最终发行价格为 24 美元。股票上市 6 个月收盘价格为 26.59 美元,上市 1 年收盘价格为 35.88 美元,上市 2 年收盘价格为 130.62 美元,上市 3 年收盘价格为 131.26 美元。上市后股价走势如图 5 所示。

6. 和黄中国医药(HCM. O)

和黄中国医药 2016 年 3 月 17 日首次公开发行上市(股份类型:存托凭证),IPO 发行价格为 13.5 美元。股票上市 6 个月收盘价格为 12.29 美元,上市 1 年收盘价格为 19 美元,上市 2 年收盘价格为 34.29 美元。上市后股价走势如图 6 所示。

7. 搜狗(SOGO. N)

搜狗 2017 年 11 月 9 日首次公开发行上市(股份类型:存托凭证),IPO 招

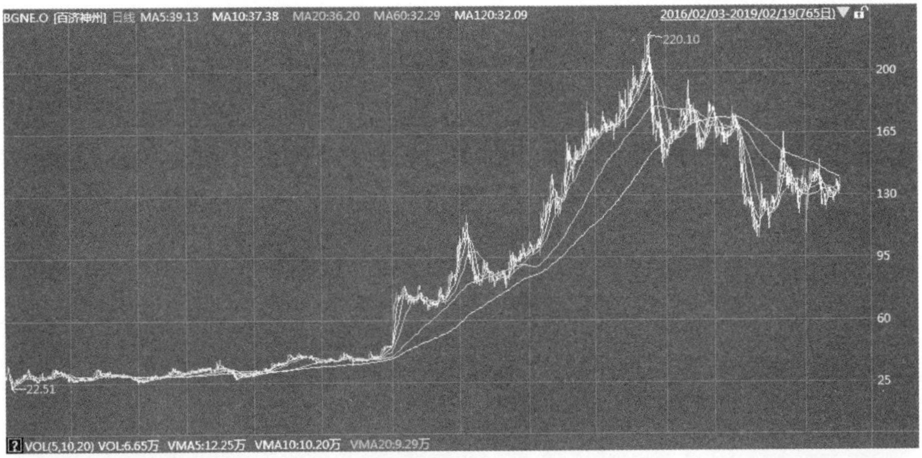

图 5

图 6

股价格区间为 11～13 美元，最终发行价格为 13 美元。股票上市 6 个月收盘价格为 9.26 美元，股票上市 1 年收盘价格为 5.75 美元。上市后股价走势如图 7 所示。

8. 蔚来（NIO. N）

蔚来 2018 年 9 月 12 日首次公开发行上市（股份类型：存托凭证），IPO 招股价格区间为 6.25～8.25 美元，最终发行价格为 6.26 美元。上市后股价走势

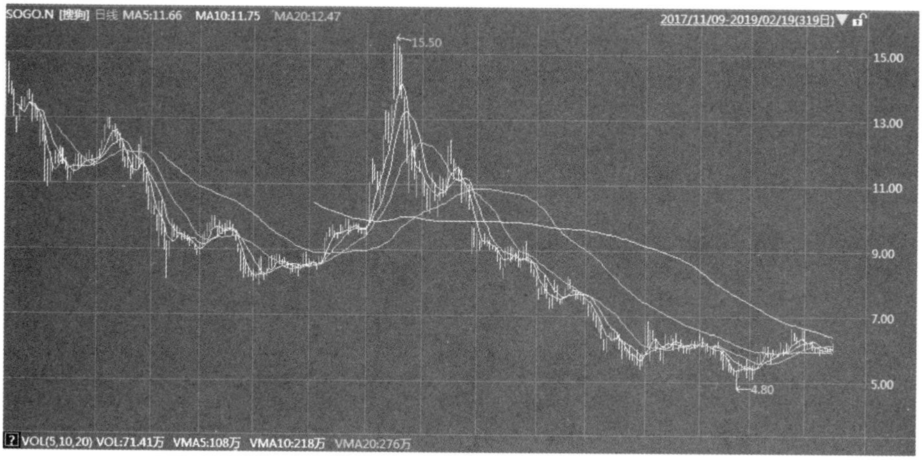

图 7

如图 8 所示：

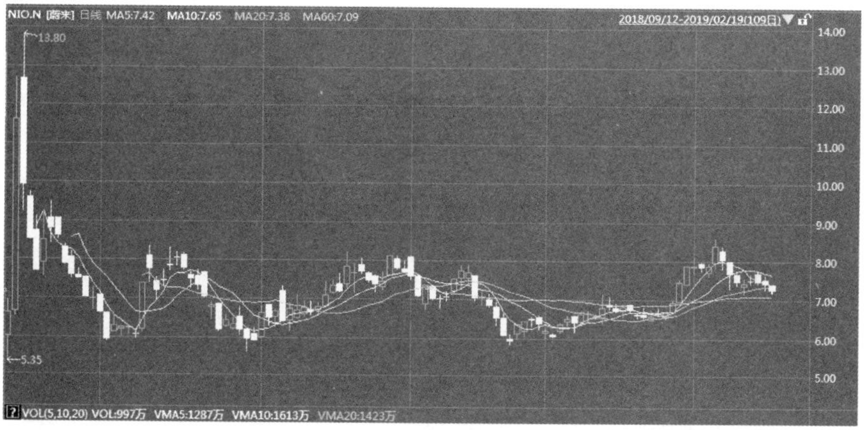

图 8

9. 康宁医院(2120. HK)

康宁医院 2015 年 11 月 20 日首次公开发行上市，IPO 招股价格区间为 32. 1～38. 7 港元，最终发行价格为 38. 7 港元。股票上市 6 个月收盘价格为 40. 642 港元，上市 1 年收盘价格为 36. 147 港元，上市 2 年收盘价格为 37. 381 港元，上市 3 年收盘价格为 37. 55 港元。上市后股价走势如图 9 所示：

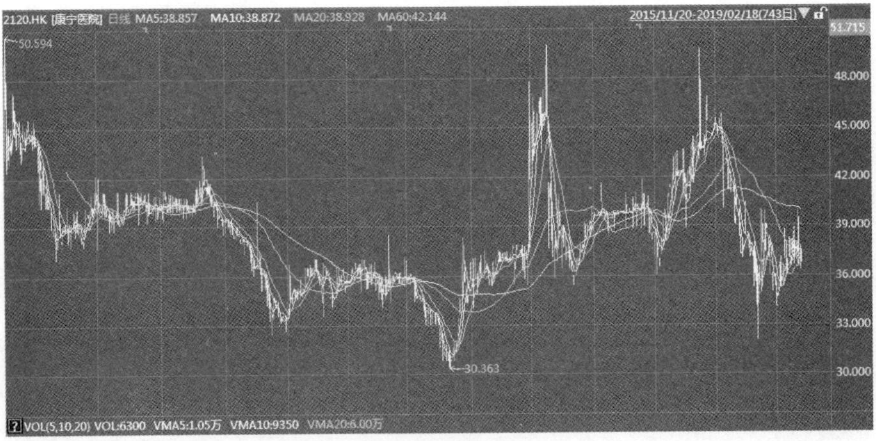

图 9

10. 金斯瑞生物科技(1548. HK)

金斯瑞生物科技 2015 年 12 月 30 日首次公开发行上市，IPO 招股价格区间为 1. 31～1. 68 港元，最终发行价格为 1. 31 港元。股票上市 6 个月收盘价格为 1. 186 港元，上市 1 年收盘价格为 3. 687 港元，上市 2 年收盘价格为 21. 15 港元，上市 3 年收盘价格为 10. 56 港元。上市后股价走势如图 10 所示：

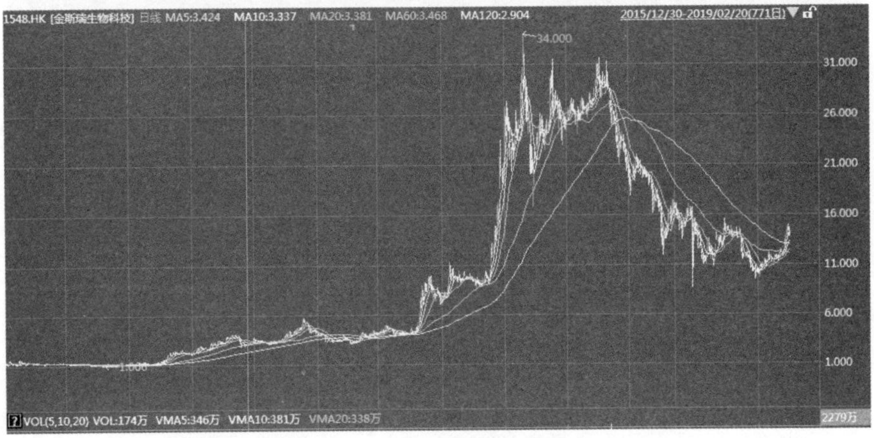

图 10

11. 瑞慈医疗(1526. HK)

瑞慈医疗 2016 年 10 月 6 日首次公开发行上市，IPO 招股价格区间为 2. 56

～2.82 港元，最终发行价格为 2.56 港元。股票上市 6 个月收盘价格为 1.63 港元，上市 1 年收盘价格为 2.15 港元，上市 2 年收盘价格为 1.59 港元。上市后股价走势如图 11 所示：

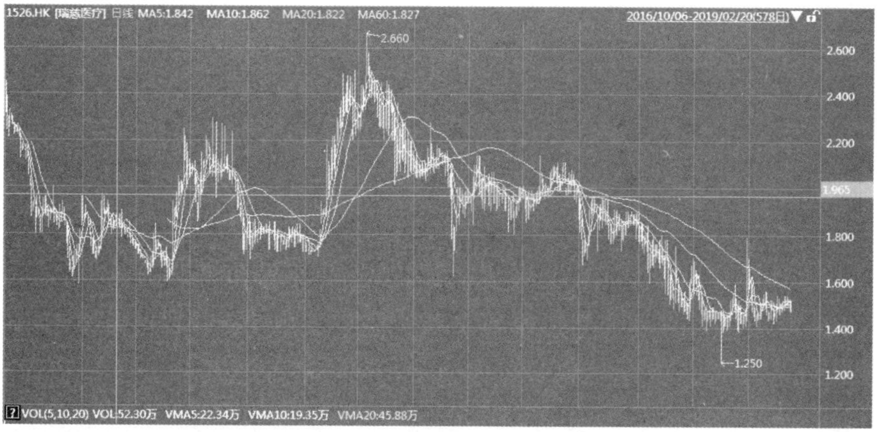

图 11

12. 华润医药(3320. HK)

华润医药 2016 年 10 月 28 日首次公开发行上市，IPO 招股价格区间为 8.45～10.15 港元，最终发行价格为 9.1 港元。股票上市 6 个月收盘价格为 8.977 港元，上市 1 年收盘价格为 9.394 港元，上市 2 年收盘价格为 11.3 港元。上市后股价走势如图 12 所示：

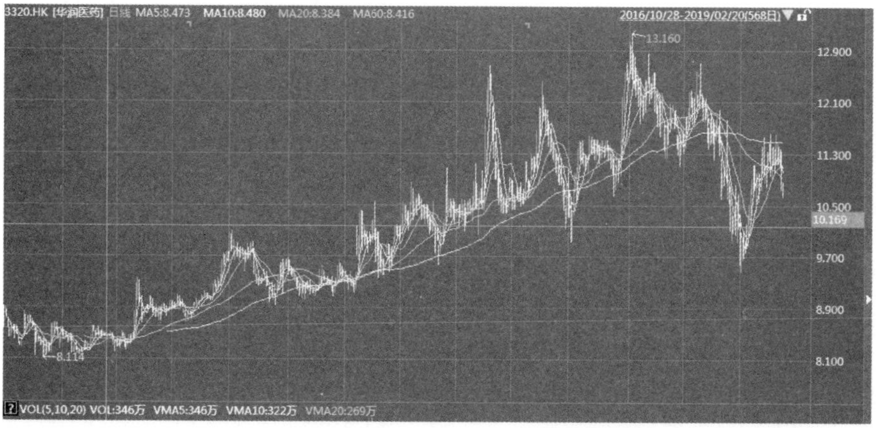

图 12

13. 宇华教育(6169. HK)

宇华教育 2017 年 2 月 28 日首次公开发行上市，IPO 招股价格区间为 1. 98～2. 54 港元，最终发行价格为 2. 05 港元。股票上市 6 个月收盘价格为 2. 733 港元，上市 1 年收盘价格为 4. 299 港元。上市后股价走势如图 13 所示：

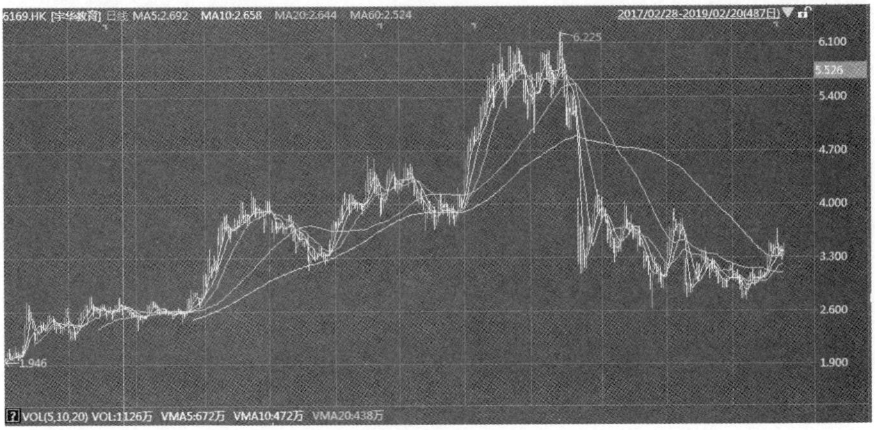

图 13

14. 药明生物(2269. HK)

药明生物 2017 年 6 月 13 日首次公开发行上市，IPO 招股价格区间为 18. 6～20. 6 港元，最终发行价格为 20. 6 港元。股票上市 6 个月收盘价格为 41. 6 港元，上市 1 年收盘价格为 88. 5 港元。上市后股价走势如图 14 所示：

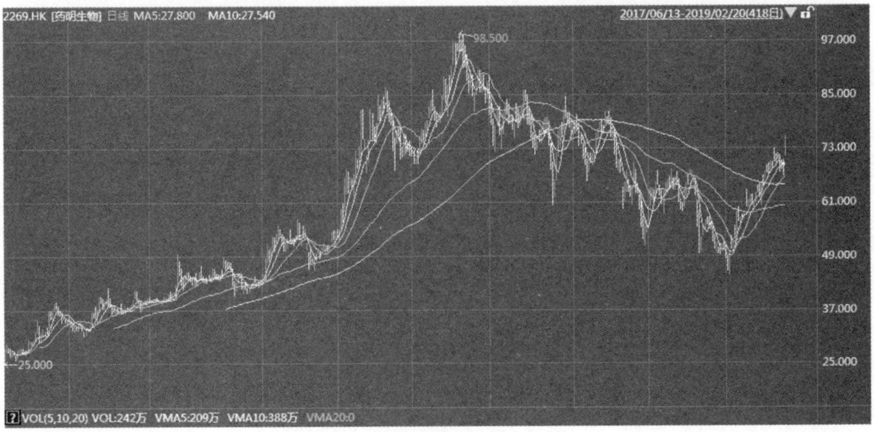

图 14

第十三章　注册制市场下持续监管要求

对于 A 股市场的持续督导要求，美股市场不存在明文规定要求证券公司承担相应责任，本部分仅就中国香港市场的相关规定进行介绍分析。

一、香港市场 IPO 持续督导要求

香港证监会及联交所制定一系列准则及指引规定了保荐人及合规顾问应履行的职责、选任条件等内容①，其中合规顾问需具备保荐人资格，同一次 IPO 行为中可分别聘请不同机构作为保荐人及合规顾问分别履职。合规顾问仅负责 IPO 发行完成后的督导期履职，需由发行人有偿聘请。合规顾问严格按照法定要求履职，履职内容相对清晰，可操作，实务中合规顾问因违规被处罚的情况较少。

《上市规则》规定了主板市场 IPO 发行人必须委任 1 名合规顾问，任期由上市发行人的股本证券首次上市之日起，至上市之日起计第一个完整财政年度（GEM 为两个完整财政年度）的财务业绩的结算日止。其中对合规顾问的履职内容规定如下：

上市发行人遇到以下情况必须及时咨询征询合规顾问的意见：刊发任何受规管的公告、通函或财务报告之前；拟进行交易（可能是须予公布的交易或关联

---

① 包括但不限于《主板上市规则》《GEM 上市规则》《企业融资顾问准则》《证券及期货事务监察委员会持牌人或注册人操守规则》《适用于申请或继续以保荐人和合规顾问身份行事的法团及认可财务机构的额外适当人选指引》。

交易)，包括发行股份及回购股份；募集资金使用发生变化；上市发行人的业务、发展或业绩与上市文件所载任何预测、估计不同；交易所要求发行人就上市价格、成交量的异常波动，虚假市场交易等其他重要问题。

合规顾问必须尽职履行以下其他职责：为发行人合法合规运行提供适当意见；陪同上市发行人出席与本交易所举行的任何会议；就发行人的营运及财务情况、盈利预测实现情况、履行承诺情况、豁免事项等重大事项要求与发行人商讨并限定次数；评估董事会新成员履职能力，为新委托成员提供培训等措施。

二、与科创板持续督导要求的对比

联交所主板及 GEM 合规顾问与我国科创板保荐机构承担的持续督导职责相比，主要差异如下：

(1)内地科创板保荐机构需同时承担前期尽责推荐及后期持续督导责任，两种责任不可分离，单一保荐机构承担责任总体较大。香港市场保荐人及合规顾问职责可分别由不同持牌机构承担，整体风险可以由不同机构分散承担。

(2)内地科创板持续督导期相对香港市场明显偏长。

(3)相对香港市场，我国保荐机构持续督导承担职责更为全面，需对发行人日常风险事项、业务和技术风险事项、控股股东风险事项、股价异动等特殊情形发表意见，需定期发布持续督导跟踪报告，需承担识别风险职责，需履行现场核查职责，需全面督导发行人规范运作、信息披露、承诺履行等。

(4)香港市场合规顾问履职内容明确，可执行性强。我国保荐机构持续督导责任倾向于为发行人全面规范兜底，保荐机构可免责情形不明确。

第十四章　注册制市场下监管处罚规则及中介机构责任

本部分对美国股票市场和中国香港市场以及中国内地科创板注册制下发行人/上市公司以及中介机构各自的责任认定以及受处罚情况进行对比和分析。

一、美国市场的监管处罚规则和中介机构责任

美国 SEC 处罚的类型主要包括：上市公司信息披露违规、证券欺诈发行以及内幕交易、操纵市场等其他违法违规行为。

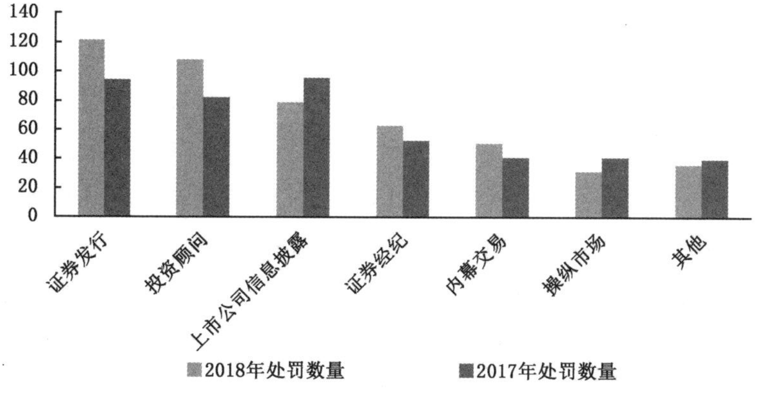

资料来源：SEC 官网。

图 14—1　美国 SEC 的主要处罚类型①

① SEC 执法部 2018 年度报告。

(一)证券欺诈发行

1. 发行人责任

美国《1933年证券法》[①]规定，发行人必须披露与证券发行相关的财务和其他信息，并禁止与买卖证券相关的欺诈行为。主要监管规定和处罚措施如下：

(1)发行人对披露材料负首要责任，承担"无过错责任"。《1933年证券法》第11条规定，发行人要对申报材料的真实性负责，保证申报材料不存在虚假陈述和重大遗漏，违反此规则的，投资者可以起诉发行人以及中介机构并无需承担举证责任，赔偿损失限于新股发行价格与诉讼当时的股价之差。除发行人之外，其他被告都可以进行无罪辩护，即证明自己没有理由不相信申报材料的真实性，该条规则确定了发行人在证券发行上市中负首要责任的地位。

(2)SEC有权向违反《1933年证券法》的人员和机构签发"停止令"，要求停止相关行为并采取市场禁入等处罚措施。《1933年证券法》第8条规定，SEC有权向违反该法案的人员签发"停止令"(cease-and-desist order)，要求该人员停止违法行为，并采取措施保证遵守相关规则。此外，还可以对违反"反欺诈"条例的发行人、高级管理人员实行暂时性或永久性的市场禁入。L. H. Ross & Company由于在证券发行以及买卖中存在虚假记载以及重大遗漏，被SEC签发临时性禁令，禁止其再违反相关法律。[②] West Clark Community Schools在发行市政债券时，没有按照要求披露年度财务报告，被美国SEC签发禁止令，禁止其再违反相关法律。[③]

(3)SEC可以对违法人员直接进行民事处罚。《1933年证券法》第8条规定，SEC可以直接对违法人员进行民事处罚，最高可以对自然人(natural person)处以7 500美元的罚金，对其他主体(any other person)最高处以75 000美元的罚金。违规情节如果涉嫌舞弊、欺诈、操纵或者蓄意违法的，将被从重处罚，对自然人最高处以75 000美元的罚金，而对其他主体最高处以37.5万美元的罚金。对于在违法行为中获取高额利益或者给他人造成严重损失的，则加重处罚力度，对自然人最高处以15万美元的罚金，对其他主体最高处以72.5万

① SEC官网《1933年证券法》。

② https://www.sec.gov/litigation/admin/34-51270.htm。

③ https://www.sec.gov/news/press-release/2013-136。

美元的罚金。Behavioral Recognition Systems，Inc. 在 2013 到 2015 年共计 7 次股票发行行为中欺瞒投资者，主要表现在募集资金用途、高管薪酬以及关联交易等方面，被美国 SEC 要求归还违法所得并加算利息，并禁止其再次违反相关法律。[①]

(4)SEC 可以提请法院追究违法人员的民事责任。《1933 年证券法》第 20 条还规定，当违反该法案时，SEC 可以提请法院对违法个人处以民事处罚。

按照违法情节的严重程度，民事处罚分三个层次：

第一个层次，罚金数额不超过以下两者中的较高者：(1)对自然人处以 5 000 美元的罚金，而对其他主体处以 5 万美元的罚金；(2)违法所得。

第二个层次，涉嫌舞弊、欺诈、操纵以及蓄意违法的，罚金数额不超过以下两者中的较高者：(1)对自然人处以 5 万美元的罚金，而对其他主体处以 25 万美元的罚金；(2)违法所得。

第三个层次，涉嫌舞弊、欺诈、操纵以及蓄意违法且给投资者造成重大损失的，罚金数额不超过以下两者中的较高者：(1)对自然人处以 10 万美元的罚款，对其他主体处以 50 万美元的罚款；(2)违法所得。

第五，其他监管措施。《1933 年证券法》第 20 条规定，如果违反或即将违反《证券法》，可以要求禁止出售或发行证券。

2. 中介机构责任

由于美国没有保荐制度，证券承销商协助发行人推销证券，对证券发行的申报材料仅负有“合理谨慎(reasonable care)”的义务。《1933 年证券法》第 11 条规定，当招股说明书中存在虚假陈述以及重大遗漏时，除发行人之外，投资者可以起诉承销商，该法条成为投资者起诉承销商的法律依据。但同时规定，承销商可以进行无罪辩护，即证明自己没有理由不相信申报材料的真实性，通常承销商可以进行的无罪辩护有：辞职抗辩、不知情抗辩和应有谨慎抗辩，此外，还认可“信赖专家抗辩”。在美国的判例法中还有“区别对待标准”，即在签署登记注册文件的内部人和外部人之间划定一条界线，对签署登记注册文件的内部人适用最高的注意标准，而外部人则根据专业知识适用不同的注意标准。

---

① https://www.sec.gov/litigation/litreleases/2017/lr24013.htm。

世界通信公司（WorldCom）由于虚增现金流和利润被SEC调查并于2002年申请破产保护，其在2001年发行的公司债券的债权人将发行人及其董事高管、审计机构、债券发行的承销商告上法庭，法院认为，承销商单纯依赖注册会计师的意见，对注册声明的尽职调查不充分，保荐人Citigroup为达成和解付款14.575亿美元。[①] City Securities由于在承销West Clark Community Schools市政债券时，没有进行充分的尽职调查，最后City Securities被罚，向美国财政部支付238 000美元的违约金、41 446美元的判决前利息和30万美元的民事罚款。[②]

可见，尽管美国《1933年证券法》没有提及承销商的保荐责任，但是根据《1933年证券法》第11条，承销商仍然需要对发行人申请文件的真实性、准确性和完整性负责。另外，《1933年证券法》制定前后，投资银行已经被普遍认为是所发行证券的保荐人。[③]

（二）信息披露违规

1. 上市公司责任

美国SEC重点关注上市公司信息披露问题，通过《萨班斯—奥克斯利法案》建立了严格的信息披露和造假处罚制度。主要监管规定以及处罚措施如下：

(1)对舞弊公司处以高额罚款。2014年6月，某公司[④]由于贷款减值处理不当以及虚增收入被罚款5 100万美元；2016年4月，某公司[⑤]由于担保支出以及无形资产摊销会计处理不当被罚款750万美元；2016年9月，某公司[⑥]由于涉及企业所得税造假以及虚构利润被罚14 000万美元；2017年9月，某公司[⑦]由于提前确认收入被SEC没收332.87万美元收入加上49.57万美元的利息，并处以920万美元的罚款；2018年4月，某公司由于提前确认收入而被罚款

---

① http://worldcomlitigation.com/html/citisettlementm.html。

② https://www.sec.gov/news/press-release/2013－136。

③ 赵英杰:《注册制、中介机构责任模式与承销商保荐责任》，载《金融市场研究》，2016年第3期，第55～65页。

④ https://www.sec.gov/news/press-release/2014－125。

⑤ https://www.sec.gov/news/pressrelease/2016－74.html。

⑥ https://www.sec.gov/news/pressrelease/2016－194.html。

⑦ https://www.sec.gov/news/press-release/2018－73。

14 300 万美元。

(2)强化上市公司管理层对财务报表的责任，违者将被处以高额罚款或者监禁以及被采取市场禁入措施。要求在公司年度或者季度报告上签字的高级管理人员发表书面声明，表明财务报表不存在任何虚假记载以及误导性陈述，公允反映了发行人的财务状况、经营成果以及现金流量。违反此要求的，将被最高处以 100 万美元的罚款或 10 年监禁，或者两者并处，蓄意违反此要求的，将被最高处以 500 万美元的罚款或者 20 年监禁，或者两者并处。[①] 2014 年 3 月，某公司由于虚构收入，公司前主席被罚款 10 万美元以及被采取市场禁入措施，会计师被禁止担任相关职务，CFO 被采取 5 年市场禁入措施；2014 年 5 月，某公司[②]由于虚构存货，CFO 被罚款 75 000 美元并被采取市场禁入措施；2016 年 4 月，某公司[③]由于虚构收入和资产，CEO、CFO 以及会计主管被罚款 3 万～10 万美元。

(3)当上市公司违反法律时，高级管理人员被要求归还从上市公司取得的收益。如果上市公司财务报告违反了证券法、公司法等相关法律法规而被要求重新编制报表时，上市公司 CEO 和 CFO 应该偿还 12 个月内从公司收到的所有奖金、红利或者其他奖金性或者权益性的报酬以及通过买卖公司证券而实现的收益。[④] 2012 年，某公司[⑤]由于高估资产和收入、低估费用，财务报表存在虚假记载，SEC 除了对前 CFO 罚款 25 000 美元之外，还要求前 CEO 归还 45 万美元的收入，要求前 CFO 归还 185 000 美元的收入。

(4)其他监管措施。在政府调查或者公司破产等期间有意销毁、篡改或者伪造记录以及破坏审计记录的，将被罚款或面临 20 年以下监禁，或者两者并处；审计师有意销毁、篡改或者伪造审计记录的，将被处以罚款，或者面临 20 年以下的监禁，或者两者并处；施行或者蓄谋证券欺诈——通过虚假陈述，欺骗他

---

① https://www.law.cornell.edu/uscode/text/18/1350。

② https://www.investor.gov/additional-resources/news-alerts/press-releases/sec-charges-former-cfo-dallas-based-jewelry。

③ https://www.sec.gov/news/pressrelease/2016—74.html。

④ https://www.law.cornell.edu/uscode/text/15/7243。

⑤ https://www.sec.gov/news/press-release/2012—2012—21htm。

人买卖期货、期权、证券产品，将被处以罚款或最高被处以 25 年监禁，或两者并处。[①] 另外，还将证券欺诈罪的起诉时间从过去的事发 3 年和被发现起 1 年延长到事发起 5 年和被发现起 2 年。

2. 中介机构责任

虽然美国承销商协助发行人进行证券的销售，对证券发行的申报材料负有"合理谨慎"的义务，但并不承担发行上市后的持续督导责任。从上文可以看出，美国信息披露违法违规处罚对上市公司形成很大的威慑作用，而且美国资本市场健全，退市制度完善，发行人上市后不需要证券公司进行后续的监督和指导。即使在安然事件中，美林集团、摩根大通等中介机构受处罚也是由于其存在协助安然进行虚假的资产出售和期权交易、隐瞒债务等直接的违法行为，并非因其承担持续督导责任。[②]

(三)其他违法违规问题

1. 内幕交易

《1934 年证券交易法》规定了对内幕交易的处罚办法：对于直接违法人员，由地区法院对其给予民事处罚，处罚金额由该法院决定，但最高不超过违法所得的 3 倍；而对于内幕交易的实际控制者，最高处以 100 万美元或者违法所得 3 倍的罚款。

(1)违法者将被处以罚款以及被市场禁入。某公司董事长由于泄露关于本公司的内幕信息，将面临 150 万元的罚款以及 5 年市场禁入。[③]

(2)SEC 提请法院冻结资产。2016 年 4 月，某位中国公民控制的五个账户，利用公司并购重组信息进行内幕交易，非法获取 2 900 万美元收入，被美国证监会提请法院冻结资产。

2. 操纵市场

《1934 年证券交易法》规定，对上市证券进行操纵是非法的。美国 SEC 对操纵市场的处罚措施如下：

---

① https://www.law.cornell.edu/uscode/text/18/1348。

② https://www.sec.gov/spotlight/enron.htm。

③ https://www.sec.gov/news/press-release/2018—261。

第一，要求归还违法所得并加算银行利息，处以罚款，并采取市场禁入措施。2018 年 11 月，某公司由于操纵股价，被出具永久禁令，要求归还违法所得并加算银行利息，并对高管采取市场禁入措施。[①]

第二，暂停市场交易。在美国现有的法律制度下，SEC 可能会暂停市场交易 10 天来解决操纵市场的问题。2018 年，SEC 暂停了 280 个证券的交易来解决市场操纵问题。

3. 中介机构担任投资顾问执业失当

《1940 年投资顾问法》禁止投资顾问从事欺诈性活动、未经客户同意进行证券交易、倒卖证券牟利、过度交易、未披露利益冲突等违法活动。违反该法案的，SEC 有权提请法院对违法人员处以民事处罚。按照违法情节的严重程度，民事处罚分为三个层次：

（1）罚金数额不超过以下两者中的较高者：①对自然人处以 5 000 美元的罚金，而对其他主体处以 5 万美元的罚金；②违法所得。

（2）涉嫌舞弊、欺诈、操纵以及蓄意违法的，罚金数额不超过以下两者中的较高者：①对自然人处以 5 万美元的罚金，而对其他主体处以 25 万美元的罚金；②违法所得。

（3）涉嫌舞弊、欺诈、操纵以及蓄意违法且给投资者造成重大损失的，罚金数额不超过以下两者中的较高者：①对自然人处以 10 万美元的罚款，对其他主体处以 50 万美元的罚款；②违法所得。除了民事处罚之外，SEC 还可能撤销投资顾问的执业资格。

2018 年，花旗银行由于对 ADR 处理不当，被要求归还 2 090 万美元的违法所得，加算 420 万美元利息，并罚款 1 350 万美元。[②]

4. 中介机构从事证券经纪业务执业失当

《1934 年证券交易法》规定，证券经纪活动需要获得许可，禁止证券经纪人的欺诈性行为。2018 年 11 月，某数字令牌交易平台没有获得 SEC 的运营许可，被按照非法运营没收 30 万美元违法所得，加算 1.3 万美元利息并罚款 7.5

---

① https://www.sec.gov/news/press-release/2018—262。

② https://www.sec.gov/news/press-release/2018—255。

万美元。[①]

二、中国香港市场的监管处罚规则和中介机构责任

香港证监会除处罚上市公司信息披露违规、证券欺诈发行之外，还会对内幕交易、操纵市场等违法违规行为进行处罚。

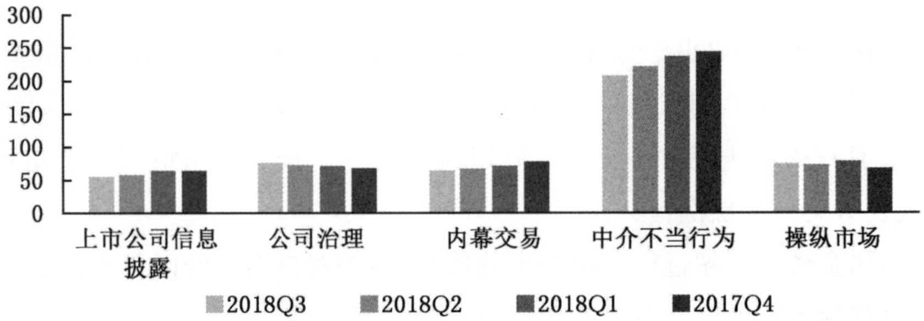

资料来源：香港 SFC 官网。

图 14—2　香港 SFC 的处罚类型[②]

(一)证券欺诈发行

1. 发行人责任

证券发行必须要经过证监会核准。《证券及期货条例》规定：除经证监会核准之外，任何人不得发出关于投资的要约性文件，违反者被视为违法行为，可处 50 万港元的罚款和 3 年监禁(公诉程序)或者第六级罚款和 6 个月监禁(简易程序)。

当招股章程存在虚假记载时，将追究责任人员的民事责任和刑事责任或者被要求回购股份。《公司条例》规定：董事及高级管理人员对招股章程负有法律责任，当投资者因招股章程的不实陈述而蒙受损失时，董事及高级管理人员有义务进行赔偿，并可处以 70 万港元及判处 3 年监禁(公诉程序)，或处以 15 万

---

① https://www.sec.gov/news/press-release/2018—258。

② https://www.sfc.hk/web/EN/regulatory-functions/enforcement/enforcement-statistics/active-investigations-by-case-nature.html。

港元的罚金和 12 个月监禁(简易程序)。洪良国际由于 2009 年在首次公开发行股票招股章程中披露了严重失实的资料,按照法院要求回购股份后导致公开发行股份数量不满足上市条件而被取消上市地位。[①]

2. 中介机构责任

根据《证券及期货事务监察委员会持牌人或注册人操守准则》[②],保荐人的主要责任是向香港联交所以及市场在整体上保证:发行人符合上市规则以及其他相关的法律法规规定,发行人的上市文件有助于投资者形成关于发行人股票、财务状况、盈利能力的合理意见。保荐人还要引导发行人遵守上市规则以及其他的法律法规规定。

据香港对保荐机构的调查手册[③],中介机构在证券上市与保荐中的不当行为包括:第一,尽职调查不充分;第二,向港交所披露的信息有问题;第三,没有很好地保管好尽职调查文件;第四,在保荐工作中内部控制工作不完善。而根据《证券与期货条例》[④]第 194 条,保荐机构可能面临的处罚有:暂停执业资格;撤销执业资格;私下/公开谴责;最高处以 1 000 万港元或者违法所得 3 倍的罚款。

德勤由于在创业板保荐业务中未能勤勉尽责,被给予暂停创业板保荐业务九个月、暂停保荐代表人业务资格六个月的处罚[⑤],CSC Asia Limited 由于在香港创业板保荐业务中未能尽职调查,被暂停保荐业务 13 个月,主要主管被暂停保荐业务 8 个月。[⑥] 2010 年,洪良国际为取得发行上市,在招股说明书中夸大收入和利润,担任洪良国际保荐人的兆丰资本由于未能对洪良国际进行充分的尽职调查等失职行为,被香港证监会罚款 4 200 万港元,并被撤销相关牌照,主

---

① SFC 2012～2013 年报。

② 《Code of Conduct for Persons Licensed by or Registered with the Securities and Futures Commission》。

③ SFC《Report on the Thematic Review of Licensed Corporations Engaged in Sponsor Business》,2018,3。

④ 香港关于信息披露的法律主要是《证券及期货条例》和《公司(清盘及杂项条文)条例》。

⑤ http://www2.hkexnews.hk/Exchange-Reports/Sponsors-and-Compliance-Advisers-Disciplinary-and-other-regulatory-decisions/2006/060627?sc_lang=en。

⑥ https://www.hkex.com.hk/news/news-release/2006/0603073news?sc_lang=en。

要责任人员被撤销牌照和暂时吊销牌照 3 年。[①] 瑞银集团(UBS)由于在中国森林和天合化工集团有限公司等上市申请中尽职调查不充分，被香港 SFC 处以 3.75 亿元的罚款，并暂时吊销保荐牌照 1 年，主要责任人员被暂时吊销牌照两年。[②] 渣打证券由于在中国森林的上市保荐业务中没有履行应尽的责任，被香港 SFC 谴责，处以 5 970 万元罚款。[③] 摩根士丹利由于在天合化工集团有限公司上市申请中没有履行应尽的责任，被香港 SFC 谴责并罚款 2.24 亿元。[④] Merrill Lynch 同样由于在天合化工集团有限公司上市申请中尽职调查不充分，被 SFC 谴责并罚款 1.28 亿元。[⑤]

(二)信息披露违规

1. 上市公司责任

据香港 SFC 每年公布的执行报告，上市公司信息披露问题是 SFC 的监管重点，可能采取的监管措施有：

第一，冻结资产，赔偿中小投资者。据 SFC 2017 年的执行情况报告，某公司由于虚构资产以及分支机构造假，被 SFC 冻结资产以赔偿中小投资者。

第二，罚款或监禁。《证券及期货条例》规定，在向证监会提供虚假或误导性的材料，属于犯罪，犯上述罪行的，一经循公诉程序定罪，可处罚款 100 万港元及监禁 2 年；或一经循简易程序定罪，可处第 6 级罚款及监禁 1 年。《公司条例》也规定了虚假陈述的处罚规则：申报表、报告书、证明书、资产负债表或其他文件内，故意作出虚假陈述的，属于犯罪行为，一经定罪，可处罚款及监禁。据 SFC2017 年的执行情况报告，某公司由于虚构利润，被法院予以刑事处罚。

第三，处罚高级管理人员。《证券与期货条例》第 214 条规定，董事及其他高管给上市公司造成损失的，将会被撤销任职资格、要求赔偿损失或者诉诸法

---

① 香港证监会 2012～2013 年报。

② https://www.sfc.hk/edistributionWeb/gateway/TC/news-and-announcements/news/doc?refNo=19PR19。

③ https://www.sfc.hk/edistributionWeb/gateway/TC/news-and-announcements/news/doc?refNo=19PR20。

④ https://www.sfc.hk/edistributionWeb/gateway/TC/news-and-announcements/news/doc?refNo=19PR21。

⑤ https://www.sfc.hk/edistributionWeb/gateway/TC/news-and-announcements/news/doc?refNo=19PR22。

律程序。第 258 条以及第 307 条规定，董事、高管没有采取适当措施来减少公司损失的，将会追究董事、高管的民事责任。香港 SFC 年度执行报告，2017 年某公司高管无视本公司收入高度依赖关联交易的事实，没有对本公司的经营模式负责，因此被 SFC 撤销董事任职资格。三家公司由于信息披露延迟，高管除被撤销任职资格之外，还最高被处以 100 万港元的罚款。

2. 中介机构责任

在香港，公司上市后需聘请合规顾问和独立财务顾问，由合规顾问和独立财务顾问来承担持续督导责任。合规顾问的责任包括：确保发行人遵守《上市规则》及所有其他适用的法律法规和守则；陪同上市公司出席联交所举行的任何会议；与上市公司就营运表现以及财务状况进行讨论、建议上市公司将盈利预测以及盈利估计情况及时进行披露、与上市公司董事及高管就承诺履行情况进行商讨，当上市公司未能履行承诺时，向上市公司董事会建议适当的补救措施；对上市公司董事及高管了解相关法规的情况进行评估，如果董事及高管不了解相关法规，应该对其进行培训。独立财务顾问对公司上市后的重大交易和安排进行审查，就以下事项向独立董事委员会及股东提出建议：交易条款是否公平合理，关联交易是否公平合理、是否符合上市公司及其股东的整体利益，股东是否应该投票赞成关联交易。[①] 与保荐人相比，合规顾问和独立财务顾问承担的责任较小，实务中尚未发现合规顾问和独立财务顾问在持续督导阶段被处罚的案例。[②]

（三）其他违法违规问题

1. 内幕交易

对于内幕交易，香港证监会可能采取的处罚措施有：赔偿投资者、归还违法所得以及对违法人员采取市场禁入措施。

据 2017～2018 年香港 SFC 年报，某公民利用汇源果汁内幕信息买卖股票获利，被要求赔偿 51 位投资者 1 560 万港元。2010 年，公民张某从担任财务顾问的律师事务所处窃取内幕消息，买卖股票，被证监会责令归还违法所得，并被

① 香港《主板上市规则》及《GEM 上市规则》。

② https://www.sfc.hk/edistributionWeb/gateway/TC/news-and-announcements/news/enforcement-news/?year=2014&page=5。

采取终身市场禁入的措施。[①] 2012 年，捷达投资管理公司的员工梁某，从摩根大通证券股票销售部员工钱某处获知内幕消息买卖股票，被香港 SFC 撤销执业牌照，并被采取 10 年市场禁入措施。[②]

2. 操纵市场

《证券及期货条例》规定，任何人不得从事操纵市场行为，否则构成犯罪，可被判处社区服务、有期徒刑以及被采取证券市场禁入措施。

2011 年，某证券公司负责人由于操纵股票价格，被香港法院判处 5 个月有期徒刑并要求偿还香港证监会 69 268 港元的调查费用[③]；而股票经纪人梁某由于操纵股价被香港法院判处 240 个小时的社区服务，并被采取 3 年证券市场禁入措施。[④]

3. 中介机构内部控制失效

SFC 非常关注中介机构的内部控制，中介机构内控失效可能导致被斥责以及罚款。2015 年，摩根大通由于在卖空以及服务客户方面没有维持必要的内部控制，被 SFC 斥责并罚款 3 000 万港元；2016 年，摩根士丹利由于内控失效，被 SFC 斥责以及罚款 1 850 万港元；2018 年，瑞士信贷公司、瑞士证券由于内部控制问题被 SFC 公开谴责并罚款 3 930 万港元。

4. 中介机构与客户存在利益冲突

根据《证券与期货条例》，中介在向客户介绍金融产品时，应当充分披露自身在该金融产品中拥有的利害关系，违者最高处以 20 万港元和 2 年监禁措施（公诉程序）或者第六级罚款和 6 个月的监禁措施（简易程序）。而根据中介行为准则，当中介在与客户的交易中存在超额利益或者与客户存在利益冲突时，除非该中介能够将其超额利益或者利益冲突向客户揭示并采取充分的措施来保证交易的公允性，否则不能承接业务或者进行交易。2016 年 6 月，某基金公

---

① https://sc. sfc. hk/gb/www. sfc. hk/edistributionWeb/gateway/TC/news-and-announcements/news/doc? refNo=11PR9。

② https://www. mmt. gov. hk/chi/orders/12PR74c. pdf。

③ https://www. sfc. hk/edistributionWeb/gateway/EN/news - and - announcements/news/doc?refNo=11PR21。

④ https://www. sfc. hk/edistributionWeb/gateway/EN/news - and - announcements/news/doc?refNo=10PR154。

司由于没有很好地处理与客户的利益冲突，被 SFC 斥责并处以 400 万港元罚款。2016 年 8 月，巴黎银行由于利益冲突问题，被 SFC 予以斥责并处以 1 850 万元罚款。

三、中国内地科创板与美国、中国香港市场在监管处罚规则和中介机构责任上的区别

我国设立科创板，试点注册制，中国证监会、上海交易所发布的一些文件对证券欺诈发行、信息披露违法违规的处罚措施作出了规定。根据《注册管理办法》第七十七条，发行人及其控股股东、实际控制人、保荐人、证券服务机构及其相关人员违反《中华人民共和国证券法》，依法应予以行政处罚的，中国证监会将依法予以处罚；对欺诈发行、虚假陈述负有责任的发行人、保荐人、会计师事务所、律师事务所、资产评估机构及其责任人员依法从重处罚。涉嫌犯罪的，依法移送司法机关，追究其刑事责任。而《注册管理办法》第五十六条规定："首次公开发行股票并在科创板上市保荐业务，适用《证券发行上市保荐业务管理办法》，本办法另有规定的除外"；《持续监督管理办法》规定："交易所根据《实施意见》《证券交易所管理办法》、本办法等有关规定，建立以上市规则为中心的科创板持续监管规则体系，在持续信息披露、股份减持、并购重组、股权激励、退市等方面制定符合科创公司特点的具体实施规则。科创公司应当遵守交易所持续监管实施规则。"从上述规则可以看出，设立科创板，试点注册制，原有的监管法规仍然适用，并在原有的监管体系下针对科创板发行人和中介机构作出一些特殊规定，本报告对科创板新规下的处罚规则进行梳理。

（一）证券欺诈发行

1. 发行人责任

在我国目前的监管体系下，主要是中国证监会和法院分别依据《证券法》和《刑法》对发行人欺诈发行证券进行处罚，科创板推出之后，在原有的监管法规基础上，又作出了一些新的规定。根据表 14－1，《证券法》第 189 条主要从对发行人处以定额的罚款或者非法募集资金一定百分比的罚款、对责任人员处以罚款等方面作出规定，而《刑法》主要从对单位判处非法募集资金一定百分比的罚

金、对责任人员处以拘役等方面作出规定。

表 14－1　　现行法规和科创板新规对发行人欺诈发行相关处罚的规定

处罚对象	科创板新规	《证券法》	《刑法》
发行人	《注册管理办法》第六十七条、第六十八条：发行人不符合发行上市条件，以欺骗手段骗取发行注册的，中国证监会将自确认之日起采取5年内不接受发行人公开发行证券相关文件的监管措施；对于已经发行上市的，中国证监会在作出行政处罚的同时，可以责令上市公司及其控股股东、实际控制人在一定期间从投资者手中购回本次公开发行的股票。	《证券法》第一百八十九条：发行人不符合发行条件，以欺骗手段骗取发行核准，尚未发行证券的，处以30万元以上60万元以下的罚款；已经发行证券的，处以非法所募资金金额1%以上5%以下的罚款。对直接负责的主管人员和其他直接责任人员处以3万元以上30万元以下的罚款。	《刑法》第一百六十条：在招股说明书，认股书，公司、企业债券募集办法中隐瞒重要事实或者编造重大虚假内容，发行股票或者公司、企业债券，数额巨大、后果严重或者有其他严重情节的，处五年以下有期徒刑或者拘役，并处或者单处非法募集资金金额1%以上5%以下罚金。单位犯前款罪的，对单位判处罚金，对单位直接负责的主管人员和其他直接责任人员，处五年以下有期徒刑或者拘役。
发行人的控股股东、实际控制人	《注册管理办法》第七十条：发行人的控股股东、实际控制人违反本办法规定，致使发行人所报送的注册申请文件和披露的信息存在虚假记载、误导性陈述或者重大遗漏，或者纵容、指使、协助发行人进行财务造假、利润操纵或者有意隐瞒其他重要信息等骗取发行注册行为，中国证监会可以视情节轻重，对相关单位和责任人员采取自确认之日起1到5年内不接受相关单位及其控制的下属单位公开发行证券相关文件，对责任人员采取认定为不适当人选等监管措施，或者采取证券市场禁入的措施。	《证券法》第一百八十九条：发行人不符合发行条件，以欺骗手段骗取发行核准，发行人的控股股东、实际控制人指使从事该类违法行为的，依照对发行人的处罚规定进行处罚。《证券法》第二十六条：国务院证券监督管理机构或者国务院授权的部门对已作出的核准证券发行的决定，发现不符合法定条件或者决定程序，尚未发行证券的，应当予以撤销，停止发行，已经发行尚未上市的，撤销发行核准决定。发行人的控股股东、实际控制人有过错的，应当与发行人承担连带责任。	《刑法》第一百六十条：在招股说明书，认股书，公司、企业债券募集办法中隐瞒重要事实或者编造重大虚假内容，发行股票或者公司、企业债券，数额巨大、后果严重或者有其他严重情节的，处五年以下有期徒刑或者拘役，并处或者单处非法募集资金金额1%以上5%以下罚金。单位犯前款罪的，对单位判处罚金，对单位直接负责的主管人员和其他直接责任人员，处五年以下有期徒刑或者拘役。

对比现有的《证券法》和《刑法》的处罚规则，科创板《注册管理办法》从5年内不接受发行人公开发行证券相关文件以及要求上市公司及其控股股东、实际控制人从投资者手中赎回股票两个方面作出新的规定。科创板下，发行人一旦涉及欺诈发行，除可能承担《证券法》及《刑法》规定下的罚款及拘役责任之外，还可能导致5年内无法再次申请发行上市，而要求上市公司及控股股东、实际控制人从投资者手中回购股票的做法，严重时可能导致上市公司不满足上市条件而退市。

2. 中介机构责任

在我国现行监管体系下，保荐机构基本不因正常履职而承担刑事责任，对保荐机构具有约束效力的法律文件主要是《证券法》以及《证券发行上市保荐业务管理办法》。《证券法》主要涉及保荐机构民事责任和行政责任的认定，其中第二十六条、第六十九条规定了在证券发行不符合法定条件或者法定程序，发行人特定信息披露文件存在虚假记载、误导性陈述或者重大遗漏的情形下，保荐人应承担过错推定的连带赔偿民事责任。《证券法》第一百九十二条则直接规定了当保荐人出具了有虚假记载、误导性陈述或者重大遗漏的保荐书或者不履行其他法定职责的，应该承担的行政责任。而《保荐业务管理办法》从暂停保荐业务资格3～6个月、责令更换负责人以及撤销保荐业务资格等方面作出处罚规定。

科创板新规下，保荐机构如果涉及欺诈发行，除可能承担《证券法》规定的行政责任和连带赔偿民事责任之外，还可能承担被证监会暂停保荐业务资格1～3年、上交所在3个月到1年内不接受发行上市申请文件和信息披露文件的后果，与《保荐业务管理办法》相比，受处罚的程度加重。而对于保荐代表人而言，如果涉及欺诈发行，除被撤销保荐业务资格之外，还可能面临在三个月至一年内不被上交所接收发行上市申请文件、信息披露文件等处罚。

表 14－2　　　现行法规和科创板新规对中介机构涉及欺诈发行相关处罚的规定

处罚对象	科创板新规	《证券发行上市保荐业务管理办法》	《证券法》
保荐机构	《注册管理办法》第七十一条：保荐人未勤勉尽责，致使发行人信息披露资料存在虚假记载、误导性陈述或者重大遗漏的，中国证监会将视情节轻重，自确认之日起采取暂停保荐人业务资格 1 年到 3 年，责令保荐人更换相关负责人的监管措施；情节严重的，撤销保荐人业务资格，对相关责任人员采取证券市场禁入的措施。 《上交所发行上市审核规则》第七十四条：本规则第九条规定的主体（含保荐人、保荐代表人及保荐人与其相关人员）出现下列情形之一的，本所可以视情节轻重采取书面警示、监管谈话、要求限期改正等监管措施，或者给予通报批评、公开谴责、三个月至一年内不接受保荐人、证券服务机构及相关人员提交的发行上市申请文件及信息披露文件、三个月至一年内不接受发行人提交的发行上市申请文件等纪律处分：第一，制作、出具的发行上市申请文件不符合要求，或者擅自改动招股说明书等发行上市申请文件；第二，发行上市申请文件、信息披露文件内容存在重大缺陷，严重影响投资者理解和本所审核；第三，发行上市申请文件、信息披露文件未做到真实、准确、完整，但未达到虚假记载、误导性陈述和重大遗漏的程度；第四，发行上市申请文件前后存在实质性差异且无合理理由；第五，未在规定时限内回复本所审核问询，且未说明理由；第六，未及时向本所报告相关重大事项或者未及时披露；第七，本所认定的其他情形。	第六十三条：保荐机构向中国证监会、证券交易所提交的与保荐工作相关的文件存在虚假记载、误导性陈述或者重大遗漏；唆使、协助或者参与发行人及证券服务机构提供存在虚假记载、误导性陈述或者重大遗漏的文件，中国证监会自确认之日起暂停其保荐机构资格 3 个月；情节严重的，暂停其保荐机构资格 6 个月，并可以责令保荐机构更换保荐业务负责人、内核负责人；情节特别严重的，撤销其保荐机构资格。 第六十七条：发行人证券发行募集文件等申请文件存在虚假记载、误导性陈述或者重大遗漏，中国证监会自确认之日起暂停保荐机构的保荐机构资格 3 个月，撤销相关人员的保荐代表人资格。	《证券法》第二十六条：国务院证券监督管理机构或者国务院授权的部门对已作出的核准证券发行的决定，发现不符合法定条件或者决定程序，尚未发行证券的，应当予以撤销，停止发行，已经发行尚未上市的，撤销发行核准决定；保荐人应当与发行人承担连带责任，但是能够证明自己没有过错的除外。 《证券法》第六十九条：发行人、上市公司的招股说明书、公司债券募集办法、财务会计报告、上市报告文件、年度报告、中期报告、临时报告以及其他信息披露资料，有虚假记载、误导性陈述或者重大遗漏，致使投资者在证券交易中遭受损失的，保荐人、承销的证券公司，应当与发行人、上市公司承担连带赔偿责任，但是能够证明自己没有过错的除外。 《证券法》第一百九十二条：保荐人出具有虚假记载、误导性陈述或者重大遗漏的保荐书，或者不履行其他法定职责的，责令改正，给予警告，没收业务收入，并处以业务收入 1 倍以上 5 倍以下的罚款；情节严重的，暂停或者撤销相关业务许可。对直接负责的主管人员和其他直接责任人员给予警告，并处以 3 万元以上 30 万元以下的罚款；情节严重的，撤销任职资格或者证券从业资格。

续表

处罚对象	科创板新规	《证券发行上市保荐业务管理办法》	《证券法》
保荐代表人	《注册管理办法》第七十一条：保荐代表人未勤勉尽责，致使发行人信息披露资料存在虚假记载、误导性陈述或者重大遗漏的，按规定撤销保荐代表人资格。 《发行上市审核规则》第七十四条：本规则第九条规定的主体（含保荐人、保荐代表人及保荐人与其相关人员）出现下列情形之一的，本所可以视情节轻重采取书面警示、监管谈话、要求限期改正等监管措施，或者给予通报批评、公开谴责、三个月至一年内不接受保荐人、证券服务机构及相关人员提交的发行上市申请文件及信息披露文件、三个月至一年内不接受发行人提交的发行上市申请文件等纪律处分：第一，制作、出具的发行上市申请文件不符合要求，或者擅自改动招股说明书等发行上市申请文件；第二，发行上市申请文件、信息披露文件内容存在重大缺陷，严重影响投资者理解和本所审核；第三，发行上市申请文件、信息披露文件未做到真实、准确、完整，但未达到虚假记载、误导性陈述和重大遗漏的程度；第四，发行上市申请文件前后存在实质性差异且无合理理由；第五，未在规定时限内回复本所审核问询，且未说明理由；第六，未及时向本所报告相关重大事项或者未及时披露；第七，本所认定的其他情形。	第六十五条：保荐代表人唆使、协助或者参与发行人及证券服务机构提供存在虚假记载、误导性陈述或者重大遗漏的文件，参与组织编制的与保荐工作相关文件存在虚假记载、误导性陈述或者重大遗漏，中国证监会撤销其保荐代表人资格；情节严重的，对其采取证券市场禁入的措施。 第六十七条：发行人证券发行募集文件等申请文件存在虚假记载、误导性陈述或者重大遗漏，中国证监会自确认之日起暂停保荐机构的保荐机构资格 3 个月，撤销相关人员的保荐代表人资格。	无

（二）信息披露违规

1. 发行人责任

目前，我国《刑法》仅规定了当上市公司存在信息披露违法违规行为时，对相关责任人员的处罚规则，没有规定对发行人及其控股股东、实际控制人的处罚规则。而《证券法》第六十九条规定了当发行人/上市公司的信息披露资料有虚假记载、误导性陈述或者重大遗漏，致使投资者在证券交易中遭受损失时，发行人/上市公司及其控股股东、实际控制人以及董事、监事和高级管理人员各自应当承担的民事赔偿责任。《证券法》第一百九十三条规定了发行人/上市公司及其控股股东、实际控制人以及直接责任人员应当承担的行政责任。

对比我国现有法规的规定，科创板新规下，发行人如果存在信息披露违法违规行为，除承担《证券法》下的民事责任和行政责任、被法院按照《刑法》追究相应责任人员的刑事责任之外，还可能被证监会处以 3～5 年内不接受发行人公开发行证券相关文件的监管措施，被上交所处以 1 至 5 年内不接受其提交的发行上市申请文件的纪律处分；而对于发行人的控股股东、实际控制人，可能在 1 到 5 年内不被接受其控制的下属单位的公开发行证券相关文件；发行人的董事、监事和高级管理人员可能被中国证监会认定为不适当人选，被上交所公开认定 3 年以上不适合担任上市公司董事、监事、高级管理人员。

表 14—3　现有法规和科创板新规对发行人信息披露违法违规的处罚办法

处罚对象	科创板新规	《证券法》	《刑法》
发行人	《注册管理办法》第六十九条：发行人注册申请文件存在虚假记载、误导性陈述或者重大遗漏，中国证监会将自确认之日起采取 3 至 5 年内不接受发行人公开发行证券相关文件的监管措施。 《发行上市审核规则》第七十五条：发行人向本所报送的发行上市申请文件、信息披露文件被认定存在虚假记载、误导性陈述或者重大遗漏，本所对发行人给予 1 至 5 年内不接受其提交的发行上市申请文件的纪律处分。	第六十九条：发行人、上市公司的招股说明书、公司债券募集办法、财务会计报告、上市报告文件、年度报告、中期报告、临时报告以及其他信息披露资料，有虚假记载、误导性陈述或者重大遗漏，致使投资者在证券交易中遭受损失的，发行人、上市公司应当承担赔偿责任。 第一百九十三条：发行人、上市公司或者其他信息披露义务人未按照规定披露信息，或者所披露的信息有虚假记载、误导性陈述或者重大遗漏的，责令改正，给予警告，并处以 30 万元以上 60 万元以下的罚款。	无

续表

处罚对象	科创板新规	《证券法》	《刑法》
发行人的控股股东、实际控制人	《注册管理办法》第七十条：发行人的控股股东、实际控制人违反本办法规定，致使发行人所报送的注册申请文件和披露的信息存在虚假记载、误导性陈述或者重大遗漏，或者纵容、指使、协助发行人进行财务造假、利润操纵或者有意隐瞒重要信息等骗取发行注册行为的，中国证监会可以视情节轻重，对相关单位和责任人员采取自确认之日起 1 到 5 年内不接受相关单位及其控制的下属单位公开发行证券相关文件，对责任人员采取认定为不适当人选等监管措施，或者采取证券市场禁入的措施。 《发行上市审核规则》第七十六条：发行人的控股股东、实际控制人、董事、监事、高级管理人员违反本规则规定，致使发行人报送的发行上市申请文件、信息披露文件被认定存在虚假记载、误导性陈述或者重大遗漏的，本所可以视情节轻重对相关主体给予通报批评、公开谴责、公开认定 3 年以上不适合担任上市公司董事、监事、高级管理人员或者自确认之日起 1 至 5 年内不接受控股股东、实际控制人及其控制的其他发行人提交的发行上市申请文件等纪律处分。	第六十九条：发行人、上市公司的招股说明书、公司债券募集办法、财务会计报告、上市报告文件、年度报告、中期报告、临时报告以及其他信息披露资料，有虚假记载、误导性陈述或者重大遗漏，致使投资者在证券交易中遭受损失，发行人、上市公司的控股股东、实际控制人有过错的，应当与发行人、上市公司承担连带赔偿责任。 第一百九十三条：受发行人、上市公司或者其他信息披露义务人的控股股东、实际控制人指使，导致发行人披露的信息有虚假记载、误导性陈述或者重大遗漏的，依照对发行人的处罚规定进行处罚。	无

续表

处罚对象	科创板新规	《证券法》	《刑法》
发行人的董事、监事和高级管理人员	《注册管理办法》第七十条：发行人的董事、监事和高级管理人员违反本办法规定，致使发行人所报送的注册申请文件和披露的信息存在虚假记载、误导性陈述或者重大遗漏的，中国证监会可以视情节轻重，对责任人员采取认定为不适当人选等监管措施，或者采取证券市场禁入的措施。 《发行上市审核规则》第七十六条：发行人的控股股东、实际控制人、董事、监事、高级管理人员违反本规则规定，致使发行人报送的发行上市申请文件、信息披露文件被认定存在虚假记载、误导性陈述或者重大遗漏的，本所可以视情节轻重对相关主体给予通报批评、公开谴责、公开认定 3 年以上不适合担任上市公司董事、监事、高级管理人员或者自确认之日起 1 至 5 年内不接受控股股东、实际控制人及其控制的其他发行人提交的发行上市申请文件等纪律处分。	第六十九条：发行人、上市公司的招股说明书、公司债券募集办法、财务会计报告、上市报告文件、年度报告、中期报告、临时报告以及其他信息披露资料，有虚假记载、误导性陈述或者重大遗漏，致使投资者在证券交易中遭受损失的，发行人、上市公司的董事、监事、高级管理人员应当承担连带赔偿责任，能够证明自己没有过错的除外。 第一百九十三条：发行人、上市公司或者其他信息披露义务人未按照规定披露信息，或者所披露的信息有虚假记载、误导性陈述或者重大遗漏的，对直接负责的主管人员和其他直接责任人员给予警告，并处以 3 万元以上 30 万元以下的罚款。	《刑法》第一百六十一条：依法负有信息披露义务的公司、企业向股东和社会公众提供虚假的或者隐瞒重要事实的财务会计报告，或者对依法应当披露的其他重要信息不按照规定披露，严重损害股东或者其他人利益，或者有其他严重情节的，对其直接负责的主管人员和其他直接责任人员，处三年以下有期徒刑或者拘役，并处或者单处 2 万元以上 20 万元以下罚金。

2. 中介机构责任

《证券法》第六十九条规定了发行人存在信息披露违法违规时，中介机构应当承担的连带赔偿责任。而《证券发行上市保荐业务管理办法》从暂停保荐业务 3～6 个月、撤换相关责任人员等方面作出规定。

与现行法规相比，科创板下，中介机构涉及信息披露违法违规的，除可依据《证券法》被追究连带赔偿责任之外，还可被上交所处以 3 个月至 3 年内不接受保荐机构、证券服务机构提交的申请文件或信息披露文件，1 至 3 年内不接受保荐代表人及其他相关人员、证券服务机构相关人员签字的申请文件或者信息披露文件的纪律处分。

表 14—4　　现有法规和科创板新规对中介机构涉及信息披露违法违规的处罚办法

处罚对象	科创板新规	《证券发行上市保荐业务管理办法》	《证券法》
保荐人	《上市规则》14.2.8:保荐机构、保荐代表人、证券服务机构及其相关人员未按本规则履行职责,或者履行职责过程中未能诚实守信、勤勉尽责的,本所可以根据情节轻重,对其采取口头警示、书面警示、监管谈话、要求限期改正等相应的监管措施或者实施通报批评、公开谴责等纪律处分。前款规定的主体制作或者出具的文件存在虚假记载、误导性陈述或者重大遗漏的,本所可以采取 3 个月至 3 年内不接受保荐机构、证券服务机构提交的申请文件或信息披露文件,1 至 3 年内不接受保荐代表人及其他相关人员、证券服务机构相关人员签字的申请文件或者信息披露文件的纪律处分。 《上市规则》14.2.9:上市公司信息披露文件存在虚假记载、误导性陈述或者重大遗漏,保荐机构、保荐代表人未能诚实守信、勤勉尽责的,本所可以根据情节轻重,对相关机构及其人员采取前条规定的监管措施或者纪律处分。《发行上市审核规则》第七十四条:本规则第九条规定的主体(含保荐人、保荐代表人及其他保荐业务相关人员)出现下列情形之一的,本所可以视情节轻重采取书面警示、监管谈话、要求限期改正等监管措施,或者给予通报批评、公开谴责、三个月至一年内不接受保荐人、证券服务机构及相关人员提交的发行上市申请文件及信息披露文件、三个月至一年内不接受发行人提交的发行上市申请文件等纪律处分:第一,制作、出具的发行上市申请文件不符合要求,或者擅自改动招股说明书等发行上市申请文件;第二,发行上市申请文件、信息披露文件内容存在重大缺陷，严重影响投资者	第六十三条:保荐机构出现下列情形之一的,中国证监会自确认之日起暂停其保荐机构资格 3 个月;情节严重的,暂停其保荐机构资格 6 个月,并可以责令保荐机构更换保荐业务负责人、内核负责人;情节特别严重的,撤销其保荐机构资格:向中国证监会、证券交易所提交的与保荐工作相关的文件存在虚假记载、误导性陈述或者重大遗漏;唆使、协助或者参与发行人及证券服务机构提供存在虚假记载、误导性陈述或者重大遗漏的文件。 第六十七条:发行人在持续督导期间信息披露文件存在误导性陈述或者重大遗漏,中国证监会自确认之日起暂停保荐机构的保荐机构资格 3 个月,撤销相关人员的保荐代表人资格。	《证券法》第六十九条:发行人、上市公司的招股说明书、公司债券募集办法、财务会计报告、上市报告文件、年度报告、中期报告、临时报告以及其他信息披露资料,有虚假记载、误导性陈述或者重大遗漏,致使投资者在证券交易中遭受损失的,保荐人、承销的证券公司,应当与发行人、上市公司承担连带赔偿责任,但是能够证明自己没有过错的除外。

续表

处罚对象	科创板新规	《证券发行上市保荐业务管理办法》	《证券法》
保荐人	理解和本所审核；第三，发行上市申请文件、信息披露文件未做到真实、准确、完整，但未达到虚假记载、误导性陈述和重大遗漏的程度；第四，发行上市申请文件前后存在实质性差异且无合理理由；第五，未在规定时限内回复本所审核问询，且未说明理由；第六，未及时向本所报告相关重大事项或者未及时披露；第七，本所认定的其他情形。		
保荐代表人	《上市规则》14.2.8：保荐机构、保荐代表人、证券服务机构及其相关人员未按本规则履行职责，或者履行职责过程中未能诚实守信、勤勉尽责的，本所可以根据情节轻重，对其采取口头警示、书面警示、监管谈话、要求限期改正等相应监管措施或者实施通报批评、公开谴责等纪律处分。前款规定的主体制作或者出具的文件存在虚假记载、误导性陈述或者重大遗漏的，本所可以采取 3 个月至 3 年内不接受保荐机构、证券服务机构提交的申请文件或信息披露文件，1 至 3 年内不接受保荐代表人及其他相关人员、证券服务机构相关人员签字的申请文件或者信息披露文件的纪律处分。 《上市规则》14.2.9：上市公司信息披露文件存在虚假记载、误导性陈述或者重大遗漏，保荐机构、保荐代表人未能诚实守信、勤勉尽责的，本所可以根据情节轻重，对相关机构及其人员采取前条规定的监管措施或者纪律处分。	第六十五条：保荐代表人出现下列情形之一的，中国证监会撤销其保荐代表人资格；情节严重的，对其采取证券市场禁入的措施：唆使、协助或者参与发行人及证券服务机构提供存在虚假记载、误导性陈述或者重大遗漏的文件；参与组织编制的与保荐工作相关文件存在虚假记载、误导性陈述或者重大遗漏。 第六十七条：发行人持续督导期间信息披露文件存在虚假记载、误导性陈述或者重大遗漏，中国证监会自确认之日起暂停保荐机构的保荐机构资格 3 个月，撤销相关人员的保荐代表人资格。	无

（三）其他违法违规行为

除了证券欺诈发行以及信息披露违规之外，科创板新规还对其他违法行为作出规定，例如重大事项未及时报告或者未及时披露、干扰审核工作、违反诚实守信等情形。

1. 重大事项未及时报告或者未及时披露、干扰审核工作、违反诚实守信

根据表14—5，当存在重大事项未及时报告或者未及时披露、干扰审核工作、违反诚信时，对于发行人，可能面临3～5年不被证监会接受相关注册申请文件等处罚。《保荐业务管理办法》规定了暂停保荐业务资格3～6个月以及更换负责人等处罚措施，而根据科创板新规，保荐人业务资格可被暂停3个月到3年，上交所可以给予3个月至1年内不接受其提交或者签字的发行上市申请文件、信息披露文件的纪律处分，同样情形的处罚措施有所加重。

而对于保荐代表人，原有的《保荐业务管理办法》规定，保荐代表人可能面临在3个月到12个月内不受理相关具体负责人的推荐，而科创板新规下，保荐代表人资格可能被暂停3个月至3年。

表14—5　重大事项未及时报告或者未及时披露、干扰审核工作、违反诚实守信等情形

处罚对象	科创板新规	《证券发行上市保荐业务管理办法》
发行人	《注册管理办法》第六十九条：发行人阻碍或者拒绝中国证监会、交易所依法对发行人实施检查、核查；发行人及其关联方以不正当手段严重干扰发行上市审核或者发行注册工作；重大事项未报告、未披露，发行人及其董事、监事、高级管理人员、控股股东、实际控制人的签名、盖章系伪造或者变造的，中国证监会将自确认之日起采取3至5年内不接受发行人公开发行证券相关文件的监管措施。 《注册管理办法》第七十四条：发行人存在以下情形的，中国证监会可以视情节轻重，采取责令改正、监管谈话、出具警示函、1年内不接受相关单位及其责任人员出具的与注册申请有关的文件等监	无

续表

处罚对象	科创板新规	《证券发行上市保荐业务管理办法》
发行人	管措施；情节严重的，可以同时采取3个月到1年内不接受相关单位及其责任人员出具的发行证券专项文件的监管措施：制作或者出具的文件不齐备或者不符合要求；擅自改动注册申请文件、信息披露资料或者其他已提交文件；注册申请文件或者信息披露资料存在相互矛盾或者同一事实表述不一致且有实质性差异；文件披露的内容表述不清，逻辑混乱，严重影响投资者理解；发行人对重大事项未及时报告或者未及时披露。 《上交所发行上市审核规则》第七十四条：本规则第九条规定的主体出现下列情形之一的，本所可以视情节轻重采取书面警示、监管谈话、要求限期改正等监管措施，或者给予通报批评、公开谴责、3个月至1年内不接受保荐人、证券服务机构及相关人员提交的发行上市申请文件及信息披露文件、3个月至1年内不接受发行人提交的发行上市申请文件等纪律处分：第一，制作、出具的发行上市申请文件不符合要求，或者擅自改动招股说明书等发行上市申请文件；第二，发行上市申请文件、信息披露文件内容存在重大缺陷，严重影响投资者理解和本所审核；第三，发行上市申请文件、信息披露文件未做到真实、准确、完整，但未达到虚假记载、误导性陈述和重大遗漏的程度；第四，发行上市申请文件前后存在实质性差异且无合理理由；第五，未在规定时限内回复本所审核问询，且未说明理由；第六，未及时向本所报告相关重大事项或者未及时披露；第七，本所认定的其他情形。	无

续表

处罚对象	科创板新规	《证券发行上市保荐业务管理办法》
保荐人及保荐代表人	《注册管理办法》第七十二条：保荐人存在以下情形的，中国证监会可以视情节轻重，采取自确认之日起暂停保荐人业务资格3个月至3年的监管措施；情节特别严重的，撤销其业务资格：伪造或者变造签字、盖章；重大事项未及时报告或者未及时披露；以不正当手段干扰注册审核工作；不履行其他法定职责。 保荐代表人存在前款规定情形的，视情节轻重，按规定暂停保荐代表人资格3个月至3年；情节特别严重的，按规定撤销保荐代表人资格。 《上交所发行上市审核规则》第七十四条：本规则第九条规定的主体出现下列情形之一的，本所可以视情节轻重采取书面警示、监管谈话、要求限期改正等监管措施，或者给予通报批评、公开谴责、3个月至1年内不接受保荐人、证券服务机构及相关人员提交的发行上市申请文件及信息披露文件、3个月至1年内不接受发行人提交的发行上市申请文件等纪律处分：第一，制作、出具的发行上市申请文件不符合要求，或者擅自改动招股说明书等发行上市申请文件；第二，发行上市申请文件、信息披露文件内容存在重大缺陷，严重影响投资者理解和本所审核；第三，发行上市申请文件、信息披露文件未做到真实、准确、完整，但未达到虚假记载、误导性陈述和重大遗漏的程度；第四，发行上市申请文件前后存在实质性差异且无合理理由；第五，未在规定时限内回复本所审核问询，且未说明理由；第六，未及时向本所报告相关重大事项或者未及时披露；第七，本所认定的其他情形。	《证券发行上市保荐业务管理办法》第六十三条：保荐机构出现下列情形之一的，中国证监会自确认之日起暂停其保荐机构资格3个月；情节严重的，暂停其保荐机构资格6个月，并可以责令保荐机构更换保荐业务负责人、内核负责人；情节特别严重的，撤销其保荐机构资格：尽职调查制度、内部核查制度、持续督导制度、保荐工作底稿制度未有效执行；唆使、协助或者参与发行人干扰中国证监会及其发行审核委员会的审核工作；严重违反诚实守信、勤勉尽责义务的其他情形。 《证券发行上市保荐业务管理办法》第六十四条：保荐代表人出现下列情形之一的，中国证监会可根据情节轻重，自确认之日起3个月到12个月内不受理相关保荐代表人具体负责的推荐；情节特别严重的，撤销其保荐代表人资格：尽职调查工作日志缺失或者遗漏，隐瞒重要问题；唆使、协助或者参与发行人干扰中国证监会及其发行审核委员会的审核工作；严重违反诚实守信、勤勉尽责义务的其他情形。

2. 上市当年即亏损

根据表14—6，当发行人上市当年即亏损时，与《保荐业务管理办法》相比，科创板新规下，保荐机构和保荐代表人面临的处罚没有明显变化，均为暂停保荐业务资格3个月以及撤销相关人员的保荐代表人资格。

表 14—6 上市当年即亏损的处罚规定

处罚对象	科创板新规	《证券发行上市保荐业务管理办法》
保荐机构、保荐代表人	《注册管理办法》第七十三条：发行人公开发行证券上市即亏损的，中国证监会自确认之日起暂停保荐人的保荐人资格 3 个月，撤销相关人员的保荐代表人资格，尚未盈利的企业或者已在证券发行募集文件中充分分析并揭示相关风险的除外。	第六十七条：发行人公开发行证券上市当年即亏损，中国证监会自确认之日起暂停保荐机构的保荐机构资格 3 个月，撤销相关人员的保荐代表人资格。

3. 未达盈利预测

当发行人未达盈利预测时，《注册管理办法》与《首发管理办法》的处罚规定相似，与此相比，《发行上市审核规则》的处罚措施略有加重，当发行人未达盈利预测的 80%时，可能面临 1 年内不接受发行上市申请文件的处罚（见表 14—7）。

表 14—7 未达盈利预测的处罚规定

处罚对象	科创板新规	现行规定
发行人	《注册管理办法》第七十五条：发行人披露盈利预测的，利润实现数如未达到盈利预测的 80%，除因不可抗力外，其法定代表人、财务负责人应当在股东大会及中国证监会指定报刊上公开作出解释并道歉；中国证监会可以对法定代表人处以警告。利润实现数未达到盈利预测的 50%的，除因不可抗力外，中国证监会在 3 年内不受理该公司的公开发行证券申请。 《发行上市审核规则》第七十九条：发行人披露盈利预测的，利润实现数未达到盈利预测 80%的，除因不可抗力外，本所可以对发行人及其董事长、总经理、财务负责人给予通报批评、公开谴责或者一年内不接受发行人提交的发行上市申请文件的纪律处分；利润实现数未达到盈利预测 50%的，除因不可抗力外，本所可以对发行人及其董事长、总经理、财务负责人给予公开谴责或者 3 年内不接受发行人提交的发行上市申请文件的纪律处分。	《首发管理办法》第五十七条：发行人披露盈利预测的，利润实现数如未达到盈利预测的 80%，除因不可抗力外，其法定代表人应当在股东大会及中国证监会指定报刊上公开作出解释并道歉； 中国证监会可以对法定代表人处以警告。利润实现数未达到盈利预测的 50%的，除因不可抗力外，中国证监会在 36 个月内不受理该公司的公开发行证券申请。

续表

处罚对象	科创板新规	现行规定
保荐代表人	《发行上市审核规则》第七十九条：发行人披露盈利预测的，利润实现数未达到盈利预测 80%的，除因不可抗力外，本所可以对签字保荐代表人给予通报批评、公开谴责或者 3 个月至 1 年内不接受其签字的发行上市申请文件、信息披露文件的纪律处分。利润实现数未达到盈利预测 50%的，除因不可抗力外，本所可以对签字保荐代表人给予公开谴责或者 1 至 2 年内不接受其签字的发行上市申请文件、信息披露文件的纪律处分。	《证券发行上市保荐业务管理办法》第六十八条：发行人在持续督导期间出现实际盈利低于盈利预测达 20%以上的，中国证监会可根据情节轻重，自确认之日起 3 个月到 12 个月内不受理相关保荐代表人具体负责的推荐；情节特别严重的，撤销相关人员的保荐代表人资格。

（四）对比及总结

从处罚规则来看，表 14－8 对美国、中国香港以及中国内地科创板注册制相应处罚规则进行了对比：与美国和中国香港相比，当涉及欺诈发行时，中国发行人除被进行罚款、处以监禁、要求回购股份等相似的处罚之外，还可能在一定期限内无法再次提交上市申请；而对于中介机构而言，中国内地保荐机构的受处罚力度明显高于美国和中国香港，除可能承担罚款等行政责任以及民事赔偿责任之外，还可能面临暂停保荐业务资格 1～3 年的严厉处罚。

在信息披露违法违规方面，我国科创板发行人除可能面临罚款之外，还可能被证监会处以 3～5 年内不接受发行人公开发行证券相关文件的处罚措施，而中介机构除面临罚款等处罚之外，还可能被上交所处以 3 个月至 3 年内不接受保荐机构提交的申请文件或信息披露文件的措施。

表 14－8　　美国、中国香港以及中国内地科创板注册制相应处罚规则

违法行为	美　国	中国香港	中国内地
欺诈发行	发行人： 对违法人员签发禁止令；由 SEC 直接或者提请法院进行民事处罚。 中介机构： 追求承销商责任。	发行人： 对责任人员进行罚款或者处以监禁，或者要求上市公司回购股份。 中介机构： 暂停或撤销执业资格；谴责；罚款。	发行人： 罚款；对责任人员处以拘役；被要求回购股份；5 年内不接受发行注册文件。 中介机构： 承担罚款等行政责任和连带赔偿民事责任；被证监会暂停保荐业务资格 1～3 年；上交所不接受发行上市申请文件和信息披露文件 1～3 年。

续表

违法行为	美　国	中国香港	中国内地
信息披露违法违规	发行人： 对上市公司及其高管处以高额罚款，要求上市公司高管归还违法所得。 中介机构： 不承担持续督导阶段的信息披露责任。	发行人： 冻结资产，赔偿中小投资者；处罚上市公司高管；罚款或者监禁。 中介机构： 保荐机构不承担持续督导阶段的信息披露责任，由合规顾问和独立财务顾问对上市公司进行督导(实务中无处罚案例)。	发行人： 承担民事赔偿责任、罚款等行政责任；被法院按照《刑法》追究相应责任人员的刑事责任；被证监会处以 3～5 年内不接受发行人公开发行证券相关文件的监管措施；被上交所处以 1 至 5 年内不接受其提交的发行上市申请文件的纪律处分。 中介机构： 被追究连带赔偿责任；还可被上交所处以 3 个月至 3 年内不接受保荐机构提交的申请文件或信息披露文件，1 至 3 年内不接受保荐代表人及其他相关人员签字的申请文件或者信息披露文件的纪律处分。

从处罚案例来看，美国和中国香港对违法违规上市公司的处罚力度明显高于中国内地主板上市公司。表 14－9 按照违法事由挑选相近案例，对美国、中国香港以及中国内地主板市场违法违规主体的被处罚情况进行了对比：第一组的案例都涉及虚构收入以及资产，美国的 Ener1 前 CEO、董事会主席被罚 10 万美元，前 CFO 被罚 5 万美元，前会计主管被罚 3 万美元；中国香港的 Greencool Technology Holdings Limited 被冻结资产来赔偿中小投资者；而中国内地的天丰节能仅被处以 60 万元罚款，责任人员被罚款 5 万～30 万元。第二组的案例都涉及虚构利润，美国的 Weatherford International 被罚 14 000 万美元，税务副总裁被追缴、处罚 33.406 7 万美元，税务经理被处罚 3 万美元；中国香港的 China Metal Recycling (Holdings) Limited 被法院处以刑事处罚，而中国内地的现代农装被处以 40 万元罚款，责任人员被处以 3 万～5 万元罚款。第三组的案例都涉及通过关联方/分支机构等方式来虚构收入，美国的 TheStreetInc 前 CFO 被罚 12.5 万美元，偿还 3.42 万美元收入，3 年证券市场禁入；分支机构负责人分别被罚 13 万美元和 12 万美元，中国香港的洪良国际被要求回购股份导致退市，而中国内地的青鸟华光被处以 60 万元罚款，责任人员被处罚 10 万～30 万元。

表 14—9　　美国、中国香港以及中国内地违法违规主体被处罚情况对比

分组	市场	违法主体	违法事由	处罚情况
第一组	美国	Ener1①	虚构收入和资产	前 CEO、董事会主席被罚 10 万美元；前 CFO 被罚 5 万美元；前会计主管被罚 3 万美元
	中国香港	Greencool Technology Holdings Limited②	虚构资产以及分支机构造假	被 SFC 冻结资产以赔偿中小投资者
	中国内地	天丰节能	虚构收入和资产	对天丰节能给予警告，并处以 60 万元罚款；法定代表人、董事长被给予警告，罚款 30 万元，10 年市场禁入；财务总监被给予警告，罚款 30 万元，终身市场禁入；对其他责任人员给予警告，并处以 5 万～10 万元罚款
第二组	美国	Weatherford International③	企业所得税造假，虚构利润	公司被罚 14 000 万美元；税务副总裁被追缴、处罚 33.406 7 万美元，税务经理被处罚 3 万美元
	中国香港	China Metal Recycling (Holdings) Limited④	虚构利润	被法院予以刑事处罚
	中国内地	现代农装	少计成本费用，虚构利润	对现代农装责令改正，给予警告，并处以 40 万元罚款。董事长、财务总监被给予警告，并分别处以 5 万元罚款。其他责任人员被给予警告，并分别处以 3 万元罚款

① https://www.sec.gov/news/pressrelease/2016—74.html。
② 香港 2017 执法年报。
③ https://www.sec.gov/news/pressrelease/2016—194.html。
④ 香港 2017 执法年报。

续表

分组	市场	违法主体	违法事由	处罚情况
第三组	美国	TheStreetInc①	利用分支机构虚构收入	前CFO被罚12.5万美元，偿还3.42万美元收入，3年证券市场禁入；分支机构负责人分别被罚13万美元和12万美元
	中国香港	洪良国际	虚构收入	被要求回购股份导致退市
	中国内地	青鸟华光	通过关联方配合子公司虚构收入	对青鸟华光给予警告，责令改正，并处以60万元罚款；董事长兼法定代表人、2名主要责任董事被给予警告，并分别处以30万元罚款，10年市场禁入；其他责任人员被给予警告，并处以10万～20万元罚款

资料来源：中国内地处罚案例来源于中国证监会行政处罚公告、上市公司公告，由于科创板还没有违法案例，所选案例来自主板市场；美国处罚案例来源于SEC官网；中国香港处罚案例来源于SFC官网。

从上述美国和中国香港证券市场的发展历程以及处罚规则和处罚情况的对比来看，我们可以得到以下启示：

1. 监管的核心是投资者保护，重心是信息披露

美国证券市场发展历史中一个重要的特征是市场的形成远早于专门监管机构的出现。美国的证券交易市场是一个自发形成的市场。在这个市场形成的初期，并没有专门的监管机构。市场参与的各方通过一般的司法体系来保护自身利益。随着市场的发展，出现了一系列损害投资者利益的事件，而这类事件往往利用了美国各州之间对于证券监管的标准不一致。市场参与的各方意识到，仅仅依靠一般的司法体系，已经很难遏制此类事件的发生，长此以往，整个证券市场就会出现投资者流失甚至市场崩溃的情况。为了防止由于各州之间对于证券监管执行标准的不一致，就需要设立一个统一的证券监管机构。在这种情况下，市场参与的各方让渡出一部分权利，统一的证券监管机构——SEC出现。由于SEC的设立出于证券市场参与各方对投资者保护的需求，所

① https://www.sec.gov/news/press-release/2012—2012—270htm。

以SEC监管的核心始终是投资者保护。而投资者在参与证券市场时，最大的痛点是信息不对称问题，即如何判断标的公司的信息披露质量，所以SEC监管的重心始终围绕信息披露的质量，对公司的投资价值并不进行判断。

中国香港证券市场也存在与美国类似的情况。香港证监会设立于1989年，而早在20世纪60年代，香港就有了证券交易活动。中国香港证监会的设立也是由于中国香港证券市场在经历一定时间的发展后出现了一系列的侵害投资者利益的事件，所以与美国类似，中国香港证监会的设立也是出于市场参与各方对于投资者保护的需要。与美国有所不同的是，中国香港股票市场监管体系的引入与形成在一定程度上参考了英国较为成熟的证券市场监管体系，所以中国香港证券市场监管制度相较于美国，体现出了更强的"外生性"。中国香港证券市场的监管也注重信息披露的质量，而非对于公司投资价值的判断。

交易所对于上市公司的监管中，美国和中国香港的证券市场也体现出了类似的特征。美国证券市场上的交易所如纽交所、纳斯达克、联交所等，本身作为上市公司在自己的交易所上市。所以交易所作为一家公司，对上市公司的监管最终目的是为了更好地为市场参与者提供服务，提高对投资者及公司的吸引力。所以，美国和中国香港的交易所对上市公司的监管要求始终是在投资者与上市公司的利益之间寻找平衡点。这在联交所因"同股不同权"而错失阿里巴巴上市之后所出台的上市新规这一改革中体现得淋漓尽致。

2. 证监会与交易所的权责划分明确

美国与中国香港的证监会与交易所的权责分配虽然有所不同，但都做到了权责分配的明确和清晰。

美国证监会与交易所的权责划分主要体现在发行与上市两个环节的分离。以这两个环节为界限，SEC与交易所明确了各自的职责与权利。SEC负责公司发行环节的信息披露质量审核，而交易所则对公司是否符合本所上市条件进行相应的审核。

香港的证监会和交易所的权责划分主要体现在监管的层次上，联交所负责上市公司在发行上市环节的一线监管，而香港证监会则通过"双重备案"制度在后端发挥监管的作用。虽然在这一过程中也有可能在权责上出现一定程度的交叉和重叠，但由于联交所在两者中占据相对主导的地位，也能够通过协商进行明确。

3. 对金融中介的责任有比较明确的界定

在资本市场中，不同的金融中介机构具有较强的专业性，对于从业人员专业技能的要求也大相径庭。所以，只有各金融中介对各自的工作负责，才能保证各个金融中介能够根据自身的专业性，更有效率地发挥应有的功能。

美国证券监管机构除有SEC之外，在安然、世通等财务舞弊案件之后，对原有的监管体系进行了调整，出台了《萨班斯—奥克斯利法案》，依据该法案设立了美国公众公司会计监督委员会(PCAOB)，加强对会计师事务所的监管。PCAOB是一家私营的非营利机构，主要资金来源于公众公司。PCAOB受到SEC的监管。正是有了PCAOB，SEC对于证券市场中会计师事务所的监管有了着力点，也提高了对于会计师事务所监管的效率。

中国香港证券市场采用的是保荐人牵头责任模式，相比于美国证券市场，对券商的责任提出了更高的要求。中国香港证券市场中保荐人牵头责任模式的发展也历经了多个阶段。

2004～2005年，香港证券及期货事务监察委员会(香港证监会)和联交所修订了上市规则，对保荐制进行了改革。此次改革的原因是原本被寄予厚望的保荐制度并没有阻止上市公司欺诈和财务丑闻的发生，而保荐人的连带责任和持续督导义务也引发了来自券商行业的争议。就保荐人的职责而言，修改内容主要体现在：

(1)废除了保荐人的持续督导职责，将其原来的职责一分为三，分别由保荐人、合规顾问和独立财务顾问来承担。保荐人承担对发行人进行上市前推荐和辅导的责任；合规顾问承担发行人上市后的持续督导责任；独立财务顾问根据证券法规的要求对发行人的重大交易和法定行为等的公允性和合规性进行审查。

(2)增设了详细的保荐人尽职调查应用指引，明确其职责和范围。

(3)进一步借鉴英国的做法，强化了对保荐人独立性的要求，建立了独立性测试规则。

虽然香港证监会和联交所不断努力改进保荐人制度，但是仍未能杜绝证券市场上的欺诈现象。2010 年,香港资本市场出现了“洪良国际案”。香港证监会和联交所再次对相关制度进行了修改,加强了保荐人的民事和刑事责任。

香港的改革经验给了我们一些启示,一味倚重证券公司、对其强加过多的义务可能不是最好的方法。而且香港虽然实行了保荐制,对于中介机构之间的责任划分没有在成文法或普通法上予以特别处理,会计师、律师等专业人士以其所签名的文件范围认定责任;中介机构与他人共同签署一份文件时,若因合理相信其他专家的意见而为之,则对该部分不承担责任。

4. 充分发挥司法体系的作用

美国和中国香港证券市场的监管都具有的一项突出特点是对于司法体系作用的发挥和利用比较充分。这是由于美国和中国香港证券市场的形成早于专门监管机构的出现,所以市场参与各方如果需要保护自身利益,必须充分利用司法体系。另一方面,市场参与各方对于司法体系的充分利用,也减轻了专门监管机构的监管难度及监管压力,更有利于发挥自身的专业性。特别是当专门监管机构因权力范围受限,无法对部分市场参与者进行约束时,投资者甚至是监管机构可以通过司法体系弥补这一监管漏洞。比如,在世通公司的案例中,SEC 在完成调查后,以民事欺诈罪正式起诉世通公司。

上海交通大学夏立军教授指出,监管和司法在投资者保护上的很大不同在于,监管的作用依赖监管部门有限的信息和人员,而司法对股市的监督可以调动起上亿投资者的参与,是对投资者权益的直接保护。只要设计好保护投资者权益的司法机制,上亿投资者出于自身的利益,将会自发地“监管”整个市场,而市场参与主体基于违规收益和风险的权衡,也会自发地约束自身的行为。①

我们应该看到,虽然我国的科创板和注册制还有一些尚待明确细化和完善之处,但在审核机制、发行上市条件、信息披露要求、审核效率、公开透明程度等方面做出了重大变革,并试图从资本市场法律体系和退市制度改革、强化市场

---

① 夏立军:《司法改革与股市发展——中国股市能够无“法”而治吗?》,《会计与经济研究》2014 年第 5 期,第 3～9 页。

诚信和参与各方履职尽责、加强政府有关部门的协同配合等方面入手促进市场稳定、健康发展。科创板试点注册制作为“资本市场制度体系改革的发力点、突破口”，其成功实施必将进一步引发存量资本市场的变革，优化中国资本市场基础功能建设，中国资本市场将迎来健康良性发展的新格局，让资本市场与优秀企业相互成就，为中国迈向高质量发展注入澎湃动力。

第三篇

已获上海证券交易所受理的科创板申报企业综合分析

第十五章　申报企业整体情况

截至2019年6月12日科创板正式开板前，上交所共披露122家科创板受理公司。申报企业整体情况如下：

一、行业分布：相对集中，定位明确

根据科创板申报企业招股说明书中所提供的行业分类，我们对已申报企业的行业分布进行了统计（见图15－1），统计结果显示，科创板申报企业主要集中在计算机、通信和其他电子设备制造业、专用设备制造业、软件和信息技术服务业以及医药制造业这四个行业中。这四个行业中的企业数量占了所有申报企业数量的71.31%，符合《上海证券交易所科创板企业上市推荐指引》关于优先推荐类企业的定位：

(1)符合国家战略、突破关键核心技术、市场认可度高的科技创新企业；

(2)属于新一代信息技术、高端装备、新材料、新能源、节能环保以及生物医药等高新技术产业和战略性新兴产业的科技创新企业；

(3)互联网、大数据、云计算、人工智能和制造业深度融合的科技创新企业。

二、注册地：京、苏、沪、粤、浙领先

根据科创板申报企业招股说明书中所提供的地区分类，我们对已申报企业的地区分布进行了统计（见图15－2）。统计结果显示，目前申报科创板企业数

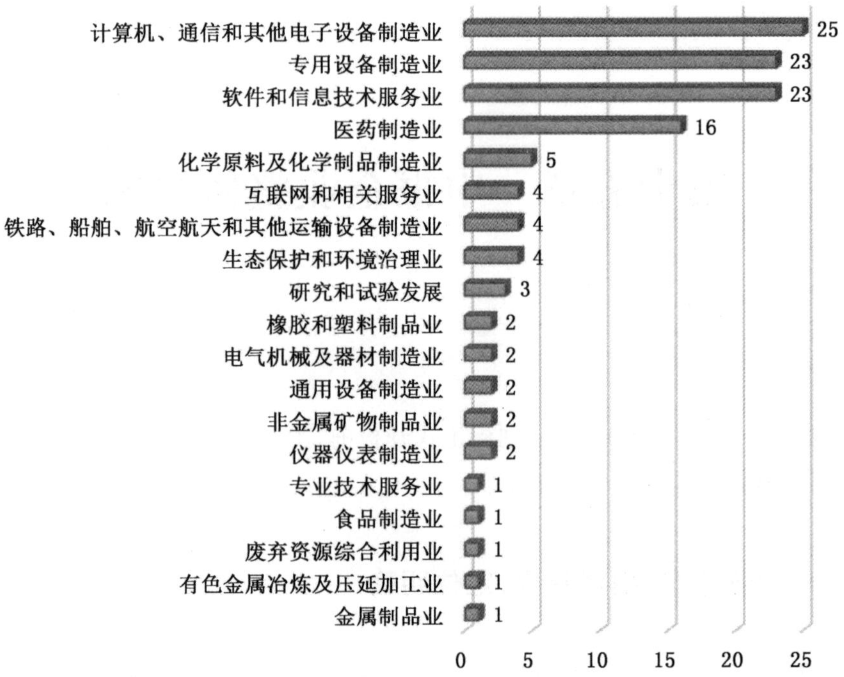

数据来源：根据招股说明书整理。

统计截止时间：2019 年 6 月 12 日。

图 15—1　科创板申报企业行业分布

量居前的省市为北京、江苏、上海、广东和浙江，这五个省份申报企业数量占总申报企业数的 77.87％。①

这一结果与我国各省市经济发展的水平及科技创新的发展程度比较吻合。一方面，京、苏、沪、粤、浙拥有比较好的经济发展基础，企业数量众多，创业氛围浓厚，创投资金相对充裕，这为科创板企业的培植提供了硬件支持；另一方面，京、苏、沪、粤、浙高等院校、科研机构及科研人才较多，这为科创企业的形成提供了软件支持。软、硬件两方面条件，使这五个省市的科创企业申报数量处于领先位置。同时，我们也注意到，申报科创板企业的省市数量多达 19 个（1 家为

① 九号智能申报注册地为境外，境内实体位于北京。本文按企业申报的注册地标准，不计入北京市申报的科创板企业中。

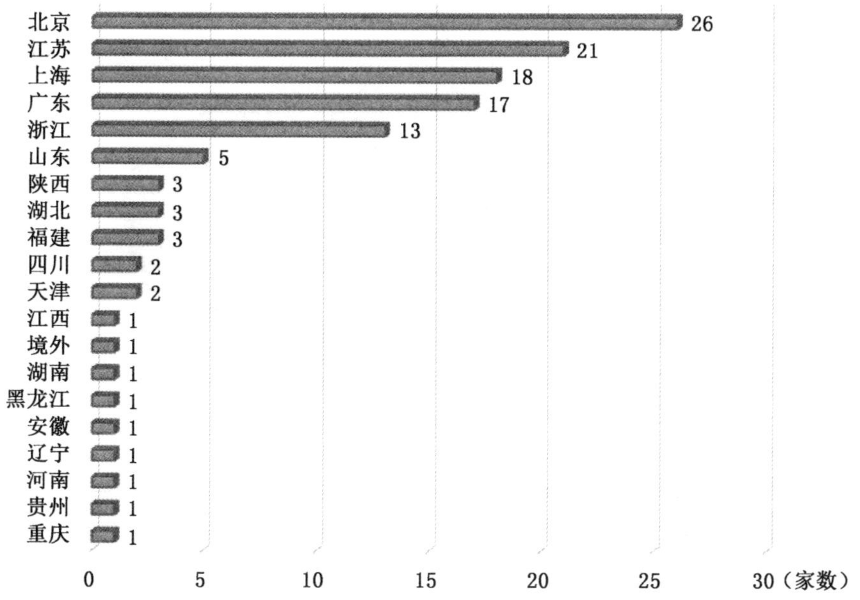

数据来源：根据招股说明书整理。

统计截止时间：2019 年 6 月 12 日。

图 15—2　科创板申报企业地区分布

境外，境内实体属地为北京)，科创板申报企业所涉省份较为广泛。

三、适用上市标准：集中采用上市标准一

我们根据科创板企业招股说明书对所使用的上市标准进行了统计。如图 15—3 所示，我们发现，122 家企业中 106 家使用了标准一，即“预计市值不低于人民币 10 亿元，最近两年净利润均为正且累计净利润不低于 5 000 万元，或者预计市值不低于 10 亿元，最近一年净利润为正且营业收入不低于 1 亿元”，占申报企业总数的 86.89%。9 家使用了标准四，即“预计市值不低于 30 亿元，且最近一年营业收入不低于 3 亿元”，3 家使用了标准二，即“预计市值不低于 15 亿元，最近一年营业收入不低于 2 亿元，且最近三年研发投入合计占最近三年营业收入的比例不低于 15%”。2 家因存在特殊表决权/红筹股的申报企业，也

都使用了《上市规则》中规定的市值要求较低的上市标准。

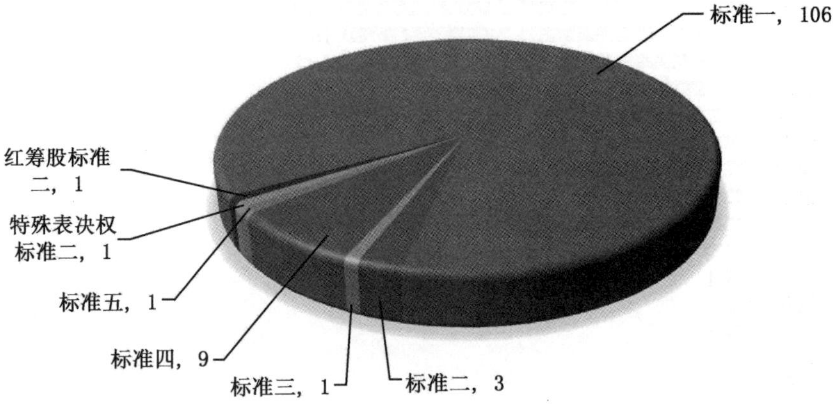

数据来源：根据招股说明书整理。

统计截止时间：2019年6月12日。

图15—3　科创板申报企业适用上市标准

申报企业普遍倾向于市值要求较低的上市标准，一方面是因为预计市值过高会对后期的发行询价造成较大压力，甚至可能导致发行失败；另一方面，目前申报科创板的企业有一部分已经有较好的财务基本面，即便是对财务要求最高的标准一，对这些申报企业而言，都比较容易达到。

申报企业的上市标准选择反映了在我国当前证券发行向注册制转型，逐步放松对财务基本面的过程中，申报企业的现状。

四、审核进度：大多数处于已问询阶段

根据上交所网站中所披露的科创板申报企业进度信息，我们统计了审核进度信息。截至6月12日，有102家企业处于已问询阶段，占比超过了80%，其中有77家企业已经提交了至少一轮的回复。科创板上市委员会分别于6月5日和6月11日召开了第一次和第二次审议会议，各有3家企业经审议后通过，其中第一次审议会议通过的3家企业已经进入了提交注册阶段。值得注意的是，截至6月12日，上市委员会审议的通过率为100%。在科创板开放申请两

个半月左右的时间里，上交所已问询、审议通过的企业数量达到 108 家，占 88.52%，效率相当惊人。此外，有 13 家企业处于已受理阶段，另有 1 家企业处于中止状态(见图 15—4)。

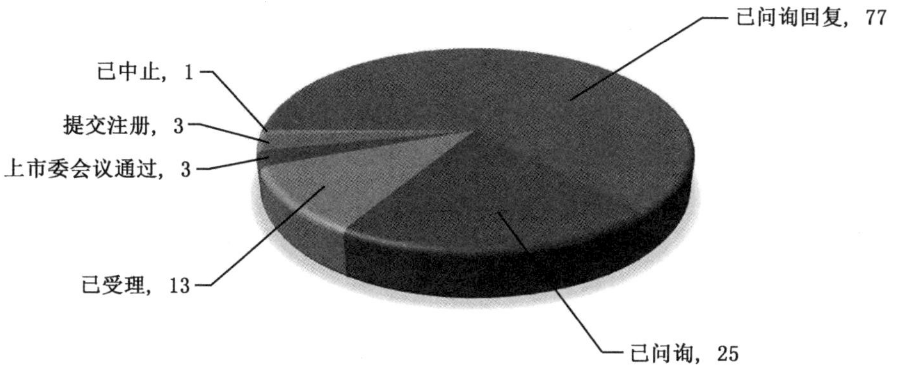

数据来源：根据招股说明书整理。

统计截止时间：2019 年 6 月 12 日。

图 15—4　审核进度

五、拟募资金额：规模偏小，行业和地区头部效应明显

根据科创板申报企业招股说明书中所提供的拟募资金额，我们对已申报企业的拟募资金额分布进行了统计，如图 15—5 所示。我们发现，122 家申报企业中，多达 88 家企业的募资金额在 10 亿元以下，超过 20 亿元的企业总数仅为 11 家。目前科创板申报企业的拟募资金额普遍偏小。究其原因，主要是因为科创板所定位的企业多数为创立初期的科创企业，这些企业的规模相对较小，从而导致拟募资金额偏小。

科创板与注册制要求保荐机构使用自有资金跟投，并锁定 24 个月。上交所《科创板股票发行与承销业务指引》规定，参与配售的保荐机构相关子公司应当事先与发行人签署配售协议，承诺按照股票发行价格认购发行人首次公开发行股票数量的 2%至 5%，具体比例根据发行人首次公开发行股票的规模分档

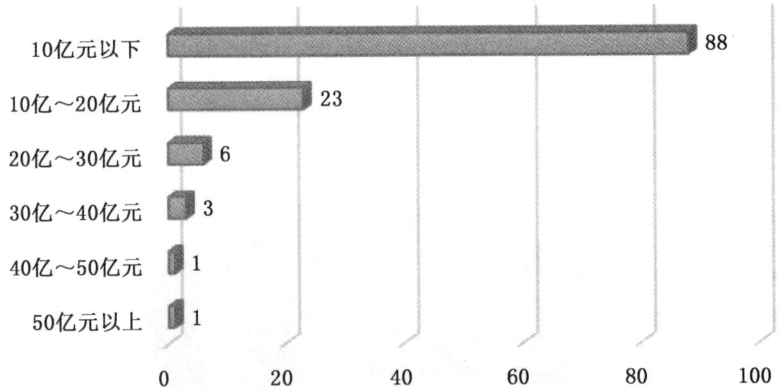

数据来源：根据招股说明书整理。

统计截止时间：2019 年 6 月 12 日。

图 15—5　拟募资金额分布(家数)

确定：

(1)发行规模不足 10 亿元的，跟投比例为 5%，但不超过 4 000 万元；

(2)发行规模 10 亿元以上不足 20 亿元的，跟投比例为 4%，但不超过 6 000 万元；

(3)发行规模 20 亿元以上不足 50 亿元的，跟投比例为 3%，但不超过 1 亿元；

(4)发行规模 50 亿元以上的，跟投比例为 2%，但不超过 10 亿元。

按此规定，目前，科创板申报企业的保荐机构跟投比例集中在 4%～5%之间，单一项目的跟投资金上限集中在 4 000 万～6 000 万元之间。

图 15—6 和图 15—7 分别按科创板企业所属行业类别和地区，对拟募资金额进行了分类统计，与图 15—1 和图 15—2 的结果类似。目前科创板申报企业在拟募资金额上也体现出了比较强的行业、地区集中度，头部效应明显。行业方面，排名靠前的 5 个行业，拟募资金额规模分别都超过了百亿元，而排名靠后的 10 个行业合计的拟募资金额规模仅为 96.77 亿元，尚不及排名前五个行业中任意一个行业的拟募资金额。地区方面的情况与行业类似，北京、上海、江苏和广东四个省市的企业拟募资金额均超过百亿元，而排名靠后的 10 个省市合

计的拟募资金额总计不足 90 亿元。

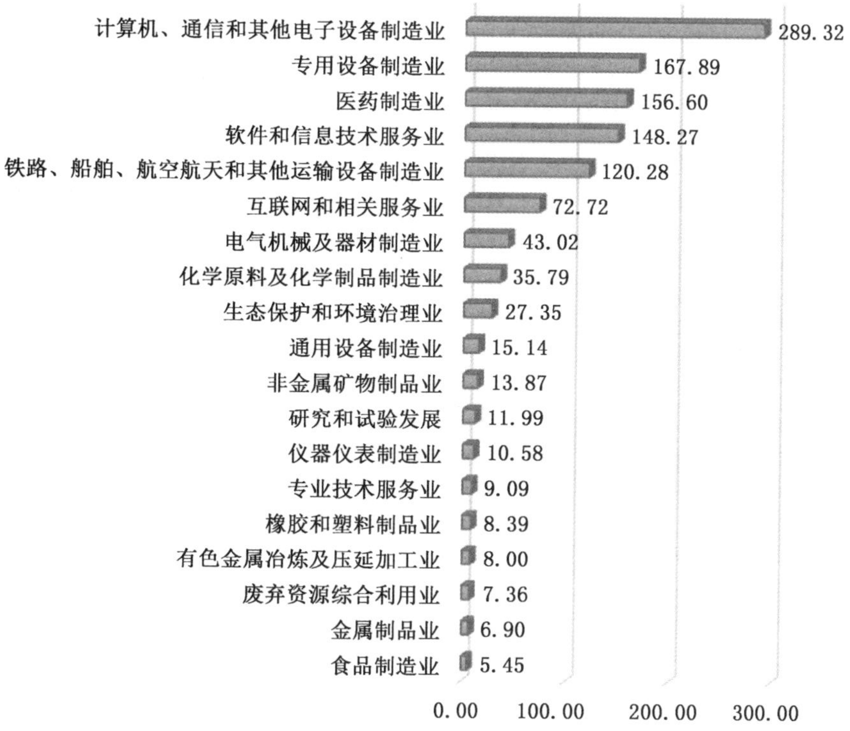

数据来源:根据招股说明书整理。

统计截止时间:2019 年 6 月 12 日。

图 15—6　按行业统计拟募资金额(亿元)

值得注意的是,中国通号拟募集 105 亿元,成为所有科创板申报企业中拟募资金额最大的发行人,该公司的拟募资金额甚至超过了拟募资总额靠后的 10 个行业、10 个省市。

六、保荐券商概况:头部效应明显

根据科创板申报企业招股说明书中的保荐券商信息,我们按企业数和拟募资金额分别统计了各家保荐券商的份额(见图 15—8 和图 15—9)。

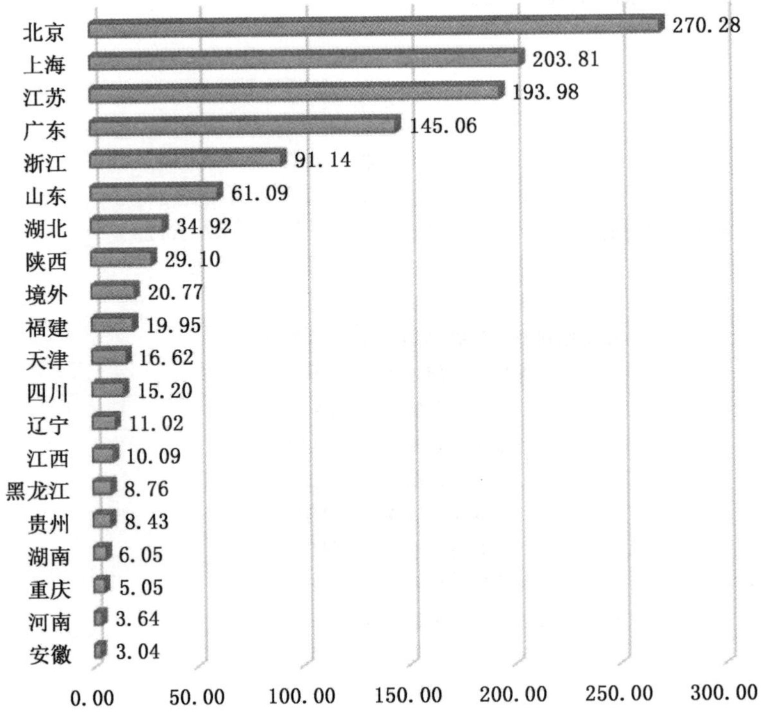

数据来源:根据招股说明书整理。

统计截止时间:2019 年 6 月 12 日。

图 15—7 按地区统计拟募资金额(亿元)

统计结果显示,参与科创板的券商数量达 35 家,而前五名券商,在保荐企业数量上占 41.80%[①],在保荐企业拟募资金额上占 58.34%。不论按企业家数还是按拟募资金额,券商在科创板企业保荐业务中都呈现出明显的头部聚集效应。这是科创板和注册制对券商综合能力具有较高要求的制度设计所产生的必然结果。

① 国泰君安和招商证券并列第五名,统计时仅选其中 1 家。

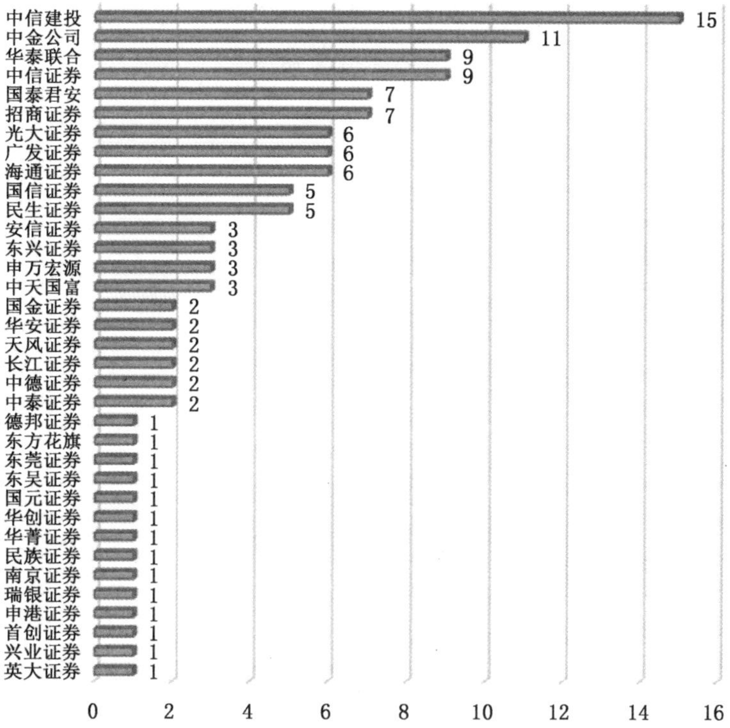

数据来源：根据招股说明书整理。

统计截止时间：2019 年 6 月 12 日。

图 15—8　券商保荐企业市场份额(数量)①

七、其他中介概括：内资会计师事务所、京沪律师事务所受青睐

根据科创板申报企业招股说明书中的会计师事务所和律师事务所信息，我们

---

①　虹软科技股份有限公司由华泰联合证券有限责任公司与中信建投证券股份有限公司联合保荐、上海微创心脉医疗科技股份有限公司由华菁证券有限公司与国泰君安证券股份有限公司联合保荐，各自计入 1 次。

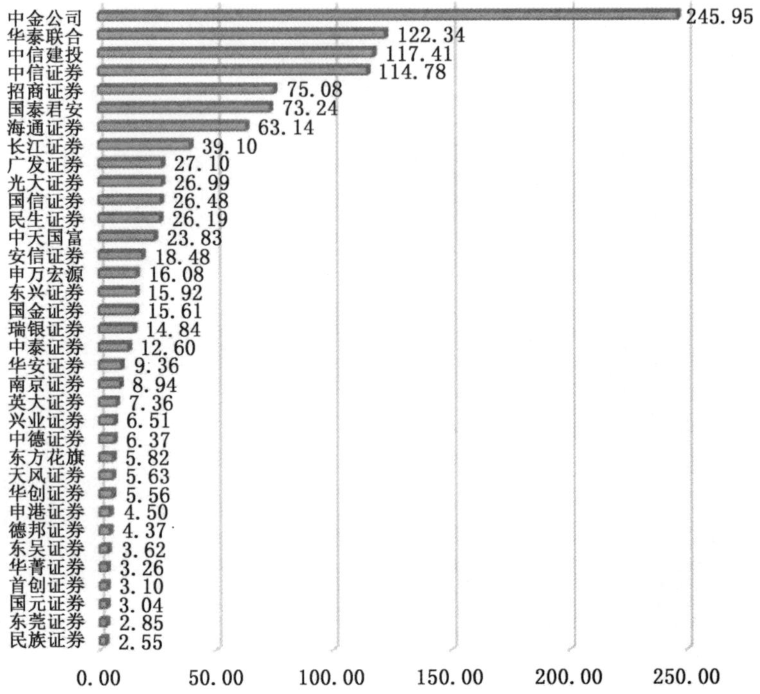

数据来源：根据招股说明书整理。

统计截止时间：2019 年 6 月 12 日。

图 15—9 券商保荐企业市场份额(拟募资金额)①

统计了会计师事务所和律师事务所的相关信息，如图 15—10、图 15—11 所示。

图 15—10 给出了科创板申报企业选择会计师事务所的情况，内资会计师事务所成为大多数申报企业的选择，排名前五的会计师事务所全为内资所，总数达 107 家。“四大”则仅有 15 家申报企业选择，占总数的 12.30%。

在律师事务所方面，京沪两地的律师事务所占据多数，仅有 18 家申报企业选择了非京沪两地的律师事务所。京沪两地律师事务所份额达到 85.25%。

值得注意的是，会计师事务所和律师事务所也与券商一样，呈现出比较明

① 虹软科技股份有限公司由华泰联合证券有限责任公司与中信建投证券股份有限公司联合保荐、上海微创心脉医疗科技股份有限公司由华菁证券有限公司与国泰君安证券股份有限公司联合保荐，对参与联合保荐的每家券商，承销金额权重设为 0.5。

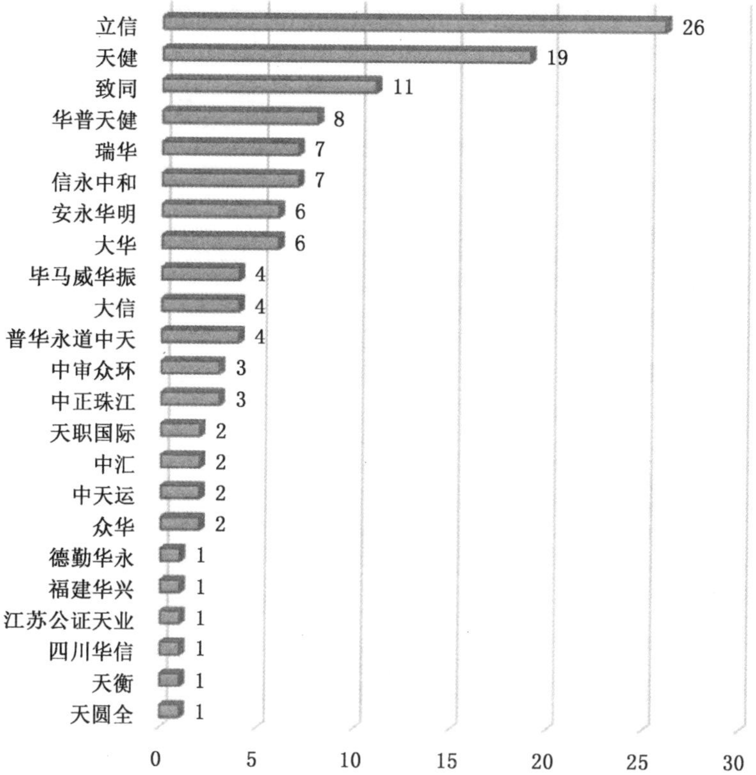

数据来源：根据招股说明书整理。

统计截止时间：2019 年 6 月 12 日。

图 15－10　会计师事务所市场份额(数量)

显的头部效应。相对来说，会计师事务所的头部效应更为明显。

八、成立年份分布：多数成立于 2000 年后

根据科创板申报企业招股说明书中所提供的企业成立年份，我们对已申报企业的成立年份分布进行了统计，如图 15－12 所示。我们发现，122 家申报企业中，113 家成立于 2000 年以后，其中成立于 2005～2009 年之间的企业数量最多，达 49 家，占总申报企业数量的 40.16%，而成立不到 5 年(即 2015～2019 年

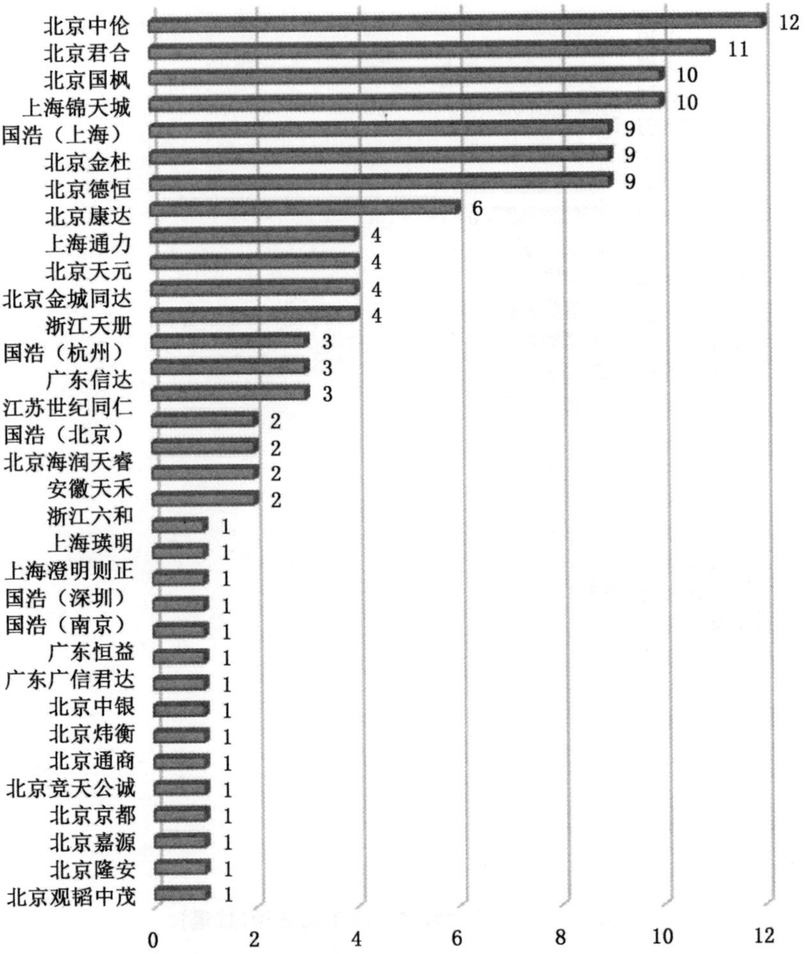

数据来源：根据招股说明书整理。

统计截止时间：2019 年 6 月 12 日。

图 15—11　律师事务所市场份额(数量)

成立)的企业数量仅有 2 家。

对企业成立年份按行业进行分类统计(见图 15—13)，我们可以发现在各个行业中，企业成立年份分布与总体也较为一致，2005～2009 年成立的企业在申报企业数量排名前四的行业中同样占据半壁江山。值得关注的是，计算机、通信和其他电子设备制造业，专用设备制造业，医药制造业，化学原料及化学制品

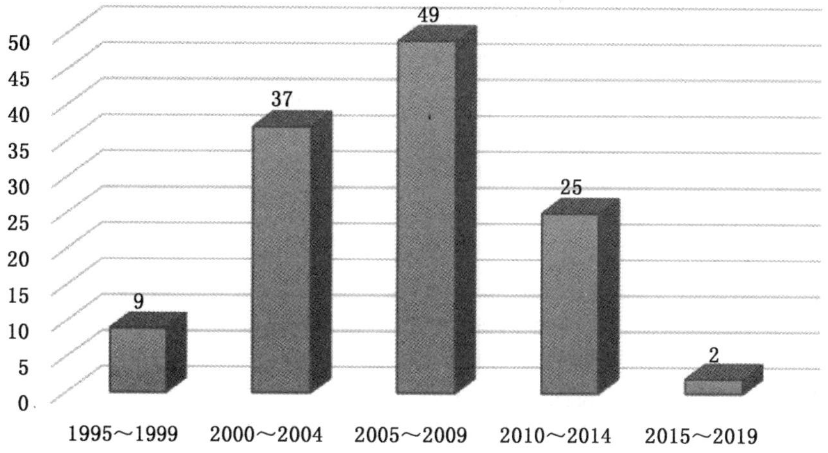

数据来源：根据招股说明书整理。

统计截止时间：2019 年 6 月 12 日。

图 15－12　企业成立年份分布(数量)

制造业和电气机械及器材制造业中，有成立时间超过 20 年的“资深”企业。而计算机、通信和其他电子设备制造业与互联网和相关服务业两个行业则各有 1 家成立不到 5 年的企业。

九、企业家年龄：“60 后”“70 后”唱主角，“80 后”崭露头角

根据科创板申报企业招股说明书中所提供的董事长出生年份，我们对已申报企业董事长出生年份分布进行了统计，如图 15－14 所示。在目前已申报的科创板企业中，“60 后”和“70 后”董事长数量占据全部企业中的 79.51%(97 家)，“80 后”董事长也崭露头角，占据 10 席。15 家科创板申报企业则是由 60 岁以上的董事长(1959 年之前出生)掌舵。

我们进一步根据行业对此进行细分，如图 15－15 所示。我们发现，60 岁以上董事长掌舵的企业主要分布在计算机、通信和其他电子设备制造业，专用设备制造业，软件和信息技术服务业，医药制造业，化学原料及化学制品制造业。其中，专用设备制造业、化学原料及化学制品制造业还拥有 70 岁以上的董事长。

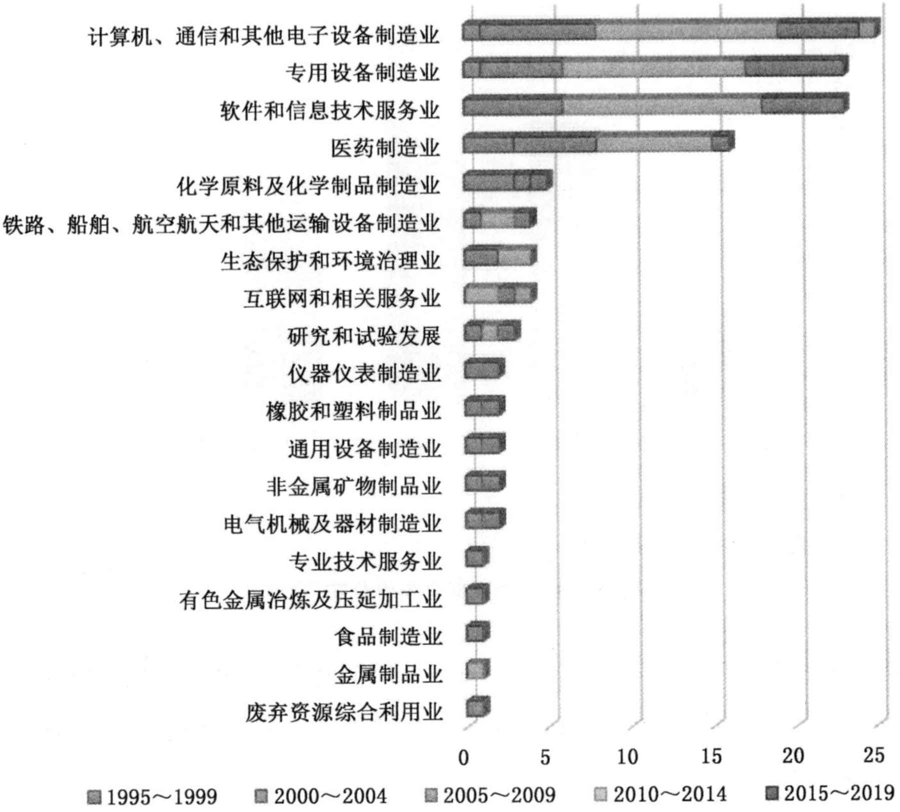

数据来源：根据招股说明书整理。

统计截止时间：2019 年 6 月 12 日。

图 15—13　分行业企业成立年份统计

而"80 后"董事长活跃在计算机、通信和其他电子设备制造业，专用设备制造业，软件和信息技术服务业，互联网和相关服务业，研究和试验发展，电气机械及器材制造业和通用设备制造业中。

十、财务情况

(一)营业收入

从营业收入情况来看(见图 15—16)，在 122 家科创板申报企业中，2018 年

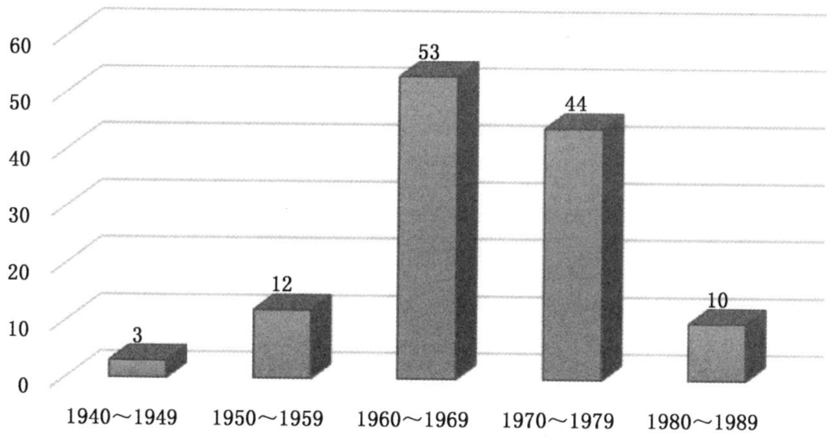

数据来源：根据招股说明书整理。

统计截止时间：2019 年 6 月 12 日。

图 15－14　董事长出生年份分布

营业收入在 5 亿元以下的有 68 家，5 亿～10 亿元的有 24 家，10 亿～50 亿元的有 27 家，50 亿～100 亿元的有 0 家，在 100 亿元以上的有 3 家。一半以上(56%)的申报企业 2018 年收入在 5 亿元以下，平均收入为 14.21 亿元，收入最多的申报企业为中国铁路通信信号股份有限公司，收入最少的申报企业为苏州泽璟生物制药股份有限公司。

(二)毛利率

从科创板申报企业的毛利率(三年均值)分布情况可以看出(见图 15－17)，科创板申报企业的毛利率较高，且在各个数据区间的分布较为均匀：除了有 6 家企业的毛利率在 20%以下、4 家企业的毛利率超过 90%以外，分布在各个数据区间的科创板企业数量均在 10～20 家。毛利率最大的企业是深圳微芯生物科技股份有限公司(96.32%)，最小的是和舰芯片制造(苏州)股份有限公司(－11.42%)。

(三)净利润

扣除非经常性损益前后孰低的归属于母公司股东的净利润(见图 15－18)，在 122 家科创板受理企业中，有 5 家处于亏损状态[分别为九号机器人有限公

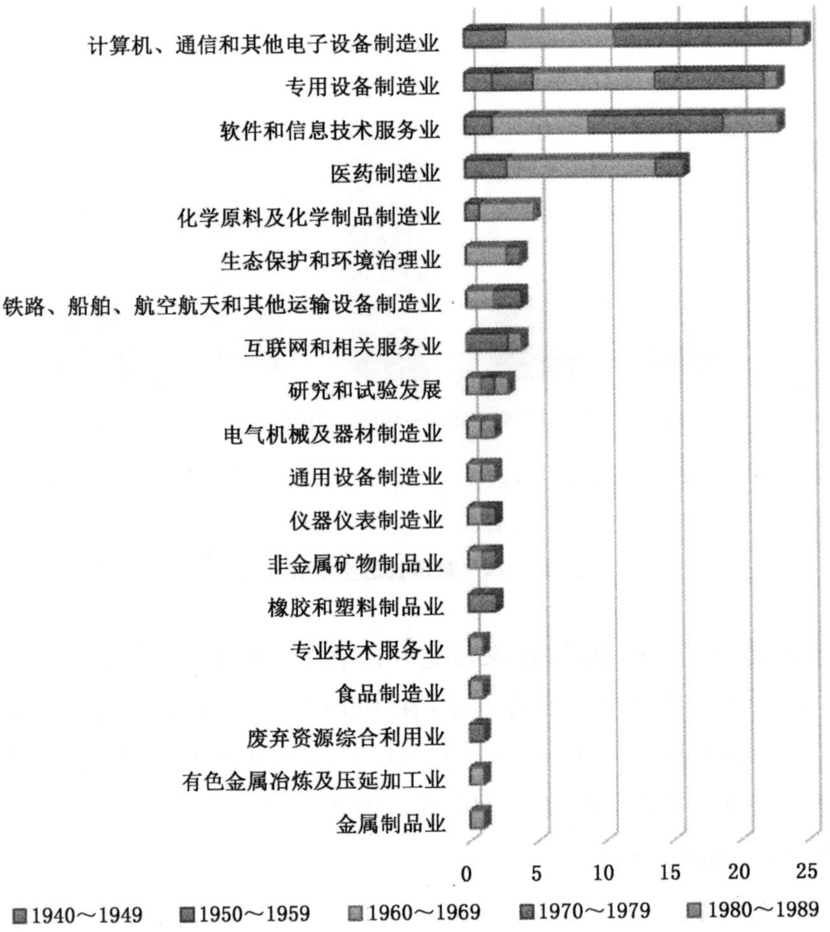

数据来源：根据招股说明书整理。

统计截止时间：2019 年 6 月 12 日。

图 15—15　分行业统计董事长出生年份分布

司、和舰芯片制造（苏州）股份有限公司、上海硅产业集团股份有限公司、先临三维科技股份有限公司、苏州泽璟生物制药股份有限公司]，79 家净利润小于 1 亿元，34 家净利润在 1 亿～5 亿元之间，3 家净利润在 5 亿～10 亿元之间，1 家净利润在 10 亿元以上（中国铁路通信信号股份有限公司，32.95 亿元）。可以看出，科创板申报企业的盈利情况差别较大。

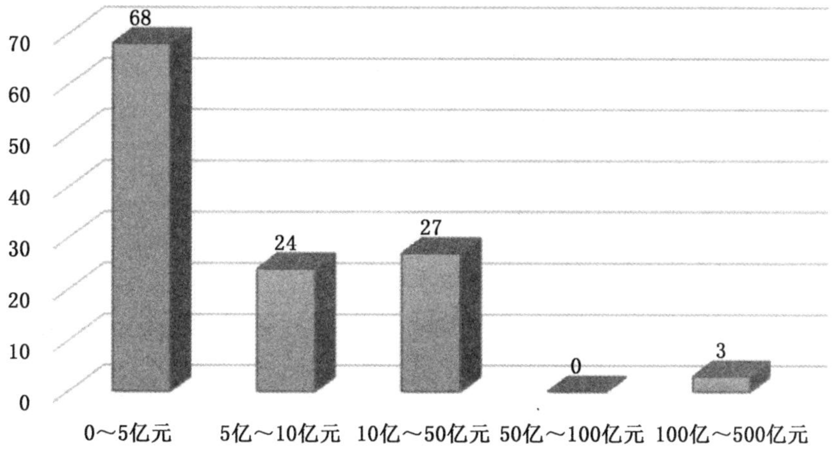

数据来源：上海证券交易所科创板企业申报材料。

统计截止时间：2019 年 6 月 12 日。

图 15—16　科创板申报企业的收入分布情况(2018 年)

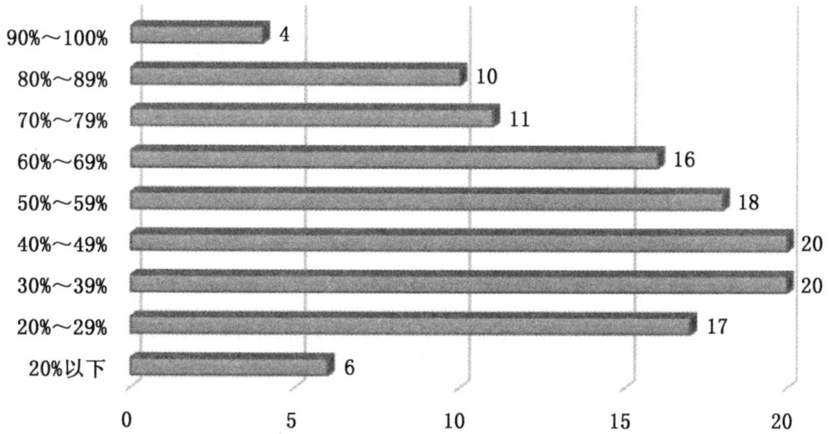

数据来源：上海证券交易所科创板企业申报材料。

统计截止时间：2019 年 6 月 12 日。

图 15—17　科创板申报企业的毛利率(三年均值)分布

(四)经营活动净现金流

从申报企业的经营活动净现金流情况来看(见图 15—19)，2018 年有 15 家

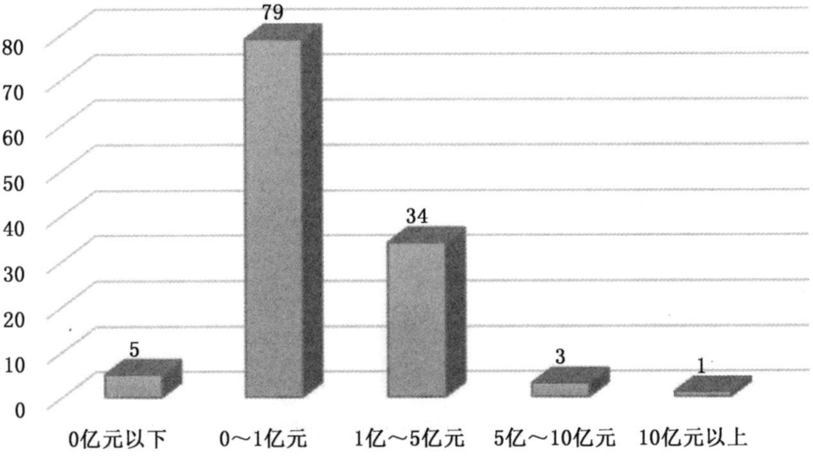

数据来源：上海证券交易所科创板企业申报材料。

统计截止时间：2019 年 6 月 12 日。

图 15－18　科创板申报企业的净利润分布情况(2018 年)

企业经营活动净现金流在 0 亿元以下，60 家企业的经营活动净现金流在 0～1 亿元，42 家企业的经营活动净现金流在 1 亿～5 亿元之间，2 家企业的经营活动净现金流在 5 亿～10 亿元，3 家企业的经营活动净现金流在 10 亿元以上，分别为和舰芯片制造(苏州)股份有限公司(32.06 亿元)、深圳传音控股股份有限公司(20.73 亿元)以及天合光能股份有限公司(40.81 亿元)，科创板申报企业的经营活动净现金流情况差别较大。

(五)研发情况

科创板申报企业的三年平均研发占比情况(见图 15－20)，其中有 65 家科创板申报企业三年研发费用占收入的比重在 10%以下，38 家企业三年研发费用占收入的比重在 10%～19%之间，13 家企业三年研发费用占收入的比重在 20%～30%之间，6 家企业三年研发费用占收入的比重在 30%以上。三年研发占比最大的科创板申报企业为深圳微芯生物科技股份有限公司。

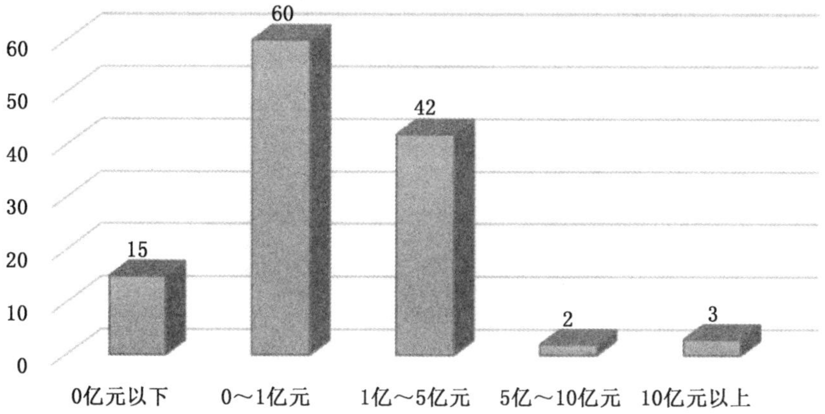

数据来源:上海证券交易所科创板企业申报材料。

统计截止时间:2019 年 6 月 12 日。

图 15—19 科创板申报企业的经营活动净现金流分布(2018 年)

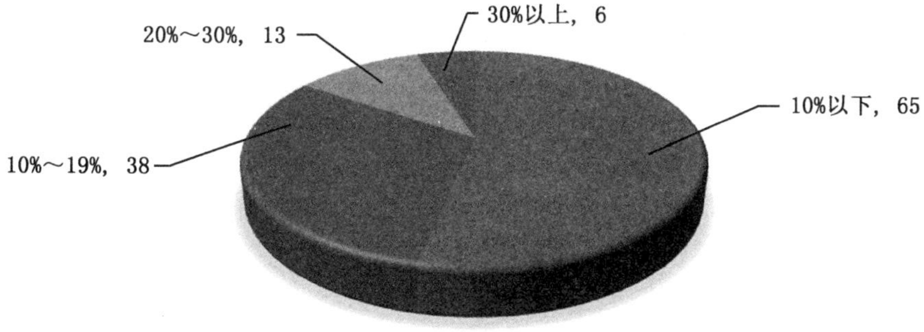

数据来源:上海证券交易所科创板企业申报材料。

统计截止时间:2019 年 6 月 12 日。

图 15—20 科创板申报企业的三年平均研发占比分布

从科创板申报企业研发人数占比情况来看(见图 15—21),科创板申报企业配置的研发人员比例较高,仅有 12 家研发人数占比在 10%以下,37 家企业的研发人数占比在 10%～19%之间,23 家企业的研发人数在 20%～30%之间,50 家企业的研发人数占比在 30%以上。

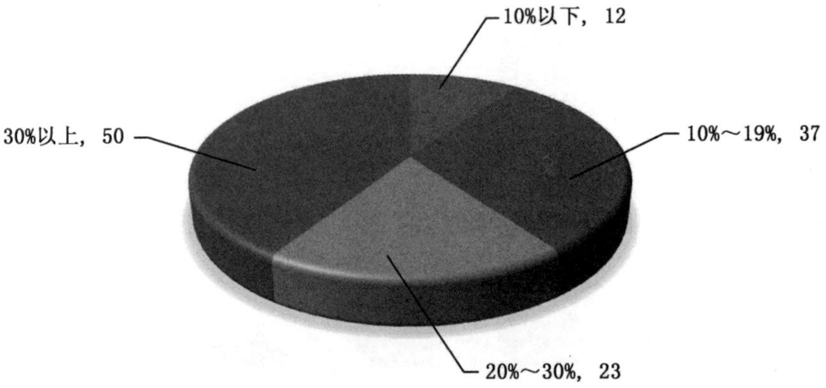

数据来源:上海证券交易所科创板企业申报材料。

统计截止时间:2019 年 6 月 12 日。

图 15—21　科创板申报企业的研发人数占比分布(2018 年)

第十六章　审核关注要点

一、整体情况

目前来看，上交所对科创板审核问询更加细化。从A股IPO审核的规范性、信息披露、与财务会计相关问题和其他问题四大章节扩充到更多章节，结合科创板定位单设核心技术反馈章节。从问询内容看，固定格式反馈意见少了，问询小题更具针对性。交易所问询的问题数量和细致程度，与强化交易所审核问询工作透明度直接相关。试点注册制下，交易所的发行上市审核进一步公开、透明，其中包括进一步公开的审核过程和审核内容。发行人按照要求提交的"说明"事项，正是审核过程和审核内容的重要组成部分。将其通过审核问询的方式公开，事实上是将交易所审核工作更加透明地告知市场，接受市场的监督，投资者由此也能与交易所同步掌握发行人的相关情况。公开化的问询式审核，是科创板发行上市审核的重要机制，目的是为了"问出一家真公司"，同时让市场主体在信息充分披露基础上对公司的质量和价值进行投资判断。问询七小节为：

(1)关于发行人股权结构、董监高等基本情况；

(2)关于发行人核心技术；

(3)关于发行人业务；

(4)关于公司治理与独立性；

(5)关于财务会计信息与管理层分析；

(6)关于风险提示；

(7)关于其他事项。

问询内容突出核心技术科创板属性，结合《科创板首次公开发行股票注册管理办法(试行)》(以下简称《注册管理办法》)、《公开发行证券的公司信息披露内容与格式准则第41号——科创板公司招股说明书》(以下简称《格式准则》)和《上海证券交易所科创板股票发行上市审核规则》(以下简称《上市审核规则》)、《上海证券交易所科创板股票发行上市审核问答》(以下简称《上市审核问答》)等法规对发行人的发行条件、上市条件、信息披露要求和科创板定位等进行问询；对上述七个章节问询函审核关注要点简要分析如下：

(一)发行人股权结构、董监高基本情况

关于发行人股权结构、董监高基本情况与IPO审核理念一致，同时根据《注册管理办法》《上市审核规则》《上市审核问答》及科创板招股书披露准则等相关要点进行关注。其他审核关注要点包括：

1. 关于实际控制人的认定

根据《上市审核问答》(二)第5条要求：通过对公司章程、协议或其他安排以及发行人股东大会(股东出席会议情况、表决过程、审议结果、董事提名和任命等)、董事会(重大决策的提议和表决过程等)、监事会及发行人经营管理的实际运作情况的核查，并结合实际控制人的亲属关系、任职情况、间接持股比例、对外投资和兼职情况，对实际控制人的认定是否合理、客观发表明确意见，并说明是否存在通过不认定为共同实际控制人来规避同业竞争认定的情形。

2. 历史沿革

虽然《格式准则》第三十八条要求：发行人应简要披露公司的设立情况和报告期内的股本和股东变化情况。发行人属于有限责任公司整体变更为股份有限公司的，还应披露有限责任公司的设立情况。但问询审核仍关注：

(1)补充披露历次增资及股权转让的背景及原因；

(2)补充披露增资及股权转让的定价依据及其公允性，同时增资价格、股权转让价格存在差异的原因，增资方、受让方资金来源；

(3)补充披露新股东与发行人之间是否存在对赌协议等特殊协议安排；

(4)补充披露股权转让是否存在纠纷或者潜在纠纷、是否合法合规；

(5)补充披露发行人历次股权转让及增资是否存在委托持股、利益输送或其他利益安排,新股东是否与发行人的主要客户、供应商存在关联关系、是否存在关联交易非关联化的情况。

3. 申报前新增股东

根据《上市审核问答》(二)第 2 条要求:主要考察申报前一年新增的股东,全面核查发行人新股东的基本情况、产生新股东的原因、股权转让或增资的价格及定价依据,有关股权变动是否是双方的真实意思表示,是否存在争议或潜在纠纷,新股东与发行人其他股东、董事、监事、高级管理人员、本次发行中介机构负责人及其签字人员是否存在亲属关系、关联关系、委托持股、信托持股或其他利益输送安排,新股东是否具备法律、法规规定的股东资格。发行人在招股说明书信息披露时,除满足招股说明书信息披露准则的要求外,若新股东为法人,则应披露其股权结构及实际控制人;若为自然人,则应披露其基本信息;若为合伙企业,则应披露合伙企业的基本情况及普通合伙人的基本信息。最近一年末资产负债表日后增资扩股引入新股东的,申报前须增加一期审计。

股份锁定方面,控股股东和实际控制人持有的股份上市后锁定 3 年;申报前 6 个月内进行增资扩股的,新增股份的持有人应当承诺:新增股份自发行人完成增资扩股工商变更登记手续之日起锁定 3 年。在申报前 6 个月内从控股股东或实际控制人处受让的股份,应比照控股股东或实际控制人所持股份进行锁定。控股股东和实际控制人的亲属所持股份应比照该股东本人进行锁定。

4. 非货币性出资

(1)以股权出资的历史沿革,资产、人员、业务和技术等方面与发行人的关系;

(2)以土地使用权出资的该项土地是否为集体建设用地,是否需要补缴地价款,是否构成出资不实;

(3)以专有技术出资的专有技术权属是否清晰,能否有效转化为经营成果,是否实现技术效益,是否构成出资不实;

(4)用于出资的房屋及建筑物的评估方式、评估参数、评估价值;上述房屋建筑物的初始金额确认情况、折旧情况;上述房屋建筑物的减值测试方法、计提减值情况。

5. 员工持股计划

(1)员工持股计划是否严格按照法律、法规、规章及规范性文件要求履行决策程序，并遵循公司自主决定、员工自愿参加的原则，是否存在以摊派、强行分配等方式强制实施员工持股计划的情形；

(2)参与持股计划的员工，是否与其他投资者权益平等，盈亏自负，风险自担，是否存在侵害其他投资者合法权益的情形；

(3)员工入股的出资方式，是否按照约定及时、足额缴纳出资或办理财产权转移手续；

(4)发行人是否建立健全了持股在平台内部的流转、退出机制，以及股权管理机制；

(5)员工持股平台的锁定期是否符合中国证监会及上交所的有关规定；

(6)公司的自然人股东是否均为公司员工，在公司担任的具体职务、承担的工作内容，是否存在对外兼职等情形；

(7)公司维护管理团队、核心技术人员稳定的措施，确保其遵守股份锁定和减持承诺的机制安排；

(8)是否设置公司业绩和个人绩效等考核指标，各合伙人认缴的出资额与其所任职务、对公司的贡献程度之间是否具有匹配关系，是否附带服务期限等约束条件；

(9)信息披露是否符合《上市审核问答》(一)第 11 条的要求，发行人股东穿透后的人数是否超过 200 人；

(10)中介机构对员工持股计划的具体人员构成、员工减持承诺情况、规范运行情况进行核查，并发表明确意见。

6. 对赌条款

(1)发行人历史沿革中是否存在发行人、控股股东、控股股东的股东与发行人其他股东等主体之间的对赌协议，相关对赌协议的内容及执行情况，是否存在触发对赌的情形，对赌参与各方是否存在纠纷或潜在纠纷；

(2)发行人是否作为对赌协议当事人，是否存在可能导致公司控制权发生变化，进而影响治理结构的稳定，对赌协议是否与市值挂钩，是否存在严重影响发行人持续经营能力或者其他严重影响投资者权益的情形；

(3)核查对赌终止协议是否符合《上市审核问答》(二)第10条清理对赌协议的规定,是否侵害其他股东权益,能否满足监管要求。

7. 境外股东架构

(1)根据《上市审核问答》(一)第5条的规定,对发行人设置境外架构的原因、合法性及合理性、持股的真实性、是否存在委托持股、信托持股、是否有各种影响控股权的约定、股东的出资来源等问题进行核查,说明发行人的股份权属是否清晰,以及发行人如何确保公司治理和内控的有效性;

(2)涉及境外主体注销的,注销是否符合境内外法律规定;境外主体的设立、外汇登记程序是否齐备;期权行权的外汇登记程序;涉及境外资产收购的,关注定价依据及其公允性,出资来源及合法性,是否符合外汇相关法律法规。

8. 整体变更时存在累计未弥补亏损

按照《上市审核问答》(一)第13条的要求,披露其由有限责任公司整体变更为股份有限公司的基准日未分配利润为负的形成原因,该情形是否已消除,整体变更后的变化情况和发展趋势,与报告期内盈利水平变动的匹配关系,对未来盈利能力的影响,整体变更的具体方案及相应的会计处理、整改措施(如有),并充分披露相关风险。

9. 董监高、核心技术人员变化

按照《上市审核问答》(一)第6条的要求,应当本着实质重于形式的原则,综合两方面因素分析:一是最近2年内的变动人数及比例,在计算人数比例时,以上述人员合计总数作为基数;二是上述人员离职或无法正常参与发行人的生产经营是否对发行人生产经营产生重大不利影响。

变动后新增的上述人员来自原股东委派或发行人内部培养产生的,原则上不构成重大不利变化。发行人管理层因退休、调任等原因发生岗位变化的,原则上不构成重大不利变化,但发行人应当披露相关人员变动对公司生产经营的影响。

如果最近2年内发行人上述人员变动人数比例较大或上述人员中的核心人员发生变化,进而对发行人的生产经营产生重大不利影响的,应视为发生重大不利变化。

10. 董监高、核心技术人员任职情况

（1）发行人相关董事、高级管理人员、核心技术人员过去五年内曾经任职公司中所在岗位与担任的职务，是否掌握所任职单位的技术秘密或者是该单位核心发明专利发明人或主要贡献者，是否掌握所任职单位相关营销渠道、客户资源或知悉该等商业资源，对相关商业资源的开发起到过重要作用；

（2）相关人员在发行人处任职的起始时间、兼职（除董事、监事以外的职务）情况，在发行人处从事的工作是否违反与原雇佣单位或兼职单位的保密约定、侵犯其知识产权或者违反与原雇佣单位的其他离职约定。

11. 同股不同权

（1）说明发行人设置特别表决权股份是否符合《公司法》《关于在上海证券交易所设立科创板并试点注册制的实施意见》等相关规定；

（2）发行人的表决权差异安排运行时间较短，说明上述特殊公司治理结构是否稳定、有效，是否符合《注册管理办法》第十二条关于控制权和实际控制人的发行条件规定；

（3）对照《科创板股票上市规则》第四章第五节关于特别表决权设置的股东大会程序、持有人资格、公司章程关于表决权差异安排的具体规定、锁定安排及转让限制等，逐条说明发行人上述安排是否符合规定；

（4）结合A类股东对公司创立、发展或者业务增长及日常经营管理等的作用和贡献，以及本次可能发行的最大股数及超额配售选择权未行使或全额行使后的股本结构变动情况、其他股东的持股比例情况，说明上述人员持有特别表决权的必要性和合理性；

（5）结合特别表决权设置以来的运行时间、相关主体表决权比例及公司治理情况、公司运行状况，说明本次特别表决权比例与以往存在差异的原因及合理性；

（6）A类股东间接持有发行人股份，结合间接持股合伙企业的执行事务合伙人或普通合伙人情况、表决权行使机制，说明公司实际控制人直接或间接总共可行使的表决权比例；

（7）提供本次差异化表决安排涉及的协议（如有）。

（二）关于发行人核心技术

关于发行人核心技术，问询主要围绕《上海证券交易所科创板企业上市推荐指引》基于科创板的定位，是否符合相关行业范围、依靠核心技术开展生产经营、具有较强成长性，关注“三个面向”、六大是否行业，展开详细问询。

1. 核心技术

(1)发行人核心技术的具体内容、形成过程与详细来源，是与技术相关还是与工艺相关，如何防范核心技术的泄露风险；核心技术和专利的市场前景以及是否存在较高的替代性，是否存在相关技术水平处于“瓶颈”或重大技术难题无法突破的情况；

(2)公司拥有的核心技术在境内与境外发展水平中所处的位置；公司生产主要产品的相关技术是否已较为成熟；发行人所处行业的研发周期不断缩短，如何保证相关技术的先进性；

(3)发行人是否存在他方许可其使用专利或非专利技术的情形，核心技术是否存在对他方的重大依赖；

(4)结合发行人的发明专利、实用新型专利、非专利技术等知识产权的数量、质量及应用范围，与同行业可比公司知识产权的数量及质量的比较情况，说明发行人专利体系是否具有市场竞争优势，是否具有先进性，以及核心经营团队和技术团队的竞争力情况；

(5)发行人是否具备技术成果有效转化为经营成果的条件，是否形成有利于企业持续经营的商业模式，是否依靠核心技术形成较强的成长性，包括但不限于技术应用情况、市场拓展情况、主要客户构成情况、营业收入规模及增长情况、产品或服务盈利情况；

(6)发行人是否拥有高效的研发体系，现有研发体系是否具备持续创新能力或技术持续创新的机制，近年来是否取得市场认可的研发成果，在研项目的主要方向及应用前景，技术储备及技术创新的具体安排。行业内是否存在新的技术产品或技术路线，是否存在重大的技术迭代风险。

2. 核心技术人员

(1)核心技术人员的认定依据，核心技术人员在公司研发、取得专利、非专利技术等方面发挥的具体作用；

(2)结合公司研发部门主要成员、主要专利发明人、主要研发项目参与人、员工持股数量及变化等情况，说明核心技术人员的认定是否全面、恰当；

(3)报告期内核心技术人员的变化情况，最近2年内是否发生过重大不利变化。

3. 发明专利

(1)发行人是否已拥有与生产经营相关的所有专利，专利权属是否存在瑕疵，使用上述专利是否合法、合规，是否存在纠纷，如果存在，则须说明产生纠纷的详细情况及对发行人持续经营的影响；

(2)说明专利及核心技术的发明人或主要研发人员曾任职单位，是否涉及曾任职单位的职务成果，是否存在权属纠纷或潜在纠纷风险；

(3)发行人是否存在合作研发、研发外包、引进授权等与第三方合作的商业模式，若存在，则须补充说明发行人在研发过程中参与的环节，是否可以独家申请注册证书，是否拥有完整的知识产权和所有权，是否能独家使用，是否存在使用期限，对应的主要产品是否在可预见的未来存在市场竞争力。

4. 研发费用

(1)研发费用占收入比例低的原因及合理性、与同行业公司进行比较并说明是否符合所在行业特征，研发费用占比是否符合高新技术企业的认定标准；

(2)研发投入是否足以支撑未来收入增长、维持公司技术的先进性；

(3)公司研发投入是否反映公司技术的先进性，公司是否符合科创板定位。

5. 合作技术研发

(1)与大学合作研发的具体成果，是否形成了专利或非专利技术，相关技术成果权利归属与许可使用情况，相关技术成果的应用领域，是否为发行人业务所需的核心技术；与大学合作研发协议中关于研发成果权利归属与许可使用的约定；

(2)合作研发机构的科研背景，与其合作研发的技术是否属于核心技术或对核心技术起到重要作用的辅助技术，目前合作研发进度与成果情况，研发成果权利归属与许可使用的约定；

(3)相关合作研发的费用总额与具体费用支付情况，与供应商、客户之间的合作研发是否涉及发行人核心技术、产品配方等机密，发行人是否采取了积极、有效的保密措施；相关合作研发是否对发行人自主掌握核心技术与核心技术保密构成重大不利影响。

（三）关于发行人业务

1. 业务资质

（1）公司是否已取得生产经营所必需的相关许可、资质、认证，产品是否取得了全部必需的批文，是否满足所必需的国家、行业及地方标准规范，是否合法、有效；

（2）公司在开展业务、日常运营过程中是否获取或有可能获取国家秘密、保密信息、个人信息，是否存在泄露国家秘密、保密信息、个人信息的情况，是否已建立完善的防泄密和保障网络安全的内部管理制度，该等制度的执行是否有效。

2. 市场容量

（1）发行人所处细分行业的市场容量以及未来变动趋势；

（2）结合自身以及竞争对手在境内外市场的占比，分析其市场竞争地位；

（3）结合报告期内主要产品收入占比情况和可比上市公司的资产负债率、毛利率和增值税退税情况等财务指标，说明发行人是否属于所属行业，主营业务中属于科创行业的占比情况；

（4）发行人披露最新的行业数据，并以图表等便于投资者理解的方式补充披露发行人所属行业最近 10 年的市场规模情况及行业的发展状况；

（5）发行人结合国内发行人所属行业的市场规模，说明发行人未来的发展前景、发行人未来发展是否受行业规模限制。

3. 销售模式

（1）按产品细分类别或品种、细分业务模式等分类，分别披露主要客户情况、主要客户的性质、对主要客户销售产品的情况；

（2）披露主要客户的简要情况，包括但不限于成立时间和持续经营情况、主营业务、经营规模、报告期内的合作历史等；

（3）披露各类产品前五名客户中是否存在新增的客户，发行人主要客户之间是否存在除购销外的其他关系；

（4）按照科创板公司招股说明书的撰写要求将财务会计信息与业务经营信息结合分析、互为对比印证；

（5）说明不同产品前五名客户变化的原因及单个客户销售占比变化的原

因，报告期内同一客户的销售价格变动情况、不同客户相同产品价格变动情况；

（6）发行人披露报告期内是否存在第三方回款情况，如有，请根据《上市审核问答》（二）中第15条的要求，将报告期内的第三方回款情况补充在招股说明书中进行披露。

4. 经销商

（1）经销商和发行人是否存在实质和潜在关联关系；

（2）发行人同行业可比上市公司采用经销商销售模式的情况；

（3）发行人通过经销商模式实现的销售比例和毛利与同行业可比上市公司的差异；

（4）经销商是否专门销售发行人产品，经销商的终端销售及期末存货情况；

（5）报告期内经销商的新增与退出情况，及对应的销售数据情况；

（6）存在未能取得经营活动相关资质或经营资质到期未续期的经销商家数、占比；

（7）公司加强经销商管理的措施、效果以及上述情形对生产经营的具体影响；

（8）经销商模式下收入确认是否符合企业会计准则的规定，经销商选取标准、日常管理、定价机制（包括营销、运输费用承担和补贴等）、物流（是否直接发货给终端客户）、退换货机制、销售存货信息系统等方面的内控是否健全并有效执行，对经销商的信用政策是否合理等；

（9）发行人员工持股或任职的经销商是否专门销售发行人产品，销售价格、信用政策、销售毛利率是否同其他经销商存在显著差异，关联经销商报告期内的新增、退出等变动情况以及变动原因。

5. 采购模式

（1）细化披露报告期内直接采购和定制采购内容、金额、占比情况；

（2）披露定制采购前五大供应商及其规模、主营业务、资质；

（3）披露定制采购的具体流程、付款方式、质量控制措施、相关的会计处理；

（4）比较并披露生产相同产品，采用定制采购或直接采购的毛利率差异。

6. 前五大客户收入比例较高

（1）报告期各期前五大客户情况（包括成立时间，注册资本，主要股东，主营业务，经营状况，对其销售产品的种类、金额及占比等，占客户采购的同类产品的比例）、报告期内变动（包括新增客户、减少客户、销售金额变动）的原因及合理性；

（2）客户集中的原因，与行业经营特点是否一致；客户在其行业中的地位、经营状况，是否存在重大不确定性风险；发行人与客户合作的历史，结合行业竞争情况、发行人产品的市场占有率及合同签署期限等，说明发行人与前五大客户交易是否具有可持续性，是否存在影响发行人业务持续性的问题或因素，发行人是否存在持续经营与业绩下滑风险，相关的信息披露是否充分；与主要客户交易的定价原则及公允性；

（3）报告期内上述客户及其控股股东、实际控制人、董事、监事、高级管理人员、其他核心人员与发行人及其关联方是否存在关联关系，有无业务、资金往来；发行人的业务获取方式是否影响独立性，发行人是否具有独立面向市场获取业务的能力。

7. 两票制

（1）医疗行业推行“两票制”的现状及未来趋势，已推行或明确推行的省份，部分省份是否在“两票制”外采取其他改革措施；

（2）结合发行人目前的销售模式，补充披露若“两票制”全面推行对发行人业务模式、销售渠道、销售价格、销售收入、销售费用、回款周期、应收账款管理、税负等方面可能产生的影响，对发行人募投项目实施的影响，发行人拟采取的执行和落实“两票制”的相关措施；

（3）结合发行人现有的营销方式、营销团队、营销计划、人力资源扩张计划，发行人是否具备足够的销售能力适应“两票制”推行。

（四）关于公司治理与独立性

公司治理和独立性问询关注要点、内容与证监会 IPO 审核一致，同时根据《注册管理办法》《上市审核问答》相关重点进行问核。发行条件中相关要求包括资产完整，业务及人员、财务机构独立与控股股东及其实际控制的其他企业间不存在对发行人构成重大不利影响的同业竞争，以及严重影响独立性或者显失公平的关联交易。招股说明书应分析披露其具有直接面向市场独立持续经营的能力。

1. 同业竞争

（1）是否简单以产品销售地域不同、产品的具体细分领域的不同来认定“同业”；结合相关企业历史沿革、资产、人员、主营业务（包括但不限于产品的具体特点、技术、商标商号、客户、供应商等）等方面与发行人的关系，以及业务是否有替代性、竞争性，是否有利益冲突等，判断是否构成竞争；

（2）报告期内，竞争双方在大陆及境外各主要市场的销售收入及对比情况，销售变动原因及合理性；

（3）报告期内竞争双方客户、供应商的重合情况，对重合客户、供应商的销售、采购金额占各自销售、采购金额的比例，竞争双方对重合客户、供应商的销售、采购价格的确定依据及公允性，与非重合客户、供应商相比是否存在差异，若存在，则说明产生差异的原因及合理性，是否存在通过重合客户、供应商进行利益输送的情形；

（4）通过市场区域划分方式，是否会对发行人产生重大不利影响，是否会影响发行人自主拓展相关市场；在主要市场均属于竞争方的情形下，发行人拓展属于发行人市场区域的海外市场的可行性，相关市场空间大小；

（5）报告期内，双方进入对方市场领域所支付代理费或服务费的金额、定价依据及其公允性，通过支付代理费或服务费能否有效避免同业竞争；

（6）发行人通过竞争方营销网络进行销售的原因及必要性、合理性，是否建立了完整的业务体系，业务及人员、机构是否独立，是否具有直接面向市场独立持续经营的能力，是否符合《注册管理办法》的相关规定，是否构成本次发行上市的障碍；

（7）竞争双方各自市场区域内生产的产品是否存在通过第三方转售至对方市场区域的情形，采取的相关措施及其有效性；

（8）竞争方与发行人关于市场区域划分、支付代理费或者服务费、《避免同业竞争协议》的签署是否经过了各自法定的审批程序，是否合法、有效；

（9）发行人与竞争方关于《避免同业竞争协议》的有效期，以及到期后的续约安排；

（10）说明竞争双方关于市场划分的协议是否切实、有效，同业竞争是否会导致发行人与竞争方之间的非公平竞争、是否会导致发行人与竞争方之间存在利益输送、是否会导致发行人与竞争方之间相互或者单方让渡商业机会的情形，以及对发行人未来发展的潜在影响，是否对发行人构成重大不利影响，是否符合《注册管理办法》《上市审核问答》的相关规定，是否构成本次发行上市的障碍。

2. 关联方与关联交易

（1）是否严格按照《公司法》《企业会计准则》及中国证监会的有关规定披露关联方和关联交易；

（2）结合可比市场公允价格、第三方市场价格、关联方与其他交易方的价格等，说明并披露关联交易的公允性，是否存在对发行人或关联方的利益输送，是否存在显失公平情形；

（3）结合发行人部分人员存在在控股股东处交叉任职等情形，核查已发生关联交易的决策过程是否与章程相符，关联股东或董事在审议相关交易时是否回避，以及独立董事和监事会成员是否发表不同意见；

（4）结合相关关联方的财务状况和经营情况、关联交易产生的收入、利润总额合理性等，核查关联交易是否严重影响发行人的经营独立性，是否构成对控股股东的依赖，是否存在通过关联交易调节发行人收入利润或成本费用、对发行人利益输送的情形；

（5）公司的核心技术及相关专利权是否权属清晰，是否存在依赖控股股东及其关联方的情况；

（6）按照《上市审核问答》（二）问题 7 的相关要求，充分论证该等情况是否对发行人资产完整和独立性构成重大不利影响，并就发行人是否符合科创板发行条件审慎发表意见。

3. 关联关系非关联化

（1）实际控制人处置关联公司股权后，发行人与上述公司的交易情况，并说明交易价格的公允性以及未来交易的安排；

（2）关联方被清理的原因，工商变更登记完成时间或注销的最新进展情况，被清理的关联方报告期内在被清理前后实际从事的主要业务及财务情况，被清理的关联方报告期内是否与发行人存在交易、是否存在替发行人承担成本费用的情况。

（五）关于财务会计信息与管理层分析

1. 财务与业务的相互印证

（1）《格式准则》要求，发行人应从管理层的视角，结合“业务与技术”中披露的业务、经营模式、技术水平、竞争力等要素披露报告期内取得经营成果的逻辑；

（2）在科创板招股说明书中关于财务的相关章节，注意按照科创板公司招股说明书的撰写要求将财务会计信息与业务经营信息结合分析、互为对比印证，例如，仓储运输费变动与产销量的匹配性、员工人数变化与薪酬费用的配比情况、销售费用与销售规模的匹配性等。问询函要求相互印证重点的分析项目包括收入确认及变动分析、成本核算、毛利率分析、研发费用、期间费用、应收账款、存货、无形资产和开发支出、现金流、减值跌价准备等。

2. 同行业公司的财务数据比较分析

在毛利率、期间费用率、应收款项坏账准备计提比率、存货跌价准备计提比率、资产周转率、资产负债率、流动比率等主要项目进行同行业可比公司数据对比分析中，关注与同行业可比上市公司之间的差异原因，若存在不可比的情况，则剔除干扰因素后再进行定量分析。

3. 重要性水平

按照《格式准则》第六十八条的要求，发行人应披露与财务会计信息相关的重大事项或重要性水平的判断标准。

4. 申报报表与原始报表差异

（1）关注审核差异调整的主要事项，包括调整的原因及影响数，相关的内部控制是否完善；

（2）除了《企业会计准则》发布及法规变化要求以外，报告期内是否存在会计政策变更或会计估计变更的情况；

（3）发行人是否存在会计基础薄弱情形，财务相关内控的整改过程，整改持续时间，相关内控制度是否完善并得到有效执行。

5. 收入核查

（1）根据非财务信息和财务信息相互印证的信息披露要求，按照各业务收入贡献比例高低列示营业收入的分布情况；

（2）报告期内细分行业的整体增长率水平，发行人结合产品优劣势、发展战略、客户开拓、相同和相似产品可比公司销售情况等，分析发行人与行业变动趋势的差异以及匹配性；

（3）发行人生产多种产品的销售价格有的逐年上涨、有的逐年下降，发行人分析不同产品价格波动不一致的原因，更新换代对产品价格的影响，未来是否可能存在“带量采购”等政策变化对价格的重大影响；

（4）结合未来发行人战略规划、市场需求变化、产品更新换代等分析销量下降的原因；

（5）原始报表与申报报表差异中补提销售返利、调整跨期收入、冲减营业收入和营业成本的调整事项的具体情况；

（6）保荐机构、申报会计师核查以上内容，重点关注收入确认时点的准确性、确认金额的真实性，各年销量和收入快速增长的原因，并就发行人收入的真实性、准确性发表明确意见。

6. 成本分析

（1）主要产品成本波动以及变化的原因，成本同收入波动的匹配情况，分析主要影响因素，是否与发行人业务和行业变化相匹配，各年占比和增长率是否存在异常；

（2）主要产品的单位成本，结合成本构成情况分析单位成本波动的原因以及合理性；

（3）结合同行业上市公司相同和类似产品成本结构进一步分析披露发行人的成本结构和波动合理性；

（4）成本的归集是否完整，在各期间之间的分配、在各业务或产品之间的分配是否准确；

（5）结合主要产品销量增长较大的区域和主要客户、销售价格的波动及对毛利率的影响，分析大于可比公司平均水平的原因；

（6）结合员工人数和薪酬变动情况分析人工成本变动情况；

（7）保荐机构、申报会计师结合发行人主要生产流程、《企业会计准则》及其应用指南的有关规定，对公司成本核算方法是否符合其实际经营情况、是否符合会计准则的要求、在报告期内是否保持了一贯性原则、相关内部控制是否能够确保发行人成本核算完整、准确进行核查，并发表核查意见。

7. 研发费用、开发支出

(1)研发相关内控制度及其执行情况，发行人的研发费用的归集对象是否与研发项目对应；

(2)发行人研发费用的确认依据及核算方法与同行业是否一致，并分析发行人在招股说明书中披露的与同行业可比公司的差异原因是否充分、是否有依据；

(3)研发费用的归集是否准确，研发费用与其他费用或生产成本是否能明确区分，相关费用是否确实与研发活动相关；

(4)披露发行人如何准确地划分和核算各项研发支出，是否存在应计入营业成本的支出计入研发费用的情形、是否存在应计入费用的支出计入研发费用的情形；研发费用和营业成本中的人工支出如何区分计量，相关内控制度设计和报告期执行情况；

(5)披露公司研发支出及资本化会计政策；

(6)披露报告期内发行人是否进行研发支出资本化，若有，则须披露各项研发支出资本化的具体时点、各项开发支出结转为无形资产的具体时点及相关金额，并结合《企业会计准则》的要求，逐项披露相关时点、会计处理方式等是否符合规定；

(7)按照《上市审核问答》(一)第 7 条的相关要求进行核查，并发表明确意见。

(六)关于风险提示

1. 招股书信息披露

《格式准则》明确要求发行人披露风险因素时应针对风险的实际情况，使用恰当的标题概括描述其风险点，尽量对风险因素作定量分析，不得包括风险对策、发行人竞争优势及类似表述。目前的披露内容过于笼统、模糊。

发行人结合行业因素、业务模式、股权结构、生产经营实际情况，对本节内容进行修改和完善。

2. 前瞻性陈述

考虑到前瞻性陈述主要是指公司已知的趋势。发行人披露前瞻性陈述时，应紧随相应内容提示投资者，并详细披露作出前瞻性陈述的依据或基本假设，列明影响其结论的主要因素。

3. 尚未盈利企业

(1)按照《上市审核问答》(一)第2条规定进行信息披露，中介机构按照上述事项进行核查并发表核查意见；

(2)在发行人尚未盈利的情况下，发行保荐书中认为“发行人具有持续盈利能力，财务状况良好”的判断依据；

(3)按照《格式准则》第三十三条规定，充分揭示尚未盈利及存在累计未弥补亏损的风险。

(七)关于其他事项

1. 募投项目

(1)募投项目的技术、人力资源储备、募投项目具体的应用领域等，并分析募集资金是否重点投向科技创新领域；

(2)募投项目与公司主营业务及未来发展战略的契合关系；

(3)量化分析募投项目实施以后，固定资产规模增加，研发支出增长对公司经营业绩的影响，并做有针对性的风险提示；

(4)闲置募集资金管理安排、改变募集资金用途的程序以及募集资金运用对公司财务状况及经营成果的影响；

(5)募集资金投资方向是否符合国家产业政策、环境保护、土地管理以及其他法律、法规和规章的规定，是否将会直接或间接用于财务性投资或投向以买卖有价证券为主要业务的公司。

2. 估值与上市标准

(1)结合业务模式、客户、财务指标、资本结构等分析可比上市公司选取的合理性，并说明《招股说明书》与《关于预计市值的分析报告》选取的同行业可比上市公司具有差异的原因；

(2)补充说明是否需对照可比公司在境内外市场的估值等方式综合确定预计市值；

(3)选取EV/EBITDA指标及所作修正是否客观、合理、谨慎；

(4)结合最近一次融资的估值情况，说明预计市值分析是否合理、谨慎。

3. 200 人与三类股东

请保荐机构、发行人律师核查，就发行人是否存在“200 人”和“三类股东”问题，发表明确意见。

4. 行业数据

保荐机构、发行人律师核查说明出具行业数据报告的单位的基本情况，招股说明书引用数据是否具有公信力，是否专门为本次发行上市准备，发行人是否为此支付费用或提供帮助。

5. 相关承诺

(1)欺诈发行承诺要符合《注册管理办法》第六十八条规定的精神；

(2)发行人各级控股股东关于发行人股份锁定、减持、稳定股价、避免同业竞争等以及其他承诺是否履行了完备的法律程序，相关信息披露是否一致，是否符合相关监管要求；

(3)发行人、控股股东是否严格按照《关于进一步推进新股发行体制改革的意见》作出关于欺诈发行上市的股份购回承诺，包括上市前和上市后的股份购回，并说明相关承诺是否已经履行法定程序，是否合法、有效；

(4)中介机构是否严格按照《关于进一步推进新股发行体制改革的意见》要求作出承诺。

6. 媒体质疑

保荐机构自查与发行人本次公开发行相关的媒体质疑情况，就媒体质疑事项进行核查并发表明确意见。

7. 高级管理人员与核心员工拟参与战略配售

根据《上海证券交易所科创板股票发行与承销业务指引》第十二条，发行人的高级管理人员与核心员工设立专项资产管理计划参与本次发行战略配售的，应当在招股意向书和初步询价公告中披露专项资产管理计划的具体名称、设立时间、募集资金规模、管理人、实际支配主体以及参与人姓名、职务与比例等。

二、第二、三轮问询关注

在发行人与中介机构递交问询回复之后，基于回复的内容交易所审核会迅速发出下一轮问询，核心关注点是前轮问询未完成事项、发行人重点问题的进一步深入分析论述以及信息披露的前后一致性与完整性。

（一）前轮问询未完成事项

主要包括前轮问询回复中遗漏的问题、未具体回复的问题或回复明显不符合要求的问题，说明首轮回复答复明显不符合要求的原因，就上一轮的回复说明具体理由和依据，相关表述是否具有相应的依据，依据是否充分。对于上一轮问询回复质量较差的项目材料，下一轮问询时会要求发行人、保荐机构及相关证券服务机构全面核查是否存在其他未回复或回复存在问题的情况，认真评估自身申请文件的制作质量并发表明确的意见。

（二）发行人重点问题的进一步深入分析论述

1．经销商模式

进一步核查并说明：前次问询中关于经销商相关核查的详细过程及核查数据，包括但不限于核查覆盖的经销商的名称、终端销售核查情况、所获取的核查证据以及前次问询中所有要求的核查过程。保荐机构就本次问询事项进行核查并说明核查过程，并说明前后两次经销商收入占比是否存在差异，提供经销商关于采购、销售和库存数量的说明。

2．客户集中

进一步核查并说明：（1）相应客户采购量下降的原因，是否公司产品质量、价格等方面不具有竞争力，是否会持续；（2）发行人主要客户在其行业中的地位、透明度与经营状况，是否存在较大的不确定风险；（3）与主要客户相关交易的定价原则及公允性，是否与市场无关的第三方公允价格存在差异，发行人与主要客户董监高及核心经办人员是否存在潜在利益输送；（4）发行人的业务获取方式是否影响独立性，发行人是否具备独立面向市场获取业务的能力，报告期内与前五大客户之外客户的合作情况，是否具备持续拓展其他客户的能力，相关风险是否已充分披露；（5）报告期内新增客户的获取方式、定价政策、关联关系等；（6）新增客户的合作背景、新增客户对当年营业收入的影响；影响较大的，分析同一产品向新、老客户的销售毛利率是否存在差异，若存在，则说明原因。

3．采购与成本

进一步核查并说明：(1)分产品的各类原材料占主营业务成本的比例，主要产品的原材料及能源单位产量耗用情况，分析变化的原因；(2)结合报告期内主要原材料的采购情况(从数量或重量而非金额角度)、生产各主要产品的领用情况、相应能源的消耗情况，各主要产品的销售和库存情况说明，主要产品产量的合理性、相应成本核算的完整性，是否存在少计成本、费用的情形；(3)主营业务成本与主要原材料价格变动之间的关系，变动趋势不一致的原因及合理性；主要原材料的行业供求情况、发行人的主要供应商及变化情况，并结合具体采购数量变化与采购单价等，说明报告期主要原材料单价变化是否符合行业趋势以及是否具有合理性；从成本构成等方面说明制造费用、直接人工占比变动的原因；(4)结合主要原材料的采购价格与生产流程中主要原材料的单位价值的差异情况、结转至主营业务成本中的主要原材料单位价格与存货中的主要原材料单位价格的差异情况及人工成本、制造费用的归集情况，说明生产成本归集及结转主营业务成本的完整性，报告期成本与费用归集、分配、结转的依据是否充分、合规，核算是否正确，相关会计政策是否一致，相关内部控制制度能否保证产品成本计算、费用分摊的准确性和及时性；(5)结合主要产品的订单获得时间、约定交货时间、实际交货时间、订单履行期限、各类产品生产周期、涉及原材料采购时点等说明主要原材料的采购周期、报告期各期各类存货的平均周转天数，并进一步说明发行人收入确认时点是否符合企业会计准则的相关规定，是否存在延期确认收入的情形。

4. 核心技术和人员

进一步核查并说明：(1)结合发行人的设立及业务形成过程，进一步说明公司核心技术的来源，是否存在纠纷或侵权等情况；(2)进一步结合发行人各项专利的发明人、创作人、核心技术对应的研发人员等情况，说明核心技术人员认定是否全面、合理，核心技术人员是否与之前任职单位存在技术、专利等纠纷；(3)进一步披露技术先进性定位，并说明其持续研发创新能力、下一步的技术创新战略及技术投入安排。

(三)信息披露的前后一致性与完整性

1. 补充披露完整

首轮问询回复中发行人及相关中介机构未按照问询函的要求由发行人披

露或说明相关事项，中介机构核查并发表意见，而直接由中介机构作核查说明、发表核查意见，且对于问询函中要求披露的事项存在未豁免而在招股说明书中选择性披露的情形，同时问询回复中相互索引过多，不便于投资者阅读及理解。

发行人按照首轮问询函的要求，在问询回复中补充要求披露或说明的相关事项。保荐机构在问询回复中减少相互索引，在相应问询问题下直接回复相关内容。

2. 前后披露不一致

首次问询回复提交的审计报告做了修改，修改内容为附注中的超过一年的重要应付账款供应商名称输入错误与主营业务收入分类输入错误。

进一步核查并说明：(1)本次问询回复提交的审计报告是否经过修改，相关修改是否经过其内部质控流程审核；(2)修改审计报告后附财务报表附注，但依然使用原报告的文号及签字盖章页，是否符合对修改审计报告的相关规范要求，是否合规；(3)发行人、保荐机构、申报会计师和发行人律师详细核对文件差异，修改披露中数据有误内容，并提交专项修改说明；(4)申报会计师对两次提交的审计报告中的差异内容出具专项说明文件。

三、科创板上市委审核关注

截至2019年6月12日，上海证券交易所科创板股票上市委员会已召开两次上市委员会审议会议，有六家企业上会并均已过会。上市委会议提出问询的主要问题，包括业务与技术、研发投入、控制权稳定、财务核算等。

(一)业务与技术

发行人自主研发的产品产业化生产存在哪些困难和不利因素，发行人未来是否仍将采用外购核心零部件的经营模式；行业分类和产业链定位的准确性，及相关信息披露的准确性；发行人提供的产品、技术基础与可比公司是否存在重大差异。

(二)研发投入

报告期内研发费用持续增长，占营业收入的比例持续提高，但仍无法满足主要客户产品升级换代需求的原因和商业合理性；与研发活动及研发费用归集相关的内部控制制度建立健全及有效执行情况；研发费用中的折旧摊销占公司总折旧摊销金额比较高的合理性，是否存在将实际生产用设备折旧计入研发费用，从而导致毛利率虚高的情形；研发费用的加计扣除数与实际归集的研发费用存在较大差异的原因及合理性。

（三）控制权稳定

认定唯一实际控制人的依据，是否符合发行人实际治理及经营情况；唯一实际控制人之外的其他股东是否可以通过行使股东权利对发行人经营施加重大影响，是否存在因重大违法行为、与发行人有同业竞争等而不将其认定为共同实际控制人的情形；发行人历史上有多次代持安排，未被认定为实际控制人的其他股东所持发行人股份权属是否清晰、是否有代持或争议、是否有其他一致行动安排；股份锁定期确定依据，承诺在上市后60个月内特定条件下表决权委托的相关股东的股份锁定期安排，上述委托是否构成一致行动。

（四）财务核算

主要关注财务数据核算的规范性、重要科目金额变动的合理性、业务数据与财务数据之间的勾稽关系、会计政策与业务模式是否匹配及内部控制制度是否健全有效。

第十七章　已申报企业一览

科创板已申报企业信息概况见表17—1。

表17—1　　　　科创板已申报企业信息概况　　　　统计截止时间:2019年6月12日

发行人名称	审核状态	注册地	所属行业	受理日期
晶晨半导体(上海)股份有限公司	已问询回复	上海	计算机、通信和其他电子设备制造业	2019-03-22
烟台睿创微纳技术股份有限公司	上市委会议通过	山东	计算机、通信和其他电子设备制造业	2019-03-22
江苏天奈科技股份有限公司	已问询回复	江苏	化学原料及化学制品制造业	2019-03-22
江苏北人机器人系统股份有限公司	已问询回复	江苏	专用设备制造业	2019-03-22
广东利元亨智能装备股份有限公司	已问询回复	广东	专用设备制造业	2019-03-22
宁波容百新能源科技股份有限公司	已问询回复	浙江	计算机、通信和其他电子设备制造业	2019-03-22
和舰芯片制造(苏州)股份有限公司	已问询回复	江苏	计算机、通信和其他电子设备制造业	2019-03-22
安翰科技(武汉)股份有限公司	已问询回复	湖北	专用设备制造业	2019-03-22
武汉科前生物股份有限公司	已问询回复	湖北	医药制造业	2019-03-22
深圳市贝斯达医疗股份有限公司	已问询回复	广东	专用设备制造业	2019-03-27
深圳光峰科技股份有限公司	已问询回复	广东	计算机、通信和其他电子设备制造业	2019-03-27

续表

发行人名称	审核状态	注册地	所属行业	受理日期
二十一世纪空间技术应用股份有限公司	已问询回复	北京	软件和信息技术服务业	2019-03-27
虹软科技股份有限公司	已问询回复	浙江	软件和信息技术服务业	2019-03-27
科大国盾量子技术股份有限公司	已问询回复	安徽	计算机、通信和其他电子设备制造业	2019-03-27
厦门特宝生物工程股份有限公司	已问询回复	福建	医药制造业	2019-03-27
深圳微芯生物科技股份有限公司	提交注册	广东	医药制造业	2019-03-27
苏州华兴源创科技股份有限公司	上市委会议通过	江苏	专用设备制造业	2019-03-27
杭州鸿泉物联网技术股份有限公司	已问询回复	浙江	计算机、通信和其他电子设备制造业	2019-03-28
福建福光股份有限公司	上市委会议通过	福建	仪器仪表制造业	2019-03-28
深圳传音控股股份有限公司	已问询回复	广东	计算机、通信和其他电子设备制造业	2019-03-29
交控科技股份有限公司	已问询回复	北京	铁路、船舶、航空航天和其他运输设备制造业	2019-03-29
中科星图股份有限公司	已问询回复	北京	软件和信息技术服务业	2019-03-29
杭州当虹科技股份有限公司	已问询回复	浙江	软件和信息技术服务业	2019-03-29
哈尔滨新光光电科技股份有限公司	已问询回复	黑龙江	计算机、通信和其他电子设备制造业	2019-03-29
安集微电子科技(上海)股份有限公司	提交注册	上海	计算机、通信和其他电子设备制造业	2019-03-29
赛诺医疗科学技术股份有限公司	已问询回复	天津	专用设备制造业	2019-03-29
中微半导体设备(上海)股份有限公司	已问询回复	上海	专用设备制造业	2019-03-29
北京木瓜移动科技股份有限公司	已问询回复	北京	互联网和相关服务业	2019-03-29
博众精工科技股份有限公司	已问询回复	江苏	专用设备制造业	2019-04-01
优刻得科技股份有限公司	已问询回复	上海	互联网和相关服务业	2019-04-01

续表

发行人名称	审核状态	注册地	所属行业	受理日期
澜起科技股份有限公司	已问询回复	上海	计算机、通信和其他电子设备制造业	2019-04-01
申联生物医药(上海)股份有限公司	已问询回复	上海	医药制造业	2019-04-02
深圳市创鑫激光股份有限公司	已问询回复	广东	专用设备制造业	2019-04-02
苏州天准科技股份有限公司	提交注册	江苏	专用设备制造业	2019-04-02
青岛海尔生物医疗股份有限公司	已问询回复	山东	专用设备制造业	2019-04-02
上海晶丰明源半导体股份有限公司	已问询回复	上海	软件和信息技术服务业	2019-04-02
聚辰半导体股份有限公司	已问询回复	上海	计算机、通信和其他电子设备制造业	2019-04-02
广东紫晶信息存储技术股份有限公司	已问询回复	广东	计算机、通信和其他电子设备制造业	2019-04-03
成都苑东生物制药股份有限公司	已问询回复	四川	医药制造业	2019-04-03
北京龙软科技股份有限公司	已问询回复	北京	软件和信息技术服务业	2019-04-03
乐鑫信息科技(上海)股份有限公司	已问询回复	上海	计算机、通信和其他电子设备制造业	2019-04-03
恒安嘉新(北京)科技股份公司	已问询回复	北京	软件和信息技术服务业	2019-04-03
南京微创医学科技股份有限公司	已问询回复	江苏	专用设备制造业	2019-04-03
上海美迪西生物医药股份有限公司	已问询回复	上海	研究和试验发展	2019-04-03
西安铂力特增材技术股份有限公司	已问询回复	陕西	通用设备制造业	2019-04-04
北京安博通科技股份有限公司	已问询回复	北京	软件和信息技术服务业	2019-04-04
威胜信息技术股份有限公司	已问询回复	湖南	计算机、通信和其他电子设备制造业	2019-04-04
苏州瀚川智能科技股份有限公司	已问询回复	江苏	专用设备制造业	2019-04-04
深圳市杰普特光电股份有限公司	已问询回复	广东	计算机、通信和其他电子设备制造业	2019-04-04

续表

发行人名称	审核状态	注册地	所属行业	受理日期
北京热景生物技术股份有限公司	已问询回复	北京	医药制造业	2019-04-04
博瑞生物医药(苏州)股份有限公司	已问询	江苏	医药制造业	2019-04-08
视联动力信息技术股份有限公司	已问询回复	北京	计算机、通信和其他电子设备制造业	2019-04-08
山石网科通信技术股份有限公司	已问询回复	江苏	软件和信息技术服务业	2019-04-09
北京宝兰德软件股份有限公司	已问询回复	北京	软件和信息技术服务业	2019-04-09
杭州安恒信息技术股份有限公司	已问询回复	浙江	软件和信息技术服务业	2019-04-09
北京海天瑞声科技股份有限公司	已问询回复	北京	软件和信息技术服务业	2019-04-09
北京石头世纪科技股份有限公司	已问询回复	北京	电气机械和器材制造业	2019-04-09
张家港广大特材股份有限公司	已问询回复	江苏	金属制品业	2019-04-10
江苏卓易信息科技股份有限公司	已问询回复	江苏	软件和信息技术服务业	2019-04-10
上海柏楚电子科技股份有限公司	已问询回复	上海	软件和信息技术服务业	2019-04-10
广州方邦电子股份有限公司	已问询回复	广东	计算机、通信和其他电子设备制造业	2019-04-10
华熙生物科技股份有限公司	已问询回复	山东	医药制造业	2019-04-10
上海微创心脉医疗科技股份有限公司	已问询回复	上海	专用设备制造业	2019-04-11
上海泰坦科技股份有限公司	已问询回复	上海	研究和试验发展	2019-04-11
江苏联瑞新材料股份有限公司	已问询回复	江苏	非金属矿物制品业	2019-04-11
北京航天宏图信息技术股份有限公司	已问询回复	北京	软件和信息技术服务业	2019-04-12
北京天宜上佳高新材料股份有限公司	已问询回复	北京	铁路、船舶、航空航天和其他运输设备制造业	2019-04-12
广东华特气体股份有限公司	已问询回复	广东	化学原料及化学制品制造业	2019-04-12

续表

发行人名称	审核状态	注册地	所属行业	受理日期
北京沃尔德金刚石工具股份有限公司	已问询回复	北京	专用设备制造业	2019-04-12
北京诺康达医药科技股份有限公司	已问询回复	北京	研究和试验发展	2019-04-12
北京国科环宇科技股份有限公司	已问询回复	北京	铁路、船舶、航空航天和其他运输设备制造业	2019-04-12
苏州工业园区凌志软件股份有限公司	已问询回复	江苏	软件和信息技术服务业	2019-04-12
江西金达莱环保股份有限公司	已问询回复	江西	生态保护和环境治理业	2019-04-15
北京佰仁医疗科技股份有限公司	已问询回复	北京	专用设备制造业	2019-04-15
浙江杭可科技股份有限公司	已问询回复	浙江	专用设备制造业	2019-04-15
广东嘉元科技股份有限公司	已问询回复	广东	计算机、通信和其他电子设备制造业	2019-04-15
西部超导材料科技股份有限公司	已问询回复	陕西	有色金属冶炼及压延加工业	2019-04-15
深圳普门科技股份有限公司	已问询回复	广东	医药制造业	2019-04-16
中国铁路通信信号股份有限公司	已问询回复	北京	铁路、船舶、航空航天和其他运输设备制造业	2019-04-16
北京映翰通网络技术股份有限公司	已问询回复	北京	计算机、通信和其他电子设备制造业	2019-04-17
九号机器人有限公司	已中止	境外	计算机、通信和其他电子设备制造业	2019-04-17
南京万德斯环保科技股份有限公司	已问询回复	江苏	生态保护和环境治理业	2019-04-18
天津久日新材料股份有限公司	已问询	天津	化学原料及化学制品制造业	2019-04-18
上海昊海生物科技股份有限公司	已问询回复	上海	医药制造业	2019-04-18
北京致远互联软件股份有限公司	已问询	北京	软件和信息技术服务业	2019-04-19
锦州神工半导体股份有限公司	已问询回复	辽宁	非金属矿物制品业	2019-04-19
江苏浩欧博生物医药股份有限公司	已问询	江苏	医药制造业	2019-04-19

续表

发行人名称	审核状态	注册地	所属行业	受理日期
宁波长阳科技股份有限公司	已问询	浙江	橡胶和塑料制品业	2019-04-19
三达膜环境技术股份有限公司	已问询	陕西	专用设备制造业	2019-04-19
江苏硕世生物科技股份有限公司	已问询	江苏	医药制造业	2019-04-22
博拉网络股份有限公司	已问询	重庆	互联网和相关服务业	2019-04-24
贵州白山云科技股份有限公司	已问询	贵州	互联网和相关服务业	2019-04-24
龙岩卓越新能源股份有限公司	已问询	福建	废弃资源综合利用业	2019-04-26
山东奥福环保科技股份有限公司	已问询	山东	专用设备制造业	2019-04-29
嘉必优生物技术（武汉）股份有限公司	已问询	湖北	食品制造业	2019-04-29
无锡祥生医疗科技股份有限公司	已问询	江苏	专用设备制造业	2019-04-30
上海硅产业集团股份有限公司	已问询回复	上海	计算机、通信和其他电子设备制造业	2019-04-30
洛阳建龙微纳新材料股份有限公司	已问询	河南	化学原料及化学制品制造业	2019-04-30
中国电器科学研究院股份有限公司	已问询	广东	专业技术服务业	2019-05-06
北京八亿时空液晶科技股份有限公司	已问询	北京	计算机、通信和其他电子设备制造业	2019-05-06
北京连山科技股份有限公司	已问询	北京	软件和信息技术服务业	2019-05-07
深圳市有方科技股份有限公司	已问询	广东	计算机、通信和其他电子设备制造业	2019-05-07
北京金山办公软件股份有限公司	已问询	北京	软件和信息技术服务业	2019-05-08
上海赛伦生物技术股份有限公司	已问询	上海	医药制造业	2019-05-09
罗克佳华科技集团股份有限公司	已问询	北京	软件和信息技术服务业	2019-05-09
浙江东方基因生物制品股份有限公司	已问询	浙江	医药制造业	2019-05-09

续表

发行人名称	审核状态	注册地	所属行业	受理日期
先临三维科技股份有限公司	已问询	浙江	通用设备制造业	2019-05-10
迈得医疗工业设备股份有限公司	已问询	浙江	专用设备制造业	2019-05-10
上海复旦张江生物医药股份有限公司	已问询	上海	医药制造业	2019-05-13
天合光能股份有限公司	已受理	江苏	电气机械及器材制造业	2019-05-16
深圳清溢光电股份有限公司	已受理	广东	计算机、通信和其他电子设备制造业	2019-05-24
金科环境股份有限公司	已受理	北京	生态保护和环境治理业	2019-05-27
华夏天信智能物联股份有限公司	已受理	山东	专用设备制造业	2019-05-31
普元信息技术股份有限公司	已受理	上海	软件和信息技术服务业	2019-06-03
无锡德林海环保科技股份有限公司	已受理	江苏	生态保护和环境治理业	2019-06-03
绍兴兴欣新材料股份有限公司	已受理	浙江	化学原料及化学制品制造业	2019-06-03
广州洁特生物过滤股份有限公司	已受理	广东	橡胶和塑料制品业	2019-06-03
成都秦川物联网科技股份有限公司	已受理	四川	仪器仪表制造业	2019-06-05
广州瑞松智能科技股份有限公司	已受理	广东	专用设备制造业	2019-06-05
苏州泽璟生物制药股份有限公司	已受理	江苏	医药制造业	2019-06-10
杭州光云科技股份有限公司	已受理	浙江	软件和信息技术服务业	2019-06-11
光通天下网络科技股份有限公司	已受理	浙江	软件和信息技术服务业	2019-06-12

后　记

2019 年是我国科创板与注册制的元年。科创板和注册制不仅仅是一场增量改革，更将作为“资本市场制度体系改革的发力点、突破口”，推动市场在资源配置中发挥决定性作用，推动中国资本市场供给侧结构性改革的深入开展。同时，设立科创板、试点注册制是运用市场化机制推动国家创新转型的关键，是中国资本市场迈向新战略定位的决定性制度安排，是推动、优化、完善资本市场基础性功能建设的重要契机。

国泰君安证券股份有限公司本着“金融报国”的理念，对于科创板高度重视，全体动员，不断加深对科创板、注册制的理解，加强对科创板相关工作的总体部署和具体推进。2019 年 1 月 30 日相关政策征求意见稿出台后，公司下大力气深入研究科创板与注册制的主体文件，确保在细节上准确把握业务发展脉络。总部相关业务和管理部门、分公司、子公司总动员、齐行动，高效协同，打好整体战。公司投行、投资、研究、经纪、交投、信用等业务单元高效协同，迅速在公司内部实现了科创板项目从培育、跟投、估值定价、发行上市到股票交易各个环节的顺畅运行。中后台部门加快完善配套支持，合规、财务资金、风险管理、营运等部门配合做好科创板合规风险管控、跟投等方面的管理配套措施。本书的策划及撰写工作正是国泰君安证券基于近期科创板和注册制相关工作的一次系统性总结，希望向市场传递更加积极、更加富有内涵的专业信息。

本书具体撰写工作由风险管理二部负责。风险管理二部作为国泰君安证券负责包括科创板项目在内的大投行相关业务审核工作的专业风险管控部门，在日常科创板项目审核和政策跟踪把握方面积累了相对较为丰富的经验。全书由许业荣、鞠卉负责整体策划、内容安排，具体写作分工如下：

第一篇科创板和注册制介绍部分由许业荣编写；

第二篇科创板和注册制的国际比较和研究部分由林旭、汪洋、马嘉、王笑天、毛悦、姜振茂编写；

第三篇已获上海证券交易所受理的科创板申报企业综合分析部分由俞璇、林旭、姜振茂编写；

同时鞠卉、李卉、陈晟对全书文稿进行了系统梳理和修订。

此外，本书的写作、出版得到了公司各级领导的大力支持，公司投行业务委员会、金融学院、品牌中心等相关部门对书稿提出了很多宝贵的修改意见和建议，公司总裁办、法律部、财务部等相关部门也给本书出版的具体工作给予了具体指导，真正体现了国泰君安发挥合力、整体协作的公司理念。

当然，必须指出的一点是，本书系在日常繁忙工作之余编写完成，书中的内容及观点难免存在一定的不尽客观甚至偏颇之处，敬请读者谅解，并给予指正。

让我们共同为科创板和注册制加油！共同迎接中国资本市场更加美好的明天！